赣州市社科精品著作资助项目

赣南三整

林席常　骆耀明◎编著

光明日报出版社

图书在版编目（CIP）数据

赣南三整 / 林席常 , 骆耀明编著 . -- 北京 : 光明
日报出版社 , 2025. 1. -- ISBN 978-7-5194-8333-3

Ⅰ . K263.106

中国国家版本馆 CIP 数据核字第 20245Q3T98 号

赣南三整

GANNAN SANZHENG

编　　著：林席常　骆耀明	
责任编辑：许黛如　舒　心	责任校对：曲建文
封面设计：璞茜设计·彭明军	责任印制：曹　净

出版发行：光明日报出版社

地　　址：北京市西城区永安路 106 号，100050

电　　话：010-63169890（咨询），010-63131930（邮购）

传　　真：010-63131930

网　　址：http://book.gmw.cn

E-mail：gmrbcbs@gmw.cn

法律顾问：北京市兰台律师事务所龚柳方律师

印　　刷：三河市龙大印装有限公司

装　　订：三河市龙大印装有限公司

本书如有破损、缺页、装订错误，请与本社联系调换，电话：010-63131930

开　　本：170 mm×240 mm	印　　张：19.5
字　　数：260 千字	插　　图：173 幅
版　　次：2025 年 1 月第 1 版	
印　　次：2025 年 1 月第 1 次印刷	
书　　号：ISBN 978-7-5194-8333-3	

定　　价：78.00 元

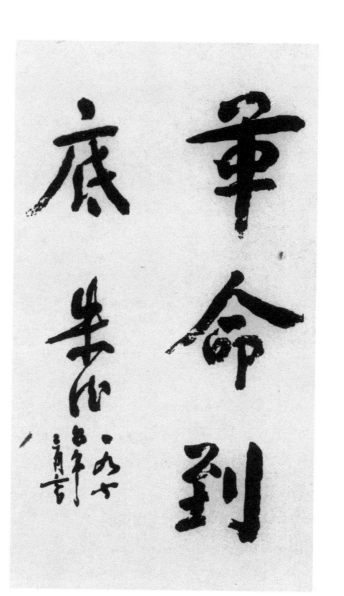

前　言

　　1927 年 8 月 1 日，中国共产党领导举行的南昌起义，打响了武装反抗国民党反动派的第一枪。南昌起义胜利后，起义军转战潮汕，三河坝战役失利后，茂芝会议做出了"隐蔽北上，穿山西进，直奔湘南"的战略决策。10 月上旬至 11 月下旬，朱德、陈毅率领南昌起义军余部从粤东饶平经福建平和、永定、武平西进赣南，在江西安远县天心圩进行思想整顿，在大余县进行组织整编，在崇义县上堡进行军事整训，史称"赣南三整"。

　　"赣南三整"在革命的危急关头保存了共产党领导的第一支正规部队，挽救了革命，挽救了人民军队。"历史证明，'赣南三整'的意义重大，影响深远，在建军史上占有重要的地位"[①]，对以后的整党整军产生了极为深远的影响。

　　初心如磐，革命到底　茂芝会议上，在部队孤立无援、前途未卜、人心涣散、将要瓦解的严峻时刻，朱德挺身而出，毅然决然地对大家说："我是共产党员，我有责任把'八一'南昌起义的革命种子保留下来，有决心担起革命重担，有信心把这支革命队伍带出敌人的包围圈，和同志们团结一起，一直把革命干到底！"到达江西安远县天心圩时，部队不稳定，许多人禁不起考

---

　　① 　中共中央文献研究室编：《朱德传》，人民出版社、中央文献出版社 1993 年版，第 95 页。

验，相继离队，原来 1500 余人的队伍，只剩下了八九百人。起义部队面临瓦解危险，留下的这点革命火种，有立即熄灭的可能。朱德沉着镇定地在天心圩外的河滩上召开军人大会，说明革命形势和任务，对部队进行整顿。会上，朱德足足讲了一个多小时，分析了形势，指明了方向。朱德慷慨激昂地说："同志们，要革命的跟我走；不革命的可以回家！不勉强！"他引导大家看清中国革命的前途，不要为当前的失败而丧失信心。鼓励大家只要保存实力，革命就有办法。"我希望大家不要走！我是不走的，陈毅、王尔琢他们也是不会走的。就是剩下我一个人，也要革命到底！"在朱德革命到底的坚定意志影响下，指战员们增添了继续革命的信心。

在纪念朱德同志诞辰 130 周年座谈会的讲话中，习近平总书记号召全党学习朱德"追求真理，不忘初心的坚定信念"。习近平总书记提到朱德在茂芝会议、"赣南三整"前后那段艰难历程时说："无论面对什么样的艰难险阻和重大挫折，他始终没有动摇。越是危难关头，他越是信念坚定。南昌起义部队南下潮汕失败，朱德同志所部孤立无援，他挺身而出，稳住军心，斩钉截铁地说，黑暗是暂时的，要革命的跟我走，最后胜利一定是我们的。"

朱德、陈毅领导南昌起义军余部"赣南三整"，使刚诞生的人民军队在艰难困境中保存下来，使刚升起的人民军队军旗在漫漫征途中高高飘扬，其伟大的历史功绩和深远的历史意义，将永载史册！

党的领导，重塑军魂 大余整编从整顿党、团组织入手，重新登记党、团员情况，成立党支部以健全组织，同时还选派了部分优秀党员去基层担任指导员，从而加强了党对部队的全面领导，并对部队进行整编。上堡整训时，在陈毅领导下，整顿了部队党的组织，加强了党的领导。进行党员登记，发展新党员，并把党团员分配充实到连队，从而加强了党在基层的工作，使党的组织成了坚强的领导核心，把部队完全置于党的绝对领导之下。经过这次整编，思想觉悟更高了，战斗力更强了，部队精神面貌焕然一新。可以说是大浪淘沙保留下来的精华，已成为不灭的革命火种。在整编之后，朱德非常自豪地说："我们的队伍经过千锤百炼，现在已经成为一支坚不可摧的钢铁部队。"杨至成回忆说："在这段艰苦的日子里，部队像一炉在熔炼中的矿砂，渣滓被淘汰了，剩下的却冶炼成了纯净、坚韧的钢铁。回想起来，当时部队所以能够保存下来，是由于党的坚强领导。"

习近平总书记在纪念朱德同志诞辰130周年座谈会上的讲话中，对此给予高度评价："朱德同志从一开始就注重思想建军、政治建军。他领导南昌起义余部进行'赣南三整'，在部队建立党支部，实现党对军队的全面领导。作为举世闻名的总司令，他始终坚持军队必须'无条件地在共产党领导之下'的原则。"

铁的纪律，稳定军心　在革命处于低潮时，党和革命军队铁的纪律尤为重要。西进途中，他们一路上告诫全体将士："我们是共产党领导的队伍，没有纪律是不能生存的。"①当朱德、陈毅了解到队伍中有些人严重违纪的情况后，立即连夜将部队开至信丰县城外的黄泥排丫叉桥山坳，召开全体军人大会。为严肃整顿纪律，当场枪决3名严重败坏军纪的害群之马。朱德在信丰全体军人大会上讲话说："革命军队更要有革命纪律。纪律是铁面无情的，如果我朱德违犯了纪律，大家同样可以拿我问罪。千万要记住：革命军队的纪律是铁的纪律。"上堡整训首先是整顿纪律。上堡的军纪整顿，主要是联系实际，进行思想教育。在教育基础上，着重整顿纪律。这次军纪整顿，最突出的是第一次明确规定，募款和缴获的物资要全部归公。建立了没收委员会，只有没收委员会，才有权没收和处理财物。

南昌起义军余部在信丰和上堡整纪，重申党的宗旨和光荣传统，振奋了指战员的士气，坚决刹住了一度存在的破坏纪律的歪风，稳定了军心，挽救了这支队伍。

---

① 杨至成：《艰苦转战》，选自《星火燎原》选编之一，中国人民解放军战士出版社1979年版，第114页。

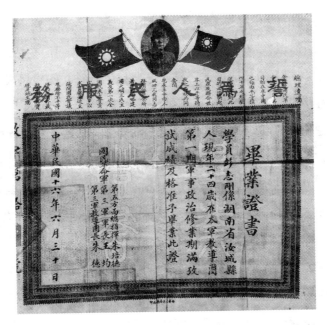

1927 年 6 月，时任国民革命军第五方面军第 3 军教导团团长的朱德颁发给学员的毕业证书

人民军队，战无不胜 南昌起义前夕，即 1927 年 6 月，驻扎在南昌的国民革命军第五方面军第 3 军教导团团长朱德等，在给从教导团毕业的学员颁发的毕业证书上，明确要求学员遵循"总理遗嘱""誓为人民服务"。所以，朱德确立了人民军队建军初期的建军原则，就是为人民打仗的观念。

上堡整训在整编部队、整顿纪律和军事训练的同时，起义部队进行了为人民打仗的思想教育，第一次把武装斗争同农民运动结合起来。杨至成回忆说："在这里，我们按照朱德同志的指示，以上堡、文英、古亭等山区村镇为中心，开展了游击战争。部队以连排为单位分散开来，向群众做宣传，帮助群众劳动，收缴地主和土匪的武装，组织群众分粮，分财物。这里的群众多少年来深受地主、土匪的压迫，又有大革命时期农民运动的影响，一经发动，便轰轰烈烈起来了。"为人民打仗的军队才能得到人民的拥护，人民的军队才会心中有民；心中有民，就能战无不胜。赵镕回忆说："起义军在上堡、文英、古亭等地经过 20 多天的休整训练，开展群众工作，加强了官兵团结、军民团结，提高了军政素质，部队精神面貌焕然一新。"朱德回忆说："南昌起义留下来的这支队伍，真正开始新的整训还是在上堡。我们从南昌起义后，经过三个月的行军和作战，直至转到上堡后，才算稳住了脚。""我们经过这次整训，部队走向统一团结了，纪律性加强了，战斗力也提高了。"①

"赣南三整"开始于 1927 年 10 月下旬，"三湾改编"开始于 1927 年 9 月底。这两个重大事件，在时间上相近，在做法上类似，都取得了巨大的成功，说明这是切合大革命失败后客观形势变化实际需要的正确措施，对以后的整党整军产生了极为深远的影响。因此，"赣南三整"与"三湾改编"在建军史上占有同等重要的地位，被誉为人民军队"整军姐妹篇"。

"赣南三整"为即将到来的湘南起义的顺利进行创造了有利条件，为 5 个月后与毛泽东领导的湘赣边界秋收起义军在井冈山的胜利会师奠定了基础；开辟了中国工农红军新的历史起点，迈出了人民军队建设的重要第一步，是中央苏区得到巩固、发展、壮大的重要里程碑。

南昌起义军余部官兵在"赣南三整"中形成的坚持党的领导、坚定理想信念、坚持依靠人民的建军原则，和表现出来的追求真理、不忘初心、一心为民、艰苦奋斗、百折不挠、革命到底的革命精神，将激励我们不忘初心、牢记使命，在夺取新时代中国特色社会主义伟大胜利的征程中，奋勇前进！

---

① 朱德：《从南昌起义到上井冈山》，选自《朱德选集》，人民出版社 1983 年版，第 394—395 页。

序

常言道：疾风知劲草，板荡识诚臣。

1927年秋，南昌起义主力2万余人兵败潮汕，领导机关解体，周恩来病重被护送至上海，贺龙潜回桑植老家"另起炉灶"，叶挺去了澳门。在此危难之际，朱德挺身而出，担当大任，率领从三河坝撤出的南昌起义军余部2500余人，经福建转战江西寻找新的发展空间。此时，部队已锐减为1000余人。朱德殚精竭虑，领导进行了安远整顿、大余整编、上堡整训这一著名的"赣南三整"。"大风浪里见忠诚。"在中国革命处于十分危难的时刻，朱德、陈毅等南昌起义军的将士们不忘初心，重整旗鼓，继续革命，走出困境，显示了中国共产党人和起义将士卓绝的英雄本色。

"赣南三整"意义重大。"赣南三整"分别从思想上、组织上、军事上对南昌起义余部进行整顿、整编、整训，坚定了起义将士的信念，重构了起义部队的建制，提升了起义部队的战力，保存了南昌起义部队的骨干。从此，南昌起义军余部获得新生，面貌焕然一新。朱德领导的"赣南三整"，堪与毛泽东领导的"三湾改编"媲美，都取得了巨大的成功。尽管内涵不尽一致，但几乎是同一时段进行的，在指导思想、建军宗旨方面都很接近，都是我党我军初创时期红军建设史上的重大举措，是毛泽东、朱德在红军史上的独特创新。

朱德是"赣南三整"的核心人物。习近平总书记在 2016 年 11 月 29 日纪念朱德同志诞辰 130 周年座谈会上指出:"朱德同志一开始就注重思想建军、政治建军。他领导南昌起义余部进行'赣南三整',在部队建立党支部,实现党对军队的全面领导。"在德国留学时,朱德于 1922 年由周恩来、张申府介绍加入共产党,回国后担任国民革命军第 3 军军官教育团团长、南昌市公安局局长。南昌起义后任起义军第 9 军副军长、军长。朱德在南昌起义全过程中,始终是前委书记周恩来的亲密战友、得力助手,并坚定不移地拥护党的领导,听从周恩来的指挥。朱德在天心圩起义军余部陷于绝境时坚定地表示:"愿意革命的跟我走",现在"好比是 1905 年的俄国革命","但黑暗是暂时的,困难是可以克服的","中国也必然会有个'一九一七'的","同志们要坚信这一点"。朱德铿锵有力的话语,驱散了乌云,重现了光明。朱德的魅力就在一个"德"字,他坚定、忠诚、厚道、朴实。朱德重德、守德,德行军中,德行天下。朱德是举世闻名的红四军军长、红 1 军团军团长、红一方面军总指挥、八路军总指挥、中国人民解放军总司令,号称"红军之父"。孔子曰:"德者,本也。"国无德不兴,人无德不立。德是中华民族优秀人文传统的核心理念,它在朱德身上得到了充分的体现,熠熠生辉。

陈毅是"赣南三整"的 2 号人物。陈毅坚毅、爽朗、豁达、大度。陈毅于 1923 年 11 月在北京任中共北方区委考官,由颜昌颐、萧振声介绍从中国社会主义青年团转入中国共产党,成为正式党员。大革命时期他在武汉中央军事政治学校做政治工作。南昌起义后任起义军 11 军 25 师 73 团政治指导员。陈毅是"赣南三整"前起义军少数几个跟随朱德并留下的政工人员,其他军、师、团中的政工人员都走了。陈毅在安远整顿时,鼎力辅佐军长朱德。在朱德讲话后,陈毅接着讲话,动员、劝导起义将士说:"南昌起义是失败了,南昌起义的失败不等于中国革命的失败。中国革命还是要成功的。""只有经过失败考验的英雄,才是真正的英雄。我们要做失败时的英雄。"陈毅的话坚定执着，荡气回肠，像一股暖流深深地感染、温暖了起义将士的心，点燃了前进的希望。

"赣南三整"除了朱德、陈毅之外，还储存了一批精英人物。如王尔琢、萧劲、林彪、粟裕、周士第、杨至成、赵尔陆、赵镕、聂鹤亭、王云霖、张树才、毛泽覃、李硕勋、张子清、伍中豪、蔡协民、邓毅刚、周子昆、蒙九龄、洪超、李天柱、王展程、刘铁超、吴高群、刘之至等。他们都是骁勇善战的红军名将与骨干，可惜他们当中有很多人英勇牺牲、为国捐躯了，倒在共和国成立的前夜。值得自豪的是，在"赣南三整"的大风浪里，走出了14位开国将帅，其中有3位元帅、1位大将、4位上将、3位中将、3位少将，可谓将星璀璨，光耀赣南。

习近平总书记极为重视红色基因的传承。2018年3月8日，他在参加十三届全国人大一次会议山东代表团审议时说："红色基因就是要传承。中华民族从站起来、富起来到强起来，经历了多少坎坷，创造了多少奇迹，要让后代牢记，我们要不忘初心，永远不可迷失了方向和道路。"习近平总书记的话，言简意赅，语重千钧。

《赣南三整》一书，是一本传承红色基因的好教材，堪称"信史"。该书的主要特色，一是整体架构严密合理；二是史实史料可靠可信；三是观点评述精准正确；四是文字凝练图文并茂。因此，我很乐意向全国党史界、学术界的朋友同行和广大读者推介这本书。此书值得一读，具有很高的教育、学术、史料、收藏价值。

今天，我们学习研究"赣南三整"这段光辉历史，可以从中得到什么启示、汲取什么精神营养呢？

我想，最重要的有四点：第一，坚定的理想信念；第二，赤诚的爱国情怀；第三，崇高的为民宗旨；第四，伟大的奋斗精神。这四点，大概也可以诠释为"赣南三整"的精神内涵。"赣南三整"的精神内涵问题，当然见仁见智，可以讨论。我提出这个学术见解，只是抛砖引玉，以期展开深入研究，期盼学界专家学者能取得共识。

　　赣州市崇义县委史志办主任林席常同志邀请我为《赣南三整》一书审稿作序，盛情难却，囿于学浅，勉为其难，写了上述文字，权为序。

余伯流

2018 年秋于井冈山

　　注：余伯流，男，1942 年出生，江西上饶人。中国井冈山干部学院特聘教授，江西省
　　　　社会科学院首席研究员，享受国务院特殊津贴党史专家。著有《井冈山革命根据
　　　　地史》《中央苏区史》《中国苏区史》等 16 本专著。

目录
Contents

第一章

进 军 潮 汕

一定要沉着、勇敢、机智，发扬会昌战斗的精神，保持铁军的荣誉，坚守三河坝，为我主力进军潮汕，牵制住这股敌人。

——朱德

第一节　南昌首义

　　1927年8月1日凌晨2时，南昌起义的枪声响彻了南昌夜空，周恩来、贺龙、叶挺、朱德、刘伯承等领导的起义军2万余人向国民党反动派打响了第一枪，起义军各部按预定计划向敌人发动了攻击。

　　"当时驻在南昌的敌军有第五方面军警卫团，第3军23团、24团，第6军57团，第9军79团、80团等，共约6000人。我方兵力有贺龙率领的第20军、叶挺率领的第11军24师以及朱德率领的第3军军官教育团部分学

1927年的南昌城

生，再加上准备动员参加起义的蔡廷锴第 10 师和计划在起义后赶到南昌的第 4 军 25 师，共 2 万余人。"[①]

在西大街，进攻敌人总指挥部的战斗打得最激烈。当起义枪声提前打响时，负责主攻敌总指挥部的第 20 军第 1 师的部队尚未进入战斗岗位，贺龙、刘伯承、周逸群齐聚距敌总指挥部不足 200 米的第 20 军指挥部小楼台阶上，指挥战斗。为了防止敌人冲出驻地逃跑，贺龙命令军部特务营开枪封锁敌总指挥部大门，等承担主攻任务的第 1 团、第 2 团一赶到就发动正面强攻。

由于敌军已有准备，又凭借院内制高点，集中火力封锁起义军的进攻要道——离敌营不远的鼓楼门洞，使起义军的进攻受阻。贺龙当即决定，在正面猛攻的同时，集中一部分兵力架起梯子占领制高点钟鼓楼及其附近的住房屋顶，居高临下，向敌营院内俯射；另一部分起义军则迂回运动到敌总指挥部后院，翻墙入内，前后夹攻。这时，第 20 军第 2 师第 5 团的一部分在歼灭朱培德公馆的警卫连后，也赶来助战。敌人被压缩在院内，无法还击，只得缴械投降。那个叛徒也从俘房中被抓了出来。

主攻新营房之敌的第 24 师第 72 团第 3 营听到枪声后，立即向敌营发起冲锋。敌人还来不及摸枪，有的甚至还在梦中，就做了俘虏。广东北江农军帮助收缴敌人的武器弹药，并把俘房押到操场上。

攻打贡院之敌的是第 24 师第 72 团。该团团长孙树成听到枪声，即刻请示师部，得到批准后，立即率部向贡院发起进攻。第 2 营营长李鸣珂率部攻击贡院大门，敌人顽强抵抗，掩护一部分敌兵沿着与贡院毗邻的东湖边向北逃窜。逃了不远，遭到起义军设在东湖对岸水观音亭的机枪火力的堵截。敌军只好折向东面，向第 72 团团部方向猛扑，妄图冲出包围圈。这时，起义军原教导队队长陈守礼率领十几名学兵守卫团部，敌人以猛烈火力向大门扫射，企图冲过去，陈守礼率领学兵隐蔽在门口的石柱旁顽强阻击。正当陈守礼身负重伤，敌人趁机猛扑时，李鸣珂率队从侧翼包抄过来，终于把这股敌人消

[①] 南昌八一起义纪念馆编：《南昌起义》，中共党史资料出版社 1987 年版，第 4 页。

灭了。贡院内大股敌军在起义军的猛烈攻击下，吹起表示投降的敬礼号，该团乘胜占领了敌人设在佑民寺巷的修械所和弹药库。佑民寺位于南昌市民德路佑民寺巷，是具有千余年历史的佛教庙宇。

第24师所部还同时攻占了设在顺直会馆的敌卫戍司令部。这儿曾是一座花园式庭院，院中有一个水牢，关押着100多名共产党员和革命群众。起义军攻进来后，把他们全部解救了出来；起义军还在这儿缴获了敌军库存的一批武器及其他物资。

第20军教导团听到城内传来枪声，团长侯镜如当机立断，命令各总队提前发动攻击。隐蔽在敌营正门外的第1总队马上向敌人发起进攻；第3总队在营房围墙的豁口处消灭了敌人的警戒，冲进营区；第2总队的官兵则蹬上板凳，翻过敌军营房的矮墙。各总队一齐冲向敌军营房。大部分敌兵还来不及还击就做了俘虏。俘虏们被成批押到操场上，枪支堆得像小山一样。起义军中的徒手新兵便全部武装起来。一部分俘虏要求参加起义军，当即和教导团的部分军官、学兵合编为一个补充营。战斗结束后，教导团派人配合第20

南昌起义总指挥部旧址——南昌江西大旅社

军第 2 师第 6 团和第 11 军第 10 师共同歼灭了驻在老营房之敌第 9 军第 27 师第 80 团。

在松柏巷天主堂、匡庐中学，第 24 师第 71 团第 2 营与敌第 6 军第 57 团展开了激战。起义的枪声一响，敌军慌忙向外逃跑，刚逃到松柏巷口，就遭到起义军的伏击，当场死亡十几人，不得不缩回去。敌人关起大门，调集机枪，封锁了松柏巷。由于巷道狭窄，无法隐蔽，起义军在冲击中有 20 余人受伤。营长从队伍中挑选出二十几个精悍官兵组成冲锋队，在猛烈的机枪火力掩护下，再次发动正面攻击。经过激烈争夺，终于迫使敌人放弃天主堂门口的工事，退回院内。这时迂回攻击的一个连翻过围墙跳进院中，前后夹击敌

南昌起义部队战斗序列暨主官姓名表①

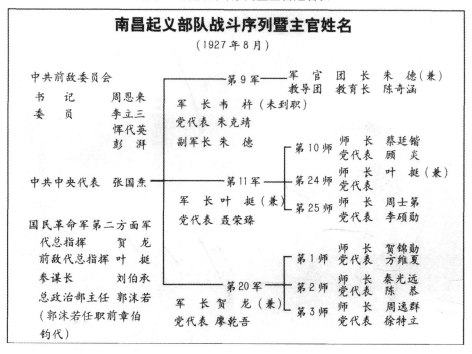

_____

① 此表来源于中国人民革命军事博物馆编：《中国人民解放军战史图集》，中国地图出版社 1987 年版，第 13 页。

人，终于迫使敌人投降。

市内高升巷和昌北牛行车站等地的战斗也先后结束。整个战斗持续了四五小时。战斗至黎明，南昌守敌全部缴械，缴获枪支5000多支、火炮数门、子弹70余万发。

8月1日，聂荣臻在九江、德安间的马回岭主持了第25师的起义。8月1日下午，从南昌方向开来一列火车，这是周恩来与聂荣臻事先约定好的信号，表示南昌起义了。聂荣臻一看到这列火车，立即和第25师师长周士第等人商量起义，把第25师的队伍拉出来。当时，第25师参加起义军的有第73团、第74团一个重机枪连和第75团。正当准备起义的部队秘密行动时，张发奎率领卫队营乘火车从九江驶来。聂荣臻率起义部队鸣枪警告，阻止火车向南昌方向开去。张发奎、李汉魂跳下火车落荒而逃，卫队营被缴了械。第25师的起义部队星夜南下，于翌日到达南昌。

南昌起义得到了南昌民众的大力支援，南昌市总工会组织工人纠察队，

周恩来，时任中共中央前敌委员会书记

朱德，时任第9军副军长。撤离南昌时，改任第9军军长

贺龙，时任起义军代总指挥兼第20军军长　　叶挺，时任起义军代前敌总指挥兼第11军军长　　刘伯承，时任起义军军事参谋团参谋长

农民协会组织农民自卫军，帮助起义军运送武器弹药及粮食物资，缝纫工人为起义军赶制军服，南昌人民还纷纷以物资和现金热情慰劳起义军。各界革命青年七八百人踊跃报名参军。

8月1日上午，国民党以特别委员会的名义，召开了中央委员及各省区、特别市、海外各党部代表联席会议。到会的有7名在南昌参加起义的中央委员，除此之外还有江苏、顺直、福建等各省区、特别市和海外华侨支部的代表共40余人，他们当中有些人是按中国共产党的指示专程赶来参会的。

会议首先由叶挺汇报起义经过，接着决定成立中国国民党革命委员会，并推举邓演达、贺龙、周恩来、叶挺、徐特立、宋庆龄等25人为委员。由宋庆龄、贺龙、张发奎、邓演达、谭平山、郭沫若、恽代英等7人组成主席团。革命委员会成立后，随即举行了第一次会议。会议任命贺龙兼代第二方面军总指挥、第20军军长，叶挺兼代前敌总指挥、第11军军长，朱德为第9军副军长。

8月2日下午，中国国民党革命委员会在贡院附近的公众体育场举行就职典礼。之后，举行南昌军民联欢大会，庆祝"八一"南昌起义的胜利。

朱德题诗：《为纪念南昌起义三十八周年而作》

南昌起义的伟大胜利，在中国革命史上，具有极其伟大的意义。南昌起义拉开了中国共产党武装反抗国民党反动派的大幕，打响了第一枪，标志着中国共产党独立领导革命战争、创建人民军队和武装夺取政权的开端，开启了中国革命的新纪元。

正如朱德1965年7月7日为纪念南昌起义38周年而题的那首七绝《为纪念南昌起义三十八周年而作》所写的：

"南昌首义诞新军，喜庆工农始有兵，革命大旗撑在手，终归胜利属人民。"[1]

第二节　挥师南下

南昌起义的胜利，使得国民党反动派惊恐万状，慌了手脚。在南京的蒋介石和在武汉的汪精卫狼狈为奸，紧急调兵遣将，集结兵力，准备向起义军进犯。南昌城不宜久留，因为起义军已处在朱培德、张发奎部队的四

---

[1]　中共中央文献研究室编：《朱德诗词集》（新编本），中央文献出版社2007年版。

面包围中。

面对严峻形势，前敌委员会决定：起义军立即按共产国际和中央原订计划撤出南昌城，南下广东，实行土地革命，重建革命根据地，再来一次北伐，以统一全国。南征的具体目标是广东的东江流域和潮汕地区，因为那里的农民运动正在蓬勃发展，共产党在那里有较好的群众基础。而且，一旦占领了汕头就有了出海口，可以争取到国际上的援助。

南昌起义胜利后，前委根据中共中央的决定，以"中国国民党革命委员会"的名义号召革命，对起义部队进行了整编，共编为 3 个军。改编后的部队仍然使用国民革命军第二方面军的番号，贺龙任第二方面军兼代总指挥，叶挺任兼代前敌总指挥，刘伯承任参谋长，下辖第 11 军、第 20 军、第 9 军。

第 9 军原是在江西的滇军的番号。滇军参加起义的兵力不多，只有军官教育团的 3 个连。第 9 军军长韦杵在起义前夕因病赴武汉治疗，未到任。8 月 3 日起义军撤离南昌时，又改任朱德为第 9 军军长。

朱德根据前委指示，一面着手组建第 9 军的指挥机构，一面整编参加起义的军官教育团，并吸收一部分铁路工人和青年学生，组成第 9 军教育团。

8 月 3 日上午，起义军开始撤离南昌。朱德担负起了一项重要任务：被任命为先遣司令。朱德带着第 9 军教育团作为先遣队，比第 11 军 24 师、25 师早两天踏上南下的征途。

临川，旧称抚州，距南昌 190 里，是起义军南下经过的第一个重要城市。从南昌到临川，一路上没有遇到敌军的抵抗。先遣队向沿途群众做宣传，筹措粮草和安排宿营。朱德回忆说："我从自南昌出发，就走在前头，做政治工作、宣传工作，找寻粮食……和我在一起的有彭湃、恽代英、郭沫若，我们只带了两连人，有一些学生，一路宣传一路走，又是政治队，又是先遣支队，又是粮秣队。"①

---

① 《朱德自传》，手抄稿本。

江西临川文昌桥

　　在起义前，朱德即分别写信给驻广东省韶关的第16军军长范石生（原讲武堂同学）、驻九江的第9军军长金汉鼎（原护国军同事）、驻吉安的第19师师长杨池生（原护国军部属）、驻抚州的第27师师长杨如轩（原护国军部属），诚恳地向他们陈述革命大义，规劝他们弃暗投明，一起南下广东，共同完成革命大业。但由于他们思想顽固，贪图富贵，不肯听从；或态度暧昧，或公开反对。朱德率领起义军路过抚州时，"驻临川的杨如轩得知起义军要路过那里时，考虑到同朱德多年同窗和袍泽的关系，又'慑于革命声威，同时为了保全自己的实力'，便把部队撤到城外，悄悄地给起义军让出一条南下的大路"①。表示互不侵犯。

　　1927年8月6日至8日，起义部队先后到达临川后，针对部队出现的思想混乱问题及逃跑现象，前委决定着手整顿党和军队的组织，并正式组建了以新战士为主的第9军（实际兵力约一个营）和第20军第3师。鉴于起义部

---

　　①　中共中央文献研究室编：《朱德传》，人民出版社、中央文献出版社1993年版，第81页。

南昌起义和南昌起义军进军东江作战经过要图[①]

（1927年8月1日—10月）

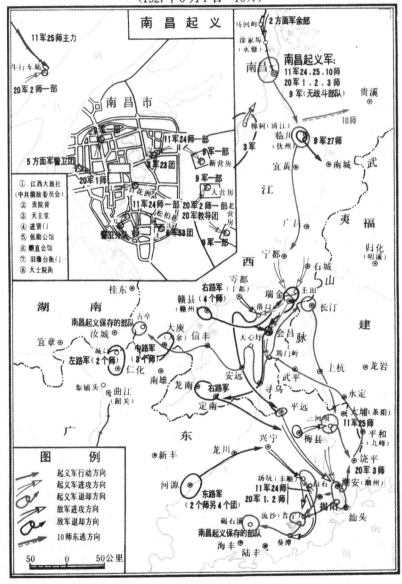

①　徐兆麟：《壮烈的开端——南昌起义研究》，江西人民出版社2010年版。

队第20军、第11军的参谋人员叛逃，为慎重起见，前委决定到瑞金后改变原定由寻邬进入广东的行军路线，准备经福建汀州（今长汀）、上杭，入广东东江、取梅县，再取潮汕。没来得及赶上南昌起义的陈毅、萧劲和其他数百名同志这时兼程赶上起义部队。在萧志戎、李井泉率领下，临川的农军和部分学生在临川参加了起义部队，大部分被编入第9军。

起义军挥戈南进，经过江西抚州、宜黄、广昌，直指瑞金、会昌。这时，蒋介石的嫡系部队钱大钧部两个师加两个团共9000人，已从赣州调往瑞金、会昌一带，准备拦击起义军，两个前哨团驻在瑞金以北30里的壬田寨；桂军黄绍竑部10个团也正赶来增援。面对这样的局势，起义军指挥部决定将第20军的第3师拨归负责先遣任务的朱德指挥。

8月25日下午，朱德率第20军第3师一个营，作为前卫营南下。进至瑞金壬田寨大垄里与钱大钧部布防的第50、第60两团遭遇。敌人见我人数不多，便利用有利地形，向我疯狂猛攻，双方展开了激战。敌我力量虽然悬殊，但在朱德的指挥下，我军沉着应战，打退了敌人的数次进攻。顽强地坚持了三个多小时后，已近黄昏，20军教导团和第3师先后赶到，奉前委命令暂时

瑞金壬田寨战斗遗址

归朱德指挥。朱德遂重新集结队伍，向敌人反击，给敌以巨大杀伤。正在这时，贺龙亲自率领的第 20 军第 1、第 2 师也全部赶到。

第二天上午 10 时，贺龙亲自指挥第 20 军向敌反攻，"第一总队以第一大队的火力为掩护，二、三大队的战士上了刺刀，从一个山梁上直冲下去，然后又冲上前面一座小山"[①]。叶挺指挥的国民革命军第 11 军 72 团，于当日下午 5 时赶到战场参战。起义军奋不顾身，不畏强敌，越战越勇，"6 时许敌始溃退，我军大队分途追战。"[②]起义军兵分三路：一路由罗汉岩经合龙；一路由茶寮崇走壬田；一路由桥坑过横坑，离开壬田追敌而去。朱德亲率教导团穷追不舍，直追至离瑞金城西南 30 公里的谢坊，逼近会昌城才停下。

"这一仗，起义军以少胜多，击破敌军 3 个团，是南下以来的第一个大胜仗。"[③]壬田战斗以起义军胜利而结束，但因敌我力量悬殊，起义军伤亡极大。"第 9 军参谋长冉国平、第 20 军 1 师 3 团团长余愿学壮烈牺牲，第 20 军 2 师 4 团团长贺文选身负重伤，行至福建上杭牺牲。"[④]连排长伤亡十余人，士兵伤亡 100 余人。

起义军正在瑞金城前进时，敌钱大钧派出一支疑兵，占领了瑞金城西北的一小高地。朱德率领先头部队很快与该敌打响。朱德一面严密监视敌人，灵活地指挥战斗；一面详细研究各方面情报，结合敌人的兵力布置、火力配备、地形地物的利用等，对敌人的意图做了正确的判断。20 军的几个团长和参谋长赶到前线，见此势头，都认为瑞金将有一场大战，应迅速做好部署。

朱德胸有成竹地说："瑞金无大战，大战将在会昌。"大家不解其意，朱

---

① 南昌八一起义纪念馆编：《南昌起义》，中共党史资料出版社 1987 年版，第 260 页。

② 《刘子谷同志关于南昌起义部队于潮汕失败经过情形的报告》（1927 年 10 月 19 日），选自《江西革命历史文件汇集》（1927—1928 年），中央档案馆、江西省档案馆合编，1986 年 10 月内部版，第 44 页。

③ 曹春荣：《红都瑞金史略》，中共党史出版社 2018 年版，第 1 页。

④ 中共瑞金市委党史工作办公室编：《瑞金人民革命史》，中央文献出版社 1998 年版，第 23 页。

瑞金县城

德解释说："这是敌人的阴谋。他们的这支力量，目的在于以虚者实之的兵法来吸引我军，诱我上当。待我军主力到来时，这股敌人就会退却，以便诱我就范。"果然不出所料，我军主力一到，这股敌人纷纷撤退。大家异口同声地称赞朱德"料敌如神，不愧是当年护国军屡建战功的名将"。

8月26日，起义军乘胜进占了瑞金。中共前敌委员会等领导机关驻扎在绵江中学。旋即由随军的中国国民党革命委员会帮助建立了以孙石侯为县长的瑞金县政府。为庆祝起义部队入城，军乐队高奏欢快而热烈的音乐绕城游行；绵江书院县府门口高悬两幅大红布标语，上书"打倒贪官污吏"和"铲除土豪劣绅"。

时为革命委员会宣传委员会工作人员的鄢寰，再度来到瑞金，进行革命活动，"很快设法把他以前交往过的进步知识青年从乡下找回来，介绍给革命委员会政治保卫处处长李立三、粮秣处处长彭湃等工作部门的负责人，让他们协助起义军了解当地社会情况，安顿起义军战士住宿"①。

---

① 刘云僧：《鄢寰是最早来瑞金传播革命思想的人》，选自《瑞金文史资料》第1辑，1987年12月内部版。

"从 9 月 3 日起，以周恩来为书记的中共南昌起义前敌委员会（后面简称'前委'）和刘伯承为参谋长的中国国民党革命委员会参谋团，在瑞金连续召开会议，分别对革命政权的性质、土地政策、劳动政策、财政政策和行军路线等问题进行详细讨论，并作出一系列带根本性决定的改变。"①

关于革命政权的性质，前委认识到国民党已为工农群众所唾弃，原所谓"联合国民党左派，继承国民党正统"的想法，已从事实上被证明是机会主义的幻梦。因此，前委会议决定从根本上改变政权的性质，建立以无产阶级领导的、联合贫苦农民和小资产阶级的工农政权，"同时决定乡村政权应完全归于农民，并须以贫（农）民为中心；城市政权，工人须占绝对的多数；县政权，工农分子应占绝对多数"②。根据这一决议，前委对革命委员会成员进行了较大调整，取消了那些原本就徒有虚名而没有参加起义的国民党党员的委员资格，吸收了工农革命分子和共产党员苏兆征、朱德等。这些举措说明"前委"此时已开始放弃国民党，打出真正独立领导工农革命的大旗。

关于土地政策，"前委"决定将以前"没收 200 亩以上的大地主的土地"之规定，改为"没收土地不加亩数的限制"。同时废除原有农民解放条例，另提出一个修正条例。这一重要改变，反映了中国共产党在南昌起义后对土地问题认识的发展。

关于劳动政策和财政政策，由革命委员会农工委员会提出一个 19 条的劳动保护暂行条例，规定产业工人 8 小时、手工业工人 10 小时工作制。财政方面，"前委"议决每到一城提款、派款、借款，实际上就是利用一般土豪绅士来筹款；而实行"征发"和"没收"地主钱粮以供军用的新政策，真正把财政负担从贫苦工农转移到富有阶级身上。这项新政，成为人民军队区别于一切旧军队的显著标志。

---

① 曹春荣：《红都瑞金史略》，中共党史出版社 2018 年版，第 2 页。

② 《李立三报告——"八一"革命之经过与教训》（1927 年 10 月），选自《南昌起义》，南昌八一起义纪念馆编，中共党史资料出版社 1987 年版，第 88 页。

贺龙入党处旧址——瑞金绵江中学

此后，瑞金会议所取得的上述成果，为土地革命战争的兴起与发展奠定了良好基础，对瑞金人民的革命斗争产生了深远影响。

"南征途中，南昌起义前敌委员会在对军队和军内的中共组织进行初步整顿的基础上，发展了一批新党员。起义军总指挥贺龙和革命委员会宣传委员会主席郭沫若、革命委员会党务委员会委员彭泽民，就在瑞金加入了中国共产党"[①]，并正式任命贺龙为第二方面军总指挥。

1927 年 9 月初的一天，起义军从会昌返回瑞金后，贺龙的入党宣誓仪式在绵江之滨的绵江中学举行。前敌委员会书记周恩来亲临指导，张国焘以中共中央代表身份主持仪式。入党介绍人是当时同在瑞金的南昌起义领导成员中的周逸群和谭平山。在简朴而庄重的气氛中，贺龙高举右拳，面对鲜红的党旗，在监誓人的带领下庄严宣誓。

起义军驻扎瑞金期间，"前委"和部队中的共产党员发现并培养了瑞金进步青年刘忠恩、邓家宝、谢仁鹤、杨荣才、杨舒翘、谢存性、谢永泮、杨湘元等加入中国共产党。9 月上旬，在绵江中学秘密成立了瑞金第一个中共支部——绵江中学支部，由刘忠恩任书记，谢仁鹤、杨荣才、杨舒翘为委员。起义军"前委"还委任杨荣才、杨舒翘分别为瑞金县总工会主席和执行委员。

在进占瑞金时，起义军所到之处，以标语、传单、集会、唱歌、演剧等不同形式，向群众广泛开展宣传发动工作，宣传南昌起义的意义、中国共产

---

① 曹春荣：《红都瑞金史略》，中共党史出版社 2018 年 9 月版，第 4 页。

党的主张，揭露以蒋介石为代表的国民党反动派背叛革命、屠杀工农的罪行，号召人民起来革命。他们访贫问苦，启发贫苦工农的阶级觉悟；根据群众的检举，公审了在当地有民愤的杨家耀等十余位土豪劣绅，并没收他们的不义之财，分给贫苦工农。李立三以革命法庭审判长身份主持公审并讲话。

起义军在瑞金一带颁布了8月中旬起草的《兼代第二方面军总指挥贺龙告全体官兵书》，详细解释南昌起义的目的在于开展土地革命，号召起义军官兵同心同德，不怕牺牲，为了工农，打回广东，建立革命根据地，完成国民革命任务。配合这一宣传，起义军还在九堡、谢坊等农村开展了打土豪、分田地的斗争。

在南昌起义军的宣传发动下，特别是起义军纪律严明，诚心为民，使瑞金人民第一次认识了共产党领导的革命军队，看到了革命胜利的希望，从而给起义军以积极响应和支援。全县各地尤其是壬田、合龙、安治、九堡、谢坊的许多贫苦青年，纷纷报名加入起义部队，随军南下；后来瑞金农民暴动主要领导人之一杨金山，就是其中的代表。起义军离开瑞金向闽西进军时，一路上都有群众自发欢送的动人场面。南昌起义军在瑞金的活动给瑞金播下了土地革命的火种。

进占瑞金城后，指挥部从缴获敌人的重要文件中得知了敌人的作战计划。蒋介石嫡系部队、敌南路军总指挥钱大钧部第20师、28师、新编11师及其补充团约有10个团的兵力，集结于会昌一带。以会昌城为中心，在城东北地区、城西北之岚山岭、城西之寨垴崀一带，以及环绕会昌城的湘水、贡水沿岸，都构筑了工事。在洛口方向之白鹅墟一带，驻有桂军黄绍竑部第4师先头部队的7个团2000余人，占领了有利地形，与会昌城成掎角之势，企图两面夹击起义军，在这里消灭起义军这支新生的革命武装。

瑞金是个三岔路口，南通寻邬、平远，东达福建汀州、广东大埔。前敌委员会和军事参谋团在瑞金召开了一次会议，再一次研究了进军路线。周恩来、朱德同志认为，应按原计划走寻邬、平远；这一线虽是山路，但我居高临下，易攻易守，并且进军迅速。此时，苏联顾问也在队伍中，苏联顾问纪功提议走福建汀州、广东大埔。他认为，寻邬、平远一线，全是山路，部队容易疲劳，且沿途人烟稀少，雇夫不易，粮草缺乏。如改道汀州、上杭，进入大埔，可走水路直取潮汕，伤病员和剩余的枪支弹药，都可以借民船运输，粮草也易解决，并可减轻部队行军的疲劳。因一部分干部厌于走雨季山路，图水路轻松，也附和苏联顾问纪功的意见。

但大家一致认为，不论走哪一条路线，驻会昌的钱大钧部对我军都是一个很大的威胁，不消灭会昌之敌，我军就会有后顾之忧。所以，"前委"决定，集中全力消灭这股敌人，然后折回瑞金，转道汀州，召开一次会议决定。进军路线若走西路，在会昌转道寻邬、平远，若走东路则沿水路直下潮州、汕头。

第三节　决战会昌

打会昌，是起义军南下途中的第一场恶战。

为解除后顾之忧，指挥部决定趁黄绍竑部尚未赶到、敌人兵力尚未集中之时，发起会昌战斗，先歼灭会昌的钱大钧部，再行南下。

起义军攻取会昌的部署是：以叶挺指挥的第 11 军的 24、25 师为右纵队，绕道会昌西北的西江、洛口一带。迂回到敌后，主攻会昌，主要是从外围攻击，消灭敌军的有生力量，打破其防线。由朱德指挥第 20 军 2 师（5 团）、3 师（6 团和教导团第 3 总队）为左纵队，在城东北方向正面发动佯攻。贺龙率领第 20 军主力 1、2 师为总预备队，驻守位于瑞金至武阳之间，策应支援各方。

周恩来前往前沿阵地，协助叶挺、刘伯承、聂荣臻指挥第 11 军的战斗。

当年的会昌县城

8月29日，起义军在瑞金兵分两路向会昌开进。当晚1时，朱德率领的第20军第3师和第2师第5团，到达距会昌10华里的乐村休息做饭。朱德发现，瑞金西南有几股敌人正向武阳区方向溃逃。他立即指示第20军第3师教导团团长侯镜如挑选几十个机智勇敢有军事素养的人组织一个敢死队。侯镜如团长将此任务交给了参谋长周邦采。周邦采迅速组成敢死队，指定第1总队第1大队第2区队长为队长。

出发前，敢死队的队员们站成整齐的队列，在绿色的草坪上听朱德的动员。朱德环视了一下队伍说："你们都是不怕死的祖国健儿。可是，今天我要求你们一反猛打猛冲的常规，只和敌人打心理战。你们要分做数股，分散活动，跟在敌人后面或插到敌人两旁，向敌人打冷枪。要搅得敌人吃不下，睡不着，这就是你们的任务。"① 小分队遵照朱德的指示，一路上利用有利地形、地物，隐蔽自己，不断向钱大钧部打冷枪，直把他们追到离会昌城只有40里的地方才宿营。钱大钧部被弄得筋疲力尽。

30日凌晨，一弯新月尚隐藏在东山背后，繁星闪烁着微弱的亮光，进攻会昌的战斗打响了。拨归朱德指挥的第20军第3师，由教导团和第6团组

---

① 赵镕：《跟随朱德同志从南昌到井冈山》，选自《中共党史革命史论集》，中国社会科学院近代史研究所编，中共中央党校出版社1982年版，第395页。

周逸群，第20军第3师师长

成。当时第6团还未赶到，朱德便和第3师师长周逸群、党代表徐特立来到了第20军教导团的驻地。朱德等领导同志听取了侯镜如团长和周邦采参谋长有关前沿敌情的汇报后，便命令部队出发了。

走了20多里，就与钱大钧部约4个团的兵力交上了火。20军教导团首先向敌人发起了攻击，教育团作为预备队待命。敌人凭借其有利地形和兵力众多，顽固地抵抗，起义军反复冲杀，战斗呈拉锯状态。等到第6团赶到，又展开了更猛烈的进攻。一时枪声大作，战斗十分激烈。

朱德所率部队从会昌城东北的绵水河边向河子石崈约2000米的正面拉开战线。6团右边与教导团的接合部有一座古塔，6团的指挥所就设在古塔的右后侧。清晨6点左右，朱德来到这个指挥所，对6团团长傅维钰（黄埔1期）等人说："走，我们一起到前面去看看。"

古塔左边有一座小高山，是6团的进攻出发地，山下就是敌人。朱德和

南昌起义军朱德、周逸群部会昌战斗遗址（石角高排坳崈）

6团团长傅维钰走上这座山时，红日自东方冉冉升起，驱散了浓浓的云雾，远山近景越来越清晰。只见山脚下，高低不平的坡地里，无精打采的敌人，正懒洋洋地晃着身子准备集合。朱德一见，立即对傅维钰团长说："出其不意，攻其不备。你看，这么好的目标，为什么不打？"

傅维钰经朱德指点，恍然大悟，转向6团团副李奇中，李奇中立刻下令该团重机枪连跑步前进，并命令各营准备投入战斗。部队向敌军发起佯攻，重机枪连上来了，6挺重机枪架到山顶上，向敌人密集开火。霎时间，山上山下枪声大作。敌人遭到突然袭击，顿时晕头转向，惊慌失措，四散奔逃，有的负隅顽抗。陈赓率6团1营，冒着敌人密集的弹雨，一连攻下3个小山包。其余各营连趁此有利时机全线出击，杀声高喊，勇猛地向敌人扑了过去。敌人无力抵抗，仓皇溃逃。

不一会儿，钱大钧部组织4个团的增援部队上来了，疯狂地向发起佯攻的起义部队压了过来；遭到突然袭击的敌军见有了援兵，又重新集合起来，往我方阵地上冲来。起义军官兵顽强抵抗，一场更惨烈的争夺战在这重重山头展开了。

由于担任主攻任务的第11军25师夜间行军迷了路，未能及时参加战斗，致使佯攻部队处于孤立无援的境地。敌人整连整营地向6团阵地冲锋，打垮一批，又上来一批。战士们顽强地坚持着，和一次次冲上来的敌人死拼。

由于第20军第3师的工事简单，很多士兵趴在地上射击，加上敌军人数上占优势，战士们伤亡很大。仗越打越激烈，第3师师长周逸群（黄埔2期）将仅有的预备队都派上去了。在紧急的关头，团部甚至师部的人员也投入战斗。师指挥所的工作人员纷纷参加战斗，就连年已50岁的党代表徐特立也要求参战。

此时已近中午，8月底正是最热的时候，太阳晒得人简直喘不过气来。敌人仍在不停地进攻，战斗打得异常激烈，起义部队伤亡严重。师参谋处长袁策夷负伤，师军需主任蒋作舟牺牲。营连级干部伤亡惨重，6团1营营长陈赓在此时负了重伤，左腿两处中弹，腿骨被打断。前沿有几处阵地已经被敌人攻占了。

陈赓，时任第 20 军 3 师 6 团 1 营营长

正在这时，突然一股敌人突破了前沿阵地，径直向指挥所猛扑过来。6 团团长傅维钰很担心朱德的安全，劝他转移，朱德风趣地说："不要慌嘛！敌人来了，怎么能不好好招待他一番呢？"说着，他走到一位牺牲的战士身边，捡起 1 支步枪，和普通战士一样，卧倒在地，沉着地向逼近的敌人射击，敌人一个个应声倒地。敌人越冲越近，子弹打在近旁的山石上，四处乱迸，溅起一股股烟尘。朱德从容不迫地一枪一枪地打，子弹打完了，他就爬到烈士身边，从烈士的子弹袋里抽出几排子弹，装进枪里再打。这时，敌人的攻势受挫，接着各连队从侧面来支援，将冲到指挥所前面的敌人打退了。

朱德率领佯攻部队进行顽强的战斗，吸引了大量的敌人，为主攻部队赢得了宝贵的时间，并创造了有利条件击退敌军。在朱德临危不惧、镇定自若的风范感召下，全体指战员毫不动摇地坚守着阵地。

在城西一带，起义部队第 11 军 24 师几次猛攻，占据了岚山岭敌主阵地

朱德在南昌起义期间使用的手枪

南昌起义时的中国共产党党证

的外围一些制高点并发起阵地攻坚战。由
于敌军势众,又有工事依托,加上主攻部
队 25 师未能及时按预定计划进入阵地,战
斗呈僵持状态,24 师的指战员与敌军展开
了残酷的阵地争夺战。敌人的炮弹不时在主
攻指挥所四周爆炸,但周恩来、叶挺、刘伯
承、聂荣臻等领导人一直在指挥所里坚持指
挥战斗,等待 25 师的到来。

中午时分,在路上等候的参谋,终于
把第 25 师师长周士第、党代表李硕勋带到
了指挥所。周恩来、叶挺、刘伯承、聂荣臻

聂荣臻,时任第 11 军党代表

立即向李硕勋等人介绍了敌情,并下达了战斗任务。最后,周恩来向他们说
道:"部队从昨夜开始赶路是很疲劳,可是会昌一定要打下来,你们有没有把
握?"周士第和李硕勋坚决地表示:"我们向党保证,一定打下会昌!"

第 25 师是由叶挺独立团发展起来的一支部队,保持了"铁军"的战斗
力。周士第和李硕勋回到师里做了简要的战斗动员后,即刻部署各团在敌主
阵地岚山岭一带外围散开,从敌军侧背猛烈地展开了进攻;同时派了一个参
谋带一排人和左翼的朱德联系。敌军依靠坚固的工事、精良的武器和强大的
火力,顽强地阻击第 25 师的进攻。第 25 师官兵们冒着密集的弹雨,一次又
一次地发动猛烈攻击。他们艰难地、一步一步地逼近敌阵,攻克敌军一个个
坚固的工事,敌人被迫退缩到岚山岭制高点寨垴峁进行负隅顽抗。同时,第
11 军、第 20 军各参战部队紧密配合,向敌军展开了全线猛攻。

在起义军的沉重打击下,下午 4 时许,敌人全线崩溃。固守寨垴峁敌军见
大势已去,仓皇渡河逃跑。我军步步紧逼,乘胜追击。主攻部队首长见此情况,
命令司号员吹响冲锋号。战士们如猛虎般地扑向敌军阵地,夺取了岚山岭的制
高点,并一鼓作气追击 30 里,乘胜占领了会昌城。部分起义部队在朱德率领下
乘胜追击,一直追到筠门岭。敌人丢盔弃甲,十分狼狈。敌南路总指挥钱大钧

率残部 3000 余人仓皇向南逃窜，逃跑时连乘坐的轿子都来不及带走。

9 月 2 日，黄绍竑部的先头部队 200 余人，不知钱大钧部在会昌已被击败，又从白鹅方向开来，被起义部队第 11 军一举击溃。

会昌战斗，是起义军南下途中打下的唯一一次大胜仗，共歼敌 5000 余人，俘敌 900 余人，缴获山炮 1 门、迫击炮 2 门、各种枪 1000 余支和大量的弹药和辎重。自身伤亡 1000 余人，在当时是个不小的损失。会昌战役，磨炼了新生的人民军队，也扩大了南昌起义的革命影响。

在会昌城的大街小巷，起义军在墙上书写了许多革命标语，宣传中国共产党的主张和政策。在城东的大旗坪，起义军召开了群众大会，号召劳苦大众起来反抗蒋介石、汪精卫反动派的统治，打倒土豪劣绅，实行土地革命。南昌起义军会昌战役的胜利，使会昌人民深受教育和鼓舞。

在会昌停留两天后，起义军陆续返回瑞金，朱德指挥的第 3 师仍归为第 20 军建制。革命委员会在瑞金召开了祝捷大会和提灯晚会，与瑞金人民一起欢庆壬田战斗和会昌战斗的胜利。李立三主持祝捷大会并讲了话。

9 月 2 日和 7 日，南昌起义军按预定计划，第 20 军与第 11 军先头部队先后由瑞金出发，东进福建汀州、上杭，再进入广东境内，向潮汕开进。第 11 军第 25 师殿后，最后离开瑞金。

第四节 浴血三河坝

起义军越过闽赣边境的武夷山后，在 9 月 5 日开进了汀州。

经汀州、上杭、永定到广东潮汕的这次进军，声势之大，行军序列之长，是少有的。整个南下的起义军分成三个梯队前进：第一梯队，由叶挺、贺龙率主力部队前进；第二梯队，由谭平山带着革命委员会各机关跟进；第三梯队，由李立三负责伤员，最后由周士第率领第 25 师做后卫。全部南下的起义军，拉成了一条长长的行军纵队，前锋已接近潮汕，后尾还在汀州、上杭一带。

9 月上旬，起义军前委在汀州举行军事会议，对夺取广东东江的计划，进行了详细讨论，做出分兵决定：以主力取潮汕，留一部分兵力于三河坝监视梅县之敌，再经揭阳出兴宁五华取惠州。[①]当时，前委内部有两种意见：一种意见是：周恩来和叶挺"主张以主力军由三河坝经松口取梅县，再经兴宁、五华取惠州，以小部分军力（至多两团）取潮汕"。他们认为潮汕空虚，可以不战而得，如果主力先取潮汕再回攻惠州，过于迂缓，敌人有集中兵力攻击我军之可能。另一种意见是："主张以主力取潮汕，留一部分兵力于三河坝监视梅县之敌，再经揭阳出兴宁、五华取惠州。"认为这样既能得到休息，又能在沿海口岸得到国际的援助。

由于后一种意见得到共产国际军事顾问的支持，多数同志也渴望早日攻占潮汕，所以，会上通过了后一种意见。

这就形成了三河坝分兵的决策，致使原来兵力已不足的起义军力量更加分散。

9 月 18 日，起义军由汀州出发，途经上杭、永定，进抵地处粤闽边境的广东大埔县城。在这里，驱逐了敌薛岳部队的新编第 3 师。前敌委员会根据形势发展做出了分兵部署：周恩来、贺龙、叶挺、刘伯承等率领主力第 20 军全部和第 11 军 24 师共 1 万余人，从处在粤闽边境的大埔乘坐 100 多条民船，经韩江顺流而下，向潮汕进发；朱德、周士第、李硕勋等率领第 11 军的 25 师和第 9 军军直、教育团共 4000 多人，留守三河坝，掩护主力南下，以防敌军从梅县抄袭主力部队进军潮汕的后路。

朱德率领的起义军到了三河坝以后，分住在庙宇、祠堂和群众家里。指

---

① 曾一石：《南昌起义军回师入闽对福建革命的影响》，《福建党史月刊》2017 年第 11 期。

南昌起义军在福建汀州驻地门楣上书写的"革命者来"标语

挥所设在龙虎坑田氏家祠，军需部设在叶氏宗祠（现祠堂仍有"丁卯年七连三排"7个字）。起义军官兵戴着红边的帽子，脖子上系着红领巾，身穿灰布衣，打着绑腿，穿着草鞋。为了提高群众的觉悟和对我军的认识，由第25师师长周士第的署名，到处张贴"安民告示"。在大埔县委和三河坝地方党组织的帮助下，在汇城南门外大沙坝召开群众大会，大会有2000多名群众参加。

起义军来三河坝前一个月，先派有地下工作人员到三河坝境内的汇东等地秘密组织工会和农会。朱德积极地支持农民群众的革命活动，发给三河坝农民军一部分枪支弹药，并多次给他们讲战略战术，使农民军迅速成长壮大。

三河坝位于广东大埔县的南部，是一个位于三江口上的大镇子，中心点是汇城。北来的汀江和西南来的梅江在这里汇合后汹涌澎湃，向南泻入水深流急的韩江，最后在澄海流入南海。从这里，溯江而上可通闽、赣，顺流而下直达潮汕。与三江汇合点相对，有一座高约80米的笔枝尾山，形如龟尾，山势险要，重峦叠嶂，松林茂密，可攻可守，大有一山镇三河之势，历来为兵家必争之地。

起义军大部队过江之后，直取潮汕。第25师来到三河坝后，师长周士第接到第11军军长叶挺的命

南昌起义军在广东大埔县三河坝田氏祠堂墙上写下的"誓死杀敌"4个大字

令。命令说，他领导的第25师划归朱德指挥，留守在三河坝，监视梅县等地之敌，以保证主力部队夺取潮汕。

第25师是由叶挺独立团扩编而成的，无论部队的战斗力，还是党的力量，在南昌起义军中都属最强的劲旅之一。所以，把坚守三河坝，抗击钱大钧部的任务交给了他们。

起义军在三河坝住了10天左右，获悉钱大钧部拟由松口向三河坝发动进攻。10月1日，朱

朱德在三河坝战役中的指挥所

德带着第25师师长周士第和党代表李硕勋，查看了三河坝一带的地形。

朱德说："这三河坝的名字起得太绝了，正在汀江、梅江、韩江三江汇合口上。一旦发生战斗，第25师留在三河坝，将是背水而战，地形对我军极为不利。这是兵家之大忌。部队应该拉到三河坝对岸东文部，在笔枝尾山、龙虎坑一带布防。"

"我们完全同意朱军长的意见，立即调动部队过江。"周士第点头答道。

星夜，起义军乘"大和号"轮船到达江东的东文部，只在观音阁留下一个三人的观察哨。同时，将江西岸的各种大小船只，全部撤到东岸，留下一只小船给瞭望哨做渡船。第25师师部设在田氏宗祠内，第73团由黄浩声、陈毅领导驻守石子岽、莲塘一带，为左阵地；第74团在孙树成、申朝宗、王尔琢率领下驻守东文部，为右阵地；第75团在孙一中、张堂坤、陈三俊、张启图率领下驻守在前沿阵地笔枝尾山和龙虎坑一带，为中间阵地；第9军军官教导团500多人驻守梅子岽。等钱大钧到达三河坝镇时，突然发现他们不得不面临着隔江而战的局面。这部署既充分利用了江面天险，又为三天后的

广东省大埔县三河坝

撤离留下了余地，充分显示了朱德高超的指挥才能。

为了便于观察指挥，朱德把指挥部设在阵地中间龙虎坑附近的一个高地上。部队进入阵地后，战士们情绪十分高昂，连夜挖战壕、筑工事，准备迎击敌人。

第二天午后，在江岸边的竹林旁，朱德召集了全师的军官讲话。

第25师的许多军官都知道朱德的威名，但从未见过他本人。在他们想象中的朱军长，一定是一身将校呢，戴着白手套，拎着一根细马鞭，蹬着一双乌黑马靴的堂堂男子汉；有的还猜想一定留着两撇八字胡须，戴着金丝边的眼镜。

师长周士第大声说："请朱军长为大家讲话！"这时，大家看到的朱德与他们的想象大相径庭，和起义军的普通士兵一样。他戴着一顶军帽，身后背着一顶小斗笠，上身穿着灰蓝色的军服上衣，下身穿着一条短裤，打着绑带，脚上是一双草鞋。他给人的印象实在是再普通不过了，完全是一个老兵的装束，所不同的是他身上挎着一支德国造的20响驳壳枪，那是南昌起义的纪念品（至今还保存在北京军事博物馆里）。人们从他那温厚和朴实的面孔上，怎么也找不到他是从枪林弹雨中冲杀出来的将军的影子。

"同志们，你们个个都是顶天立地的男子汉，你们第25师有着叶挺独立团的光荣传统。今天，我们都要下定决心，坚守住三河坝。只有在这里把敌人牵制住了，就为夺取潮汕的我军创造了胜利的条件。大家有没有信心？"朱德问。

"有！"全体军官一致回答。

"我同大家一样，你们的师长和党代表、参谋长也一样，都有信心。我们要有'人在阵地在'的信念。你们要保持'铁军'的荣誉，要发扬汀泗桥战斗、贺胜桥战斗的勇敢精神，要发扬会昌战斗中奋勇杀敌的精神，就一定能够战胜敌人！"朱德的讲话，博得大家阵阵的掌声。他还讲了如何构筑工事，如何防守阵地；对渡江的敌人在什么时候打，怎样打最为有利。每个军官都静静地听着，对他那坚定不移的必胜信心和渊博的军事知识十分敬佩。

会后，朱德巡视前沿阵地，检查了构筑的工事，并亲自示范，挥锹挖土，挖筑了散兵坑和交通壕。

起义军在当地群众的支持下，迅速在笔枝尾山等大小山头挖战壕、筑工事。前沿阵地上有3架水龙机关枪。由东文部到大麻、莲塘、梅子崬，长约20里的山头上，都埋伏下了起义军和农民军，准备迎头痛击来犯之敌。

10月2日，钱大钧率补充后的第32军3个师10多个团2万余人，气势汹汹地向三河坝扑来，准备在三河坝同起义军决一死战，以报他会昌战斗中惨败之仇。观音阁瞭望哨发现后，立即鸣枪报警，并乘船渡到江东。

敌人到来后，占领了汇城。敌人要攻夺笔枝尾山，必须渡江而战，钱大钧下令在三河坝到校口沿江一带强征所有船只。竹篷船、运米船、运石灰船、砟梆船、轮渡船都征来用于作战，用麻袋装沙堆成掩体。在旧寨、观音阁等地配备了几十挺机枪火力，并抢筑工事，与起义军形成对峙局面。

当天下午，战斗打响了。敌人集中火力，向笔枝尾山前沿阵地疯狂射击，一时枪炮声大作，硝烟四起。朱德对大家说："我们一定要沉着、勇敢、机智，发扬会昌战斗的精神，保持铁军的荣誉，坚守三河坝，为我主力进军潮汕，牵制住这股敌人。"

遵照朱德的指示，起义军隐蔽在稠密的松林中，只是零星对射反击，时而一枪不发，时而打几声冷枪。敌人摸不清底细，不敢轻举妄动。到了晚上，为了消耗敌人的弹药，起义军和农民军在铁桶里放爆竹，声如机枪，虚张声势。敌人以虚为实，慌乱一团，不断还击，一夜不得安宁。

半夜，敌军趁着浓重的夜色，在旧寨、观音阁等阵地上的大炮和几十挺重机枪的掩护下，用从松口方向抢来的几十只大小民船，偷袭我方阵地。哪知道起义军早已有准备，正在滩头阵地上等着他们。开始渡江时，见江东起义军毫无反应，他们自以为得计，壮着胆子，让船工加快划桨。当船只驶到江中时，战士们遵照朱德再三强调的"半渡而击"的原则，枪、炮一齐开火，顷刻间，水花四溅。敌船成了我军的活靶子，敌船被打得沉的沉，漏的漏，敌人一个个掉进了水中。无人掌舵的小船像柳叶一样在河心旋转漂流。

10月3日上午，钱大钧先向我军阵地进行火力侦察，一时间各种火力向笔枝尾山前沿阵地发起了疯狂的轰炸和射击。霎时间枪炮声大作，弹如飞蝗，硝烟四起，江面水柱冲天，浪花飞溅。敌人在密集炮火的掩护下，用几十只民船先后组织2次强渡。起义军始终贯彻朱德"半渡而击"的命令，待船至河中才集中火力猛烈射击，使敌进退不能，船翻人淹，死伤大半，两次强渡均被我军打垮。

接着，钱大钧调集全军轻重武器向笔枝尾山阵地猛烈扫射，以一个团为前卫掩护主力强行渡河。敌人从韩江上游驶来50多只船，配合正面进行第三次强渡。半数船只被第75团击沉，有300多名敌人爬上南岸抢占了第75团防守的滩头竹林，形势万分危急。团长孙一中趁敌军立足未稳，率6个连反击。师参谋长游步仁率预备队加入战斗，与敌人展开了白刃格斗，只见银光闪闪，杀声四起，战斗进入僵持状态。激战到午后，300多名敌人全被75团打死、打伤和活捉，一个也没有漏网。但起义军也伤亡了近200人。孙一中和3营营长蔡晴川，在这次战斗中负了重伤。下午，敌人遭受重创后，不甘心失败，仍然数次顽强组织强渡，战斗持续了一整天。

10月4日下午，钱大钧恼羞成怒，加强火力掩护，又调来十多只船，发起第二次冲锋，企图强渡登岸，起义军以猛烈的火力给予回击。炮声、枪声、喊杀声交织在一起，匪军一个个掉进河里。有一个小头目擎着旗趴在船边上大喊"冲啊"！起义军射出一枪，叫他顿时葬身鱼腹，被打坏了的民船载着死尸随水漂流。

敌人越来越疯狂，派出新编第1师渡过韩江向笔枝尾山左侧500米的石子岽阵地反扑。黄浩声、陈毅指挥第73团在石子岽和敌人进行了一场激烈的战斗。敌人在炮火的掩护下，划船渡江窜至岽下，企图用偷袭战术夺取第73团阵地。黄浩声、陈毅识破敌人意图，故意按兵不动，待敌人接近我方阵地时，突然发起猛烈反击，经过一场厮杀，全歼敌军。

在战斗中，三河坝的人民群众，冒着敌人炮火，为我军送水送饭。100多名农民军与起义军并肩作战，同生死，共患难。还有不少群众运送弹药，护理伤员，给了我军以极大的支持和帮助。

10月5日拂晓，韩江的江面上浓雾弥漫，久久不能散去，能见度极低，滩头和竹林全都淹没在浓雾之中，十步之外已看不见人影。钱大钧抓住这个难得的机会，以浓雾做掩护，改变打法，采取"多兵出击、船排抢运、炮火齐轰"的战术，调集了大批船只，分多路抢渡韩江，同时向各个阵地展开猛烈进攻。在密集炮火的掩护下，一部分敌人向我75团阵地强渡，另调集两团兵力，绕过三河坝，从韩江上游、石子岽以南的大麻圩附近偷渡韩江，企图占领梅子岽一带，从梅子岽侧击第73团。这时，潮州方面又有黄绍竑的一股敌人赶来增援，梅子岽被敌人占领。随后敌军利用有利地形，向我第73团阵地发起猛烈进攻。师参谋处长游步仁率73团多次反击，无奈敌人兵力众多，反击没有成功，阵地出现了裂口，游步仁身负重伤。

敌人在大炮、机关枪强大火力的掩护下，利用韩江西岸的船满载士兵顺流而下，冒着浓雾抢渡韩江、汀江，朝着东岸第75团阵地驶来。敌人仗着人多势众，不顾伤亡，源源不断地渡江强行登岸。不大一会儿，几千敌军就抢占了第75团滩头部分竹林阵地。但是，岸边的高地仍在起义军手里。第75团在右侧第74团配合下，越战越勇，越打越顽强。激战一个多小时，打死打伤敌军500多人，连续打退了敌人无数次的冲锋。敌人不断增援，战斗一直在激烈地进行着，阵地在反复争夺，战斗一直僵持到午后。

下午3时，敌人又调集了大量机关枪和迫击炮对我笔枝尾山阵地进行狂轰滥炸，拼命攻击。阵地上烈火熊熊、尘石乱飞。团长孙一中、营长蔡晴川带伤仍然坚持指挥战斗，起义军战士经昼夜作战，粮已断绝，但仍坚持顽强拼搏，奋勇当先，毫无惧色。阵地失而复得，得而复失，反复争夺，不下数十次。黄昏时分，侧翼的第74团赶来增援，再次杀退敌人，夺回阵地。这时，前沿阵地和阵地上，敌人留下的尸体比比皆是，进攻之敌均被我军歼灭。后来张堂坤接任团长职务，与参谋长廖运周共同指挥。笔枝尾山阵地始终牢牢掌握在我军手中。

同时遭受敌人攻击的还有驻守杨梅岽和东文部等地的第74团阵地。第74团与第75团驻守的笔枝尾山相距只有百来米。韩江河水流经几个弯道，将东文部、笔枝尾山隔离开来，首尾难顾。敌人利用地理上的优势，调集主力部队，会攻第74团阵地。敌人进攻东文部河滩时，未发现我军已有布防。船驶到河中心，遭我军猛烈阻击后，才知我军已严阵以待，立即调来重炮向山头猛轰。经敌人重炮阵猛轰之后，第74团防御工事被轰塌，人员遭到较大伤亡。敌人新一轮的进攻开始后，第74团在团长孙树成、参谋长王尔琢指挥下，凭险抵抗，阻击来犯之敌。经过几小时的激战，我军虽多次打退了敌人的进犯，但是，因敌人火力过猛，有少量的敌人突入滩头阵地。形势十分紧急，朱德急令第9军1个营的部队立即增援第74团。第9军1个营赶到东文部后，以迅雷不及掩耳之势，立即在滩头与敌展开肉搏战，终于将阵地收回。

孙一中，时任第25师75团团长

这场战斗打得十分艰难，敌我双方均损失惨重。

由于敌众我寡，当晚，第73团、第74团阵地还是相继丢失。此时我军只剩下第75团和下村防线，情况十分紧急。敌人在夺取左右阵地后，企图从韩江东岸西、南、北三个方向对起义军形成夹击之势，准备向起义军的下村和正面阵地进攻。

在这危急关头，朱德、周士第、李硕勋等立即召开紧急会议，商讨部队的下一步行动。"当夜幕落下时，起义军已陷入对方的重兵包围中。朱德认为，经过三天三夜的顽强阻击，大量地杀伤敌人，掩护主力进军潮汕的任务已经完成。起义军在激战中伤亡也很大，为了保存实力，必须立即撤出战斗，去追赶主力。于是，下令留下第25师75团第3营做掩护，其余部队交替掩护，迅速转移。"[1]

时任第25师75团参谋长的廖运周回忆战役时说："入夜，师部决定，师的主力速同伤员向外转移，着我团坚守阵地至明日六时，然后撤离战场。当时身负重伤的孙一中同志，虽经周师长一再来信督促，仍坚持要留下来。其他伤员看到团长不走，也都不肯走。最后团副张堂坤眼里含着激动的泪花对他说：'团长！为这些伤员同志着想，你也必须走，你放心吧，我们一定能够完成掩护任务。'临走，团长紧握着堂坤和我的手，像有很多话要说，但什么也没有说就和我们分手了。"[2]

命令下达后，第25师在朱德、周士第、李硕勋的率领下，在弥漫的浓雾中，有组织地迅速撤出战斗，去追赶前委和主力部队。第74团团长孙树成在撤离战斗中牺牲。

主力部队撤走以后，第75团第3营全体官兵佯装主力，继续顽强阻击1

---

① 中共中央文献研究室编：《朱德传》，人民出版社、中央文献出版社1993年版，第86页。

② 廖运周：《回忆南昌起义前后的七十五团》，选自《南昌起义》，南昌八一起义纪念馆编，中共党史资料出版社1987年版，第329页。

八一起义军三河坝战役烈士纪念碑，由朱德题写碑名

万多敌军。敌人像输红了眼的赌徒，孤注一掷地向我方阵地猛扑。战斗越来越激烈，越来越残酷。蔡晴川为了保存革命力量，决心率领第3营的200多名战士独自完成掩护任务，让张堂坤和廖运周率领其他连队脱离战场，追赶大部队。75团3营的勇士在营长蔡晴川的指挥下，顽强地打退了敌人一次又一次的进攻，杀伤了一批又一批的敌人。他们打完了最后一颗子弹，甩了最后一颗手榴弹，英勇地跳出战壕，与敌人展开了肉搏。……最终由于我寡不敌众，3营指战员全部壮烈牺牲在笔枝尾山。他们把敌人的主力死死拖住，为我军主力转移赢得了宝贵的时间，用鲜血和生命谱写了一首壮烈的诗篇。

张堂坤、廖运周率领第75团余部撤离阵地时由于走错了方向，钻进了钱大钧的口袋，遭到敌人伏击，导致惨重伤亡。张堂坤壮烈牺牲，廖运周仅率几个战士突出重围。

事隔25年，陈毅在《关于"八一"南昌起义》的谈话中痛心地说："如果三河坝不分兵，我们一共有15个团，而桂系加陈济棠可以集中的不过17个团，力量差不多，我们战斗力强于他们，一定可以击破他们。三河坝一分兵，反革命就以钱大钧牵制朱、周部，集中全力对付叶、贺。叶、贺长途跋涉，队伍疲劳，一路仰攻上去，到了汤坑遂陷入反革命的重重包围，损失严重。"

三河坝分兵直接导致起义军进军潮汕的受挫，然而从中国革命战争的战略发展方向看，恰恰由于三河坝的分兵，才使起义部队在潮汕受挫时留下了一支力量北撤到了井冈山，为后来红军的发展奠定了重要的基础，成就了

"朱毛红军"红四军响亮的番号。①

附一：

南昌起义军三河坝战役部队序列表②

第 9 军军长：朱　德

第 9 军经理部部长：陈子坚

第 9 军军官教育团书记长：赵　镕

第 9 军特务营营长：周淮川

第 11 军第 25 师师长：周士第

第 11 军第 25 师党代表：李硕勋

第 11 军第 25 师政治部主任：梁伯隆

第 11 军第 25 师参谋处处长：游步仁（瀛）

第 25 师第 73 团团长：黄浩声

第 25 师第 73 团政治指导员：陈　毅

第 25 师第 73 团参谋长：袁也烈③、王一平

第 25 师第 73 团军需主任：周廷恩

第 25 师第 73 团第 1 营营长：周子昆④、符克振

第 25 师第 73 团 5 连连长：张子良

---

① 曾一石：《南昌起义军回师入闽对福建革命的影响》，《福建党史月刊》2017 年第 11 期。

② 此表来源于广东饶平茂芝会议纪念馆。

③ 袁也烈等：《袁也烈纪念文集》，中央文献出版社 1999 年版，第 15 页；在赣县王母渡与团长黄浩声离队。

④ 袁也烈等：《袁也烈纪念文集》，中央文献出版社 1999 年版，第 15 页。

第 25 师第 73 团 2 营 6 连连长：聂鹤亭

第 25 师第 73 团 7 连连长：林 彪

第 25 师第 73 团第 × 营 × 连 × 排排长：彭明治

第 25 师第 74 团团长：孙树成

第 25 师第 74 团副团长：申朝宗

第 25 师第 74 团参谋长：王尔琢

第 25 师第 75 团团长：孙一中

第 25 师第 75 团支部书记：杨心畬

第 25 师第 75 团政治指导员：陈三俊

第 25 师第 75 团副团长：张堂坤

第 25 师第 75 团参谋长：张启图

第 25 师第 75 团团参谋长：廖运周

第 25 师第 75 团上尉副官：吴秀松

第 25 师第 75 团少校军需：史泗群

第 25 师第 75 团第 1 营营长：符锦惠

第 25 师第 75 团 4 连连长：王世华

第 25 师第 75 团第 2 营 5 连连长：何 鑫

第 25 师第 75 团第 3 营营长：蔡晴川

第 25 师第 75 团 11 连连长：许光达

第 25 师第 75 团 11 连副连长：李逸虹

第 25 师第 75 团 11 连指导员：廖浩然

第二章

千 里 转 战

我是共产党员，我有责任把"八一"南昌起义的革命种子保留下来，有决心担起革命重担，有信心把这支革命队伍带出敌人的包围圈，和同志们团结一起，一直把革命干到底！

——朱德

第一节　茂芝会议

朱德和周士第率领第 25 师约 2000 人,在 1927 年 10 月 6 日清晨撤出三河坝后,日夜兼程去追赶主力部队。决定取道百侯,从饶平到潮汕与主力部队会合。

6 日上午,起义军余部经大埔的双溪、和村等地,行至饶平以北的茂芝乡,遇到了当地一部分农军,得知广东省委委员杜式哲正组织三饶(上饶、中饶、下饶)农军攻打旧饶平城,已激战了一天。因为战斗对农军不利,正准备后撤。根据这一情况,朱德果断地决定,立即派出部队配合农军攻城。当时因 25 师尚未赶到,朱德便派第 9 军教育团 200 多人前往支援。军部就驻扎在茂芝乡,指挥部设在全德学校。

攻城的各乡农军看到起义军余部前来支援,大为振奋。两支队伍密切配合,争相猛攻,不到半日,就将县城拿下,打死打伤敌人 50 余名,活捉恶霸地主、奸细各一名,并没收了地主的粮仓。农军处决了恶霸奸细,将没收的粮食浮财分发给贫苦群众,人人欢欣鼓舞。

当天夜里,农军得到紧急情报,黄绍竑部企图由大埔、高陂一带来包抄饶平县城。四乡农军带着缴获的物资迅速撤回了各区。第 9 军教育团也带着胜利的喜悦凯旋茂芝乡。

当晚,第 25 师一部分赶到,在茂芝乡宿营。军官教育团团部书记长赵镕和军部王海清参谋、黄文书同住一屋。

南昌起义军余部驻地之一——广东饶平县上饶高阳楼

　　那时，因为没有电报、电话，很难知道主力部队进军潮汕的情况，他们十分惦记，不免议论了起来。谁知，一提起主力部队，三人竟辗转反侧，彻夜难眠。

　　早晨起来，用凉水洗了个脸，王海清提议，一起到河边踩踩露水，便信步向一条小河走去。来到一个小高地上发现薄雾之中，林荫道上有一群人朝他们这里走来。身后绿色的田野里，还有人群在移动。是老百姓下地干活吗？不像。是农军活动归来吗？也不像。是敌人吗？更不像。

　　他们正猜测时，来人越来越近了。忽然，黄文书惊奇地叫起来："嘿，潮汕主力部队来人了！"仔细一看，前面带队的正是第20军第3师教导团参谋长周邦采。原来，是周邦采、陈子坚、李奇中带领着从潮州东面渡口突围出来的起义军，经三饶、新丰、二祠，来到了这里。队伍中，包括粟裕、杨至成、赵尔陆等在内，另外还有10名女兵，她们是：彭文（彭援华）、萧凤仪、杨庆兰、熊××（四川籍）、何柏华、陈觉吾（陈夷坚）、张仁、吴志红（吴瑛）、许秀珍（刘之至夫人），另外一人至今无法确认姓名。

　　他们三步并作两步跑上去，紧紧拉住周邦采的手说："天天想你们啊！"

周邦采说："你们怎么在这里？"

赵镕说："三河坝打了一仗，就撤到这里来了。你们这次来，有什么任务吗？"

周邦采长长地叹了口气说："完了，这回完了……20 军只剩下我们这几百人了，11 军也都失败了。"说完，他急切地问道："朱德同志在哪里？我要马上见他。"

他们带领周邦采来见朱德，周邦采怀着沉痛的心情，汇报了主力部队进占潮汕以后的失利情况。

他说："9 月 23 日，我军占领了潮州，次日，占领了汕头。占领潮汕以后，周逸群师长带领 3 师大部和教导团的两个总队，驻守汕头。我们教导团团部和 1 个总队及 3 师 6 团 1 个营驻守潮州。20 军第 1、2 两师及 11 军第 24 师，由贺龙、叶挺、刘伯承同志率领，经揭阳到汤坑迎击敌军。汤坑之战打得好苦啊！我军屡遭袭击，除 24 师 72 团团长董仲明（董朗）和党代表颜昌颐同志带领该师一部分突围去东江根据地与当地农军会合外，其余的全部失败了。在汤坑战役接近尾声时，敌人开始闪电式地向潮州反扑。我们大部分人员已分配到各区乡做群众工作了，只留了教导团少数人员及 6 团 6 连坚守在韩江上游的一个小高地上，敌人以一个多师的兵力，向我攻击，分散到乡村去的部队，已经来不及全部集合，由于敌众我寡，潮州落入敌手。我们浴血奋战，突围出来，本想与汕头部队会合，可是快到汕头车站，只见敌人的探照灯照来照去，知道汕头也已经失守。于是，我们返回原路，来到了这里。唉，在潮州、汕头，我们仅仅住了 7 天……"

正说着，第 20 军 3 师 6 团 6 连连长杨至成走进来，他也是刚从潮州撤下来的。在会昌战斗中，3 师曾归朱德同志指挥，此次重逢，虽然是在起义军失败以后，但大家心里还是十分高兴的。

此时，第 25 师后续部队赶到了，朱德为这些部队安排了食宿，并热情地招呼周邦采和杨至成等一起吃了早饭。

周士第听说毛泽覃还在三饶未出来，下午即派师军需主任周廷恩到饶城

朱德所率南昌起义军余部行军路线示意图[①]

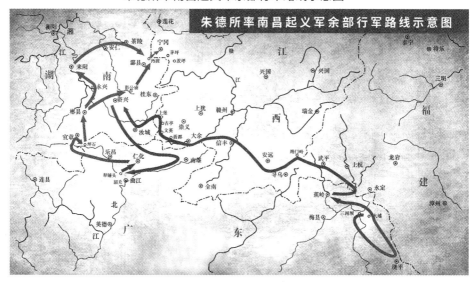

接其回师部，而后分配在第 25 师政治部工作。

　　主力部队失败的消息就像一盆冷水浇在大家的头上。三河坝激战以后，朱德领导的第 9 军军部直属队和教育团仅剩 300 多人，归他临时指挥的 25 师也不到 2000 人，加上周邦采带来的从潮州撤出的 3 师和教导团的四五百人，总共也不过是二千六七百人。[②]而且，这些人是在失败后从各个部队凑到一起来的。他们失去了所熟悉的领导，对朱德尚缺乏深刻的了解。在失败面前，一些人迷惘了，一些人悲观了。好多人长吁短叹："革命的希望在哪里？""唉，今后可怎么办呢？"战士们的情绪低落，思想混乱。一些指挥员也处于不知所措的境地。颇有群龙无首，万马齐喑之状。

　　这是一个异常严峻的时刻。"当时，我们这支队伍的处境极端险恶。敌人

---

　　① 中共中央文献研究室、中共四川省委编著：《朱德画传》，四川出版集团、四川人民出版社 2006 年版，第 89 页。

　　② 赵镕：《跟随朱德同志从南昌到井冈山》，选自《中共党史革命史论集》，中国社会科学院近代史研究所编，中共中央党校出版社 1982 年版，第 407 页。

的大军压境，麇集于潮汕和三河坝地区的国民党反动军队有5个多师，共约4万人，气势汹汹，企图完全消灭我军，扑灭革命火种。从内部来说，我们的部队刚从各方面会合起来，在突然遭到失败的打击之下，不论在组织上和思想上都相当混乱。"①他们既孤立无援，又同起义军的领导机构前敌委员会失去联系，部队随时有被围歼或自行散伙的危险。重任落在朱德的肩上……"虽然下面的部队绝大部分都不是他的老部队，领导起来有困难，但在此千钧一发之际，他分析了当前的敌我情况，做出了正确的决策。"②

在这严峻的形势面前，朱德同几个主要领导干部研究后，决定部队必须尽快离开这里，摆脱险恶的处境，否则将有全军覆没的危险。他首先对形势做了客观的分析，认为当务之急，是稳定部队情绪，统一步调，依靠部队的各级党组织，发挥核心领导作用，纠正悲观消极情绪，坚定革命意志，继续高举"八一"南昌起义的革命旗帜。碰头会后，领导干部分头到部队，召开党员和部队骨干会议，在指战员中进行思想政治工作，初步扭转了部分指战员的悲观情绪。

10月7日上午，朱德在茂芝全德学校主持召开了团以上干部军事会议。到会的有周士第、李硕勋、黄浩声、陈毅、杨心畬、王尔琢、孙一中、周邦采、符克振、周廷恩、陈子坚、刘得先、张启图等20多位军事干部。会议分析了当前的不利形势，讨论了起义军余部的前途问题。

朱德说："我们的主力部队在潮汕失败了，我们与上级党组织又失去了联系，敌人正向我们袭来。为了保存革命的火种，为了保住铁军的荣誉，我们必须高举起南昌起义这面武装斗争的光辉旗帜。现在，我们这是一支由几个单位会合在一起的部队，没有长官了。我只是第9军的军长，不是你们的长官，只是把大家召集在一起，研究研究，我们下一步该怎么走。"

首先，陈子坚、周邦采、李奇中分别介绍起义军主力在潮汕前线情况。

①② 粟裕：《激流归大海——回忆朱德同志和陈毅同志》，选自《星火燎原》选编之一，中国人民解放军战士出版社1979年版，第85页。

茂芝会议旧址——广东饶平县茂芝全德学校

接着，围绕要不要保存南昌起义的革命火种，要不要继续高举南昌起义的旗帜的问题，展开了激烈的争论。有一部分同志提出：南昌起义失败了，这是不可否认的事实。目前敌强我弱，再这样硬拼下去，是不会有成功的希望的，不如解散回家，等待时机。

朱德不同意这种意见，他情绪激动地说："南昌起义虽然失败了，但是我认为南昌起义这面旗帜不能丢，武装斗争的道路一定要走下去。"他慷慨激昂地说："主力失败了，我们也吃了败仗，但是，革命没有完，革命仍然有希望。'留得青山在，不怕没柴烧。'南昌起义的革命种子，我们一定要保留下来。现在前方主力已完全失利，起义军余部只有迅速脱离险境，保存有生力量，另寻出路，才能图谋新的发展。"他向到会的军官们毅然决然地说："我是共产党员，我有责任把'八一'南昌起义的革命种子保留下来，有决心担起革命重担，有信心把这支革命队伍带出敌人的包围圈，和同志们团结一起，

1980 年 1 月 23 日，开国中将赵镕（前左三）、朱德总司令女儿朱敏（前左二）等人重访茂芝全德学校旧址

一直把革命干到底！"①朱德这一席铿锵有力的话，鼓舞了大家的革命信心，增强了斗志。

这时，陈毅站起来坚定地说："我陈毅坚决拥护朱德同志的领导，并愿尽我的一切力量，协助朱德同志把革命进行到底！他是南昌起义的领导成员，又是第9军的军长，是我们当中的最高领导，最大的长官。自从起义军南征以来，特别是在三河坝的激战中，完全证明他有着丰富的战斗经验和指挥才能……"

王尔琢还没等陈毅讲完就插话说："我也拥护朱军长领导！"

周士第、李硕勋等对于朱德的决心和主张，也表示坚决支持和拥护，并愿意跟随朱军长，率领这支部队继续战斗。接着，许多军官纷纷表态："拥护朱军长！""拥护朱军长！"会议否决了"解散队伍，各奔前程"的意见。

经过激烈的讨论，朱德把大家的意见归纳为四条："第一，我们和上级的

---

① 中共中央文献研究室编：《朱德传》，人民出版社、中央文献出版社 1993 年版，第87 页。

周士第，时任第 11 军 25 师师长　　　李硕勋，时任第 11 军 25 师党代表、政治部主任

联系已中断，要尽快找到上级党取得联系，以便取得上级的指示。第二，我们要保存这支军队，作为革命种子，就要找到一块既隐蔽又有群众基础的立足点。湘粤赣边界地区，是敌人兵力薄弱的地方，是个三不管的地带，这一带农民运动搞得早，支援北伐最得力，我们应当以此为立足点。第三，据最新情报看，敌人已从南、西、北方面向我靠拢，我们要从东北方向穿插出去。现在敌强我弱，我军又是孤立无援，所存弹药不多。行动上要隐蔽，沿边界避敌穿插行进。第四，要继续对全军做艰苦的思想政治工作，要发挥党团员、干部的先锋模范作用，坚决扭转对革命失却信心的混乱思想，安定军心，更要防止一些失败主义者自由离队，拖枪逃跑，甚至叛变投敌的严重事故发生。会议否决了少数同志关于解散队伍的提议。"[1]

朱德根据大家的意见，提出了"隐蔽北上，穿山西进，直奔湘南"[2]的战略决策。提出要到敌人力量薄弱、农民运动基础较好的湘赣边界地区去找

---

① 《一次重要的军事决策会议》，选自《饶平党史资料》1982 年第 1 期，第 4 页。

② 中共中央文献研究室编：《朱德传》，人民出版社、中央文献出版社 1993 年版，第87—88 页。

茂芝会议旧址人物蜡像及历史资料，重现当年南昌起义军余部军事决策会议的场景

"落脚点"、打游击。他认为：军阀割据多是以省为界，分防把守。两省边界的接合部，往往是两不管或防守松懈的地界。他们决定沿闽粤边界"隐蔽北上"，再从江西边界"穿山西进、直奔湘南"。

同时，会议决定对部队进行整编，将这支由几部分组成的部队合编为工农革命军第一师。陈毅回忆说："这时候我们约二千人，以73团做基础编为第1营，算是个大营，共4个连；以74团编为第2营，以朱德同志的教导团编为第3营，号称工农革命军第一师。这时候，朱德同志才成为这支部队的领袖。朱德同志在南昌起义的时候，地位并不算重要，也没人听他的话，大家只不过尊重他是个老同志罢了。"①

"茂芝会议是南昌起义部队发展历程中的一次至关重要的会议，它做出的移师北上的重大决策，使险境中的南昌起义军余部转危为安，为朱毛红军井冈山胜利会师奠定了基础，是南昌起义军从重大挫折走往新胜利的起点，是保存南昌起义军有生力量的一次重大抉择。"②

实践证明，这是一次我党我军历史上的重要会议和正确决策。这一正确

① 陈毅：《关于"八一"南昌起义》，选自《南昌起义》，南昌八一起义纪念馆编，中共党史资料出版社1987年版，第318页。

② 曾一石：《南昌起义军回师入闽对福建革命的影响》，《福建党史月刊》2017年第11期。

决策，为这支处于困境而陷入混乱的队伍指明了方向，并寻找到了出路。

7日下午，部队将许光达、廖浩然、张华丁、周绍奇、庄政等20名伤病员交给地方党组织分散安置治疗后，朱德率领起义军余部离开茂芝。临行时送给饶平农军12支步枪、1匹白马和100块光洋，作为留下20名伤病员的医药费。县委派出十多名农军为前导，向平和县进发。县委书记杜式哲等送至茂芝北面的麒麟岭。朱德在分手时再三勉励饶平县委要艰苦奋斗，不怕困难，革命到底。

在三河坝因各种原因留下的伤员和未跟上队伍的，如黄让三、李友桃2人在枫朗；李泽群、李井泉、徐先兆3人在三河坝，经随军在三河坝领导农军的郭瘦真的帮助下，他们3人在当地隐蔽起来。后来，留下来的一部分人参加了当地革命，一部分转回原籍继续革命。而从永定一直随军入粤的卢肇西、陈正，则继续随军行动。

朱德撤出大埔期间，周恩来为取得与三河坝朱德的联系，于9月底写了一封密信，要蓝裕业从潮安坐电船火速到三河坝送交朱德和周士第、李硕勋等人，告知以后的行动纲领。这是前敌委员会第一次寻找朱德南昌起义军余部。蓝裕业接受这一紧急任务后，于10月初赶到大埔县高陂镇时，得悉朱德与周士第、李硕勋等已率余部向广东省饶平县和福建省闽西地区转移了。蓝裕业只好秘密转移到大埔县高陂、百侯、湖寮农村，领导革命活动。1928年1月中旬，广东省委决定恢复中共潮梅特委及改组东江特委，蓝裕业担任中共潮梅特委书记。2月13日开会时，因叛徒出卖，蓝裕业等28人被俘后牺牲。

当年中共饶平县委领导和革命群众送别朱德和南昌起义军余部地点——饶平县上饶镇麒麟岭

附一：

参加茂芝军事会议的起义军团以上干部名单[①]

朱　德（第9军军长）

陈子坚（原名陈兴霖，潮州革命委员会行政委员长，第9军经理部长）

赵　镕（第9军军官教育团书记长，列席会议）

陈光第（第9军军官教育团军需长）

周士第（第11军25师师长）

李硕勋（第11军25师党代表、政治部主任）

游步仁（又名游步瀛，第11军25师参谋处长，伤重未参加会议）

梁伯隆（第11军25师从事宣传和党务工作，一说任政治部主任）

姚光鼐（第11军25师政治部组织科科长）

李何林（第11军25师政治部宣传科科长）

符克振（第11军25师经理处长）

周廷恩（第11军25师军需主任）

刘得先（第11军25师副官长）

黄浩声（第11军25师73团团长）

陈　毅（第11军25师73团政治指导员）

袁也烈（第11军25师73团参谋长）

申朝宗（第11军25师74团团副）

王尔琢（第11军25师74团参谋长）

孙一中（第11军25师75团团长）

杨心畲（第11军25师75团政治指导员、团直党支部书记）

---

① 名单来自广东饶平茂芝会议纪念馆。

陈三俊（第 11 军 25 师 75 团政治指导员）

张启图（第 11 军 25 师 75 团参谋长）

周邦采（第 20 军 3 师教导团参谋长兼团党支部书记）

李奇中（第 20 军 3 师 6 团团副）

附二：

进驻饶平茂芝的南昌起义军营连级干部名单[①]

周淮川（第 9 军特务营营长）

耿　凯（第 9 军连长）

萧泽禄（第 11 军 25 师 73 团 1 营营长）

周子昆（第 11 军 25 师 73 团 2 营营长）

蒙九龄（第 11 军 25 师 73 团 3 营营长）

何　义（第 11 军 25 师 73 团副营长）

李西亭（第 11 军 25 师营级）

毛泽覃（第 11 军 25 师政治部宣传科科长）

陈　毅（与陈毅元帅同姓同名，第 11 军 25 师 73 团 1 连连长）

杨忠和（第 11 军 25 师 73 团 3 连连长）

聂鹤亭（第 11 军 25 师 73 团 6 连连长）

林　彪（第 11 军 25 师 73 团 3 营 7 连连长）

卜心田（第 11 军 25 师 73 团 X 连连长）

---

① 名单来自广东饶平茂芝会议纪念馆。

罗占云（第 11 军 25 师 73 团 7 连排长）

袁崇全（第 11 军 25 师 74 团 1 营营长）

向　浒（第 11 军 24 师 72 团 2 营营长）

李逸民（第 11 军 25 师 74 团 2 营指导员）

薛××（第 11 军 25 师 75 团营长）

王世华（第 11 军 25 师 75 团 4 连连长）

何　鑫（第 11 军 25 师 75 团 5 连连长）.

余小龙（第 11 军 25 师 75 团 5 连副连长）

史泗群（第 11 军 25 师 75 团少校军需）

许光达（第 11 军 25 师 75 团 3 营 11 连代连长）

李逸虹（第 11 军 25 师 75 团 11 连连长）

廖浩然（第 11 军 25 师 75 团 11 连指导员）

张有余（第 11 军 25 师 75 团 × 连连长）

蔡协民（第 11 军 25 师 × 连指导员）

江德贤（第 11 军 25 师 × 排排长）

梁鸿钧（第 11 军 25 师 × 排副排长）

邝　鄘（第 11 军 × 营营长）

何飞石（第 11 军 × 排排长）

刘希程（第 20 军教导团 3 营营长）

杨量衡（第 20 军教导团学兵营排长）

陈珍如（第 20 军 3 师 6 团 2 营副营长）

杨至成（第 20 军 3 师 6 团 6 连连长）

粟　裕（革命委员会警卫队班长）

彭　文（彭援华）（女，革命委员会女生救护队党支部书记）

第二节　隐蔽北上

反革命军阀部队已经云集在起义军余部周围，随时都可能向他们扑来，必须尽快地离开这里，甩开敌人重兵，摆脱险恶的处境，否则将有全军覆灭的危险。在当时的情况下，部队能脱离险境和保存力量就是胜利。

为了摆脱敌人，找一个落脚点，朱德决定绕道闽西或到赣西南、湘南群众基础较好的地方去，以便休整部队，再图发展。所以只在茂芝乡住了两天，朱德就率领部队出发了。

据地方党组织的侦察报告，我军的左翼大埔、松口、三河坝、高陂一线，均为敌人占领；我军右翼前方龙岩方向，也有敌人。为了不让敌人发觉我军的行动，部队不得不夜间行军，白天隐蔽休息。行军途中，大部分人士气不振，悲观失望。往常爱说爱笑的战士，现在变得沉默寡言了；昔日生龙活虎的部队，如今听不到欢歌笑语了，沉闷的气氛笼罩着每一个人的心。

在南下途中被任命为救护队支部书记的彭文回忆："由于老百姓听了反动派的宣传和恫吓，部队一路上很难弄到粮食，有时就饿着肚子行军，甚至有时一天中也只有几粒炒蚕豆充饥，碰到有小溪水，那就是我们的甘露琼浆了。记得有一次途中遇到我的堂弟（他在贺龙教导团），进镇口时给了我一块菜碗大的芝麻红糖面饼，我把它分成十块，我们十个女兵享受了一顿美餐。"①

朱德率领部队一路急行军，经麒麟岭，过闽粤交界的柏嵩关，进入福建。经云霄西北，于10月7日晚进入平和县地界后，即与中共平和县委取得联系。得知平和县城空虚，国民党仅有部分保安队和警备队驻守，兵力不到200人。8日清晨，朱德当即指挥起义军从城西南方向直捣平和县城。

---

① 彭文：《参加南昌起义的点滴回忆》，选自《绽放的军花》，上海人民出版社2014年版，第3—5页。

朱德率南昌起义军余部回师入闽纪念馆——福建省平和县秀峰乡福塘村

这是一个地处深山的小县城，起义军余部未遇什么阻挠即进了城。朱德在县城中湖祠曾氏宗祠接见中共平和县委书记朱积垒和陈彩芹、朱思、朱赞襄等同志，听取平和县委的工作情况和闽西南革命形势的汇报，指示平和县委要即刻按照中央八七会议精神，开展革命武装反对反革命武装的斗争。

在九峰镇以西，第25师参谋处长游步仁因伤重牺牲，被掩埋在城西某地。同时，安排一些人员留下，包括孙一中、张有余、史泗群、王世华、李何林、王景云等11人，后由当地组织安排离开福建。其中，孙一中在漳州养好伤后离开福建；留下王炳南留在平和县参加当地革命，后王炳南任平和独立团参谋长。周士第特别交代25师政治部王景云去上海找到党中央汇报情况，并带回中央指示。王景云原是上海商务印刷所工会委员长，1927年3月21日参加过上海工人第三次武装起义，他走后就一直没有消息。新中国成立后在全国总工会工作。

当晚，起义军在平和县城九峰取得一定补给后，连夜撤离县城，由平和县委委员陈彩芹当向导，向平和农运基础较好的长乐秀峰行进。

10 月 8 日晚，起义军为摆脱国民党军钱大钧部追击，从九峰鸟梨坳古道开进秀峰维新乡山区，驻扎于上大峰（现名为福塘村）南山庄的万顺大屋和炮楼前的大埕。

9 日，起义军组织宣传队深入各村庄，宣传革命主张，号召广大人民群众组织起来，反对贪官污吏，反对抓夫派款，反对国民党新军阀。

1927 年春，朱积垒、陈彩芹、朱思等在九峰、长乐、芦溪、崎岭、秀峰等乡村开展了如火如荼的农民运动。这里的农民对起义军的宣传并不陌生，特别是了解到这支部队的领头人朱德与当地旺族朱氏同姓同宗，对南昌起义军甚是欢迎。

朱积垒在厦门集美师范的同学朱万昌、朱云山主动给朱德、陈毅当翻译。当得知起义军部队缺少粮食和给养时，积极向朱姓族长建议，获得南山朱姓八大房长的同意，决定动用"朱宜伯公项"粮库，并发动当地男女老少几百人昼夜碾谷舂米 200 余石（部队每人按 5 斤大米配给）支援起义军；派人上山下田割草喂马，杀猪宰羊慰劳起义军，并请郎中医治伤病员。

10 月 9 日晚，起义军余部进驻秀峰乡福塘村。朱德召集当地党组织和农会负责人会议，平和县委委员陈彩芹，秀峰乡农运负责人游精修、游志诚等参加。会上，朱德感谢上大峰父老乡亲对部队的盛情款待与支持，同时朱德要求当地党组织和农会要进一步把农民群众武装起来，敢于同反动派做斗争。朱德表示，部队将继续向北开拔。

南昌起义军余部在秀峰得到了短暂休整，特别是老百姓对起义军的无私奉献和大力支持，给朱德留下了深刻的印象。临别前，朱德亲手赠予负责接待的村民朱梅洲一把铜质大头三节手电筒作为留念，体现了南昌起义部队与平和人民的深厚情谊。①

10 月 10 日，朱德、周士第、李硕勋、陈毅等率领起义军余部从九峰镇

---

① 曾一石：《南昌起义军回师入闽对福建革命的影响》，《福建党史月刊》2017 年第 11 期。

朱德用过的手电筒

城外的长乐村出发，经秀峰、坪回，渡过芦溪河，越过象湖山，进驻秀芦溪。

经过几天的休整和补给，特别是在平和县境内没有发生大的战斗，部队的元气有所恢复。但为了慎重起见，朱德与周士第、李硕勋、陈毅等商量后，决定召开部队团以上干部会议，进一步研究行军北上的路线。

11日，会议在秀芦溪蕉和厝祖祠（第25师师长周士第住处）召开，朱德、周士第、李硕勋、陈毅、刘得先、周邦采、黄浩声、王尔琢、申朝宗、陈三俊、毛泽覃等十几人参加；平和县委委员陈彩芹、永定县委委员卢肇西（负责接应南昌起义部队进入永定的向导）等同志列席。

经过热烈讨论，朱德提出，我们和上级党组织的联系已经中断，要尽快找到上级党组织；目前强敌在前，我军孤立无援，应尽量不与敌人打硬仗；离开平和后，向永定方向挺进，再向武平穿插前行，寻机进入赣南，西进湘南。大部分将领表示赞同，陈毅、王尔琢尤其拥护朱德的决策。①

为避开广东东江和福建龙岩之敌，会后，由卢肇西、陈彩芹当向导，部队穿过平和、南靖西北，再向大埔茶阳东北，折向西往永定方向转移。

11日，起义军余部翻越平和永定边界仙茶（仙洞）大山。下午在翻越大

---

① 曾一石：《南昌起义军回师入闽对福建革命的影响》，《福建党史月刊》2017年第11期。

山时突遇洪水，那条干河沟涨满水，无法过河。朱德带队过去了一半，另一半无法过去。朱德用旗语和王海清参谋对话，告知对岸："部队就地宿营，左翼大埔敌人其注意力还在韩江一带，估计今明两天我们不会受到大的威胁。"当晚部队露宿在大山中这条河的两边。

翻过仙岽大山，进入永定县初溪村，经湖背崀、月流村、月霞村、太平寨，于12日傍晚到了下洋圩，驻扎于此。这里曾是卢肇西、陈正进行革命活动的大本营。1924年夏陈正和曾牧春自筹资金创办"下洋公学"，任教务长兼教公民课，宣讲马列主义和革命道理，1926年冬加入中国共产党，受组织委派返回下洋公学任中共党支部书记。

此时，金丰区党组织派曾牧春、胡定军等带领下洋公学师生组成的四个向导小组，在太平寨村外的樟树下等待，迎接起义军余部。

当晚，起义军余部在下洋公学召开军事会议，讨论下一步行动方案。因龙岩、永定均有国民党驻军，认为只有从永定大埔边界穿过去。因为此时的目的地是武平、长汀一带，最后大家确认了这个方案。

部队在过仙岽大山时就感到行军带女兵有诸多不便（从潮州带来的10位女兵仍在部队中），考虑让女兵离开部队返回原籍继续革命。

卢肇西、陈正因为起义军余部要远离永定，因而留下来；同时，留下如下人员参加本地革命或从永定返回原籍：卢肇西、陈正、周邦采（副团级）、刘希程、江德贤（连级）、罗皋、李西亭（营级）、何柏华（何正华，女，第20军3师教导团宣传员）等9人。初步考虑开始建立起义军交通站，中共闽南特委（后为福建省委）永定交通联络站由江德贤负责。以上除周邦采、刘希程先到厦门后返回原籍河南外，其他都在永定参加革命。江德贤还和何柏华结为夫妻。

起义军余部离开下洋圩，经中川、觉坑、思贤，越过永定县、大埔县边界的三座大山，途经大埔县境及泰宁边界，再转道南至峰市、洪山，而后向武平县挺进。

起义军余部为避免与敌人遭遇，不进城镇，只过乡村；不走大路，只走小道、山道；两人不能并排前进，只能一人单列行进。因此，队伍拉得很长。

在闽粤边境行进中虽然没有遇到敌人正规部队的袭击，但常常会遭到当地地主武装、民团、土匪的袭扰。他们隐藏在路旁不远的山林里，或威胁喊叫，或放土枪，威胁很大。如果有人跟得不紧，离得较远，又没有武装的同志保护，他们就喊"投降，投降"！甚至放枪。待有武装的同志赶上来放几枪，或者吹几声冲锋号，才把这些敌人吓跑了。

10月16日，起义军余部尖兵连60多人行进至罗氏窑山下的南薰亭时，遭到当地地主武装民团一个营的阻击，起义军余部尖兵部队不得不奋起反攻，经一阵出击后，敌人溃不成军，残部慌忙向上杭方向逃跑。

当晚，起义军余部进驻武平象洞圩、文庙和司前等地乡村，受到当地群众的热烈欢迎。部队饱餐了一顿，还补充了随身携带的粮秣。

此时，中共武平县党组织委派在象洞宏远学校以教书做掩护开展革命活动的共产党员练宝祯等，到罗家祠与朱德、陈毅等领导人联系，提供情报，使起义军了解和掌握了武平地方的实情及通往江西的路径。起义军派出宣传人员在象洞圩向群众宣传"铲除国民党新军阀"的道理，以及起义军的宗旨和主张。

起义军从九峰穿过平和、南靖西北，转向大埔东北、蕉岭，又折回向西行，走永定、峰市之间，绕了个S形的大弯，避开了在广东东江和福建漳州、龙岩之敌。后来向北行进，翻山越岭，过闽粤边界上杭。10月16日到达闽赣交界的福建武平时，部队有2500余人。

在这里，与钟绍奎部遭遇了。

钟绍奎是武平一带的土皇帝，其部队多是民团，未经正规训练，军事素质很差，但对当地情况异常熟悉，对周围几十里以内的地形地物了如指掌。起义军经汀州、上杭南下时，他加筑工事，在城周围遍设明碉暗堡，易守难攻，但他仍胆战心惊，唯恐起义军进入武平县境。

后来起义军向潮汕进军，他派出了便衣，尾随起义军秘密侦察，并在闽粤边界之永定、刘市、峰市等地，设立坐探点刺探起义军情报。起义军在潮

今日的福建省武平县城

汕、三河坝失败以后，他认为"匪患已平"，可以稳坐宝殿了。后来探到有一支起义军，但一直未发现其行踪。没想到，起义军犹如天兵天将，突然降临武平境内。他气急败坏，迅速带领部队向起义军猛扑而来。

开始，敌人攻势很猛，呜哇乱叫，犹如亡命之徒。朱德沉着应战，一面命令前卫部队坚持四五十分钟，死守阵地，拖住敌人；一面命令后续部队迅速埋伏到左面山沟及左侧的无名小高地脚下。等到后续部队埋伏好后，朱德命令前卫部队边打边退。钟绍奎以为我军兵力单薄，招架不住，便得意忘形，亲自到前线督战，紧紧尾随。待敌人全部钻进了起义军的"口袋"里时，朱德一声令下，埋伏的部队全线出击，打得敌人哭爹叫娘。钟绍奎见势不妙，掉头便跑，丢下的敌人犹如无头苍蝇，陷入一片混乱。没有多久，起义军便击溃了钟绍奎的两个团，消灭了1个整营，并俘虏军官3名、士兵60余名，缴获步枪100多支。

部队越往前走，困难越多。和钟绍奎部遭遇后，起义军西进的行动很快就被敌人发觉。17日，钱大钧部黄绍竑师跟踪追至武平城关。为了摆脱敌人的追击，朱德主张给敌人以还击。他的意见得到了陈毅、王尔琢等人的支持。起义军在武平城郊选择有利地形打伏击战，朱德指挥部队在城南山头与追敌激战两昼夜，击退敌钱大钧部两个团的进攻。

起义军选择在县城南郊甘露亭外的青云山为战场。这里两山夹一沟，中间是一片台阶式的山垄田，来路集中，退路宽阔，是一个打伏击战的好地形。起义军布下一部分伏兵于田坎之下和两旁密林之中，派一部分兵佯攻，把对方诱入伏击圈内。而后采用"两边夹击""灶内撑锅""釜底抽薪""关门打狗"等战术，把钱大钧部打得一败涂地。

经过一昼夜的激战，追兵死伤甚多。但起义军余部的战术也被敌方识破，他们仗着人多势众把起义军压出阵地。此时，上杭的民团孔弼臣部已到，并从北门包抄堵击，地方地主武装在南门进攻。起义军余部腹背受敌，伤亡二三十人。朱德即令起义军迅速撤退，留下一个排，掩护部队利用西门外山坡的有利位置，居高临下，打死打伤追兵百余人，迫使钱大钧部明知起义军在撤退，但畏惧再次上当，只得止步待令。

起义军虽然击退了追敌，但受到很大损失。此时，部队只剩下1500多人枪。18日，起义军向武平城西北撤兵，离开武平县城。

第三节　突破重围

朱德率起义军由武平向西北急行20华里，来到石径岭。

石径岭位于武夷山的最南端，在武平西北的崇山峻岭之中。这里的山都是悬崖峭壁，高耸入云，一眼望去，如同刀削斧砍一般。在壁立的两山之间，有一条盘旋而上的千余级石阶，像云梯般弯弯曲曲。在狭窄的隘口，山势更加陡峭，道路也更加险峻，大有"一夫当关，万夫莫开"之势。这条"三省通衢闽粤赣"的必由之路有一个隘口，隘口处有一登云亭。亭中有一副对联"石径有尘风自扫，青天无路云为梯"，正是"目极阑干路八千"。

隘口被民团占据，修筑了明碉暗堡，置有路障和栅门和关卡，有专人把守盘查，敲诈勒索过往行人，干起了收"买路钱"的勾当。听说起义军余部已到武平，有从石径岭翻过武夷山去江西的迹象，民团便加强了防守，增加岗哨，日夜巡逻。

起义军赶到了隘口，却无法通过。担任前卫的是原第73团改编的第1营，是英勇善战的铁军劲旅，但几次冲杀都无法通过。敌人居高临下，隐蔽在大树、石缝、草丛之中，敌暗我明，只听见枪声和号叫声，却看不见一个人影。起义军几次冲杀没能成功，还遭到民团机枪和手榴弹的袭击，伤亡很大。西进的道路完全被阻挡了。这时，武平城方向传来密集的枪声，国民党追兵正朝石径岭急速逼近。如果部队不能迅速攻占隘口，将面临被夹击的危险。

前有土匪堵截，后有紧追之敌，情况相当危急。

起义军在福建省武平县万安乡石径岭的战场遗址

就在大家一筹莫展的当口，朱德来到前卫部队。他问明情况后，对前卫部队的指挥员说："敌人设防坚固的隘口，不宜强攻。这自古就是兵家之禁忌。'三十六计'中有一计叫作'暗度陈仓'，讲的就是在作战中，故意暴露行动，利用敌人固守，而迂回偷袭，出奇制胜。我们为什么不采取迂回侧击的打法，去夺取胜利？"

前卫部队的指挥员听了朱德的这一番高论，频频点头，但举目四望，都是悬崖峭壁，又有些犯难了。

朱德一边命令部队立即散开隐蔽，一边向身边的几个干部交代了任务，要他们将正面部队改强攻为佯攻，以迷惑敌人，吸引火力。然后，他带着几个参谋和警卫员，隐没在路边的林莽之中。

匪首何四妹子及众匪徒以为扼守险要，万无一失，只是注视正面石径小路，严防死守，万万没料到有人能从后面峭壁上摸上来。

朱德穿过密林草丛，登悬崖，攀峭壁，健步如飞，参谋和警卫员都赶不上他。当他登上隘口的顶峰，在民团的侧后出现时，民团的碉堡、堑壕都暴露在他的眼前。

他一声令下："打！狠狠地打！送这些龟儿子都上西天去。"参谋、警卫员一齐开枪，手榴弹在敌人头上开了花。民团万万没有想到会遭到袭击。

"飞将军从天降。"这一突如其来的袭击，打得敌人晕头转向，惊恐万状，呼喊着"天兵天将下凡了"纷纷逃命。何四妹子企图顽抗，被我勇士当场击毙。

关隘一举被我军夺下，为部队前进扫除了障碍。佯攻的前卫部队知道朱德奇袭成功，迅速杀向隘口。

这真是绝处逢生。朱德用他的勇敢和智慧，指挥着部队杀出了一条生路。当起义部怀着胜利的喜悦通过石径岭隘口时，看见朱德威武地站在峻峭的山顶上，手里握着他那把心爱的驳壳枪，正指挥着后续部队通过隘口，并不断地向部队招手致意。

起义军官兵在此次石径岭战斗中，目睹了朱军长攀登悬崖峭壁的勃勃英姿，看到了他那身先士卒的大智大勇，也看到了他那运用自如的指挥艺术。朱德智勇双全，威名大震，官兵对他的信赖和钦佩之情油然而生。

时任革命委员会警卫队班长的粟裕回忆说："这次战斗，我亲眼看到了朱德同志攀陡壁、登悬崖的英姿，内心里油然产生了对他无限钦佩和信赖之情。……经过这次石径岭隘口的战斗，我才发觉，朱德同志不仅是一位宽宏大度、慈祥和蔼的长者，而且是一位英勇善战、身先士卒的勇将。"①

也就在掩护大队撤出武平战斗时，粟裕第一次负了伤。一颗子弹

福建省武平县城外西北石径岭隘口

从他右耳上侧头部颞骨穿了过去。当时他只觉得受到猛烈的一击，就倒了下来，顿时动弹不得，但心里还明白。他依稀听得排长说了一句："粟裕呀，我不能管你啦。"排长卸下他的驳壳枪，丢下他走了（这个排长后来自行离队了）。当他稍稍能动弹时，身边已空无一人，只觉得浑身无力，爬不起来。他抱着无论如何要赶上队伍的信念，奋力站了起来，可是身子一晃，又跌倒了。他顺着山坡滚下去，艰难地爬行到路上，却又滑到路边的水田里。这时，有几个同志沿着山边走过来，帮助他爬出水田，替他包扎好伤口，搀着他走了一段路，终于赶上了部队。当他看到朱德同志在石径岭战斗中的

---

① 粟裕：《激流归大海——回忆朱德同志和陈毅同志》，选自《星火燎原》选编之一，中国人民解放军战士出版社1979年版，第86—87页。

粟裕，曾任起义军革命委员会警卫队班长

英雄形象时，受到很大的鼓舞，增强了战胜伤痛的力量。[①]

石径岭战斗之后，起义军摆脱了国民党反动军队的追击，完成了"隐蔽北上"的任务，开始"穿山西进"，直指赣南山区。

---

① 粟裕：《激流归大海——回忆朱德同志和陈毅同志》，选自《星火燎原》选编之一，中国人民解放军战士出版社 1979 年版，第 87 页。

第三章

天 心 圩 整 顿

大家知道，大革命是失败了，我们的起义军也失败了！但是我们还要革命的。同志们，要革命的，跟我走；不革命的，可以回家，不勉强！

——朱德

第一节　穿山西进

在这黑暗重重，前途渺茫的严峻时刻，这支南昌起义保存下来的部队，在江西境内的赣南山区边打边走。从福建武平"穿山西进"，经江西会昌、寻邬、安远、三南（定南、龙南、全南）等县境，向信丰以西的大庾岭山区挺进。

10月18日，部队离开石径岭，经黄坊村穿过东留镇、苏湖村、兰畲村，到达武平与会昌交界的小村背寨宿营。10月19日，部队从背寨出发，经边界禾仓坑、下阳村，过会昌筠门镇（此时离武平县45公里），继续西进。

当起义军重返会昌筠门岭一带时，遇到了意想不到的困难。一个多月前被起义军在这里打散的钱大钧、黄绍竑的残部，散落在这一带依山为匪，糟蹋百姓。他们见起义军到此，便躲藏在树林里、大石后面或土埂下，不断向行进中的起义部队打

江西省会昌县筠门岭盘古隘

冷枪。"叭叭叭"，突然响起一阵枪声，行列里就倒下几个同志。当起义军组织队伍搜索时，敌人已没了踪影。部队继续行进时，不知从什么地方又射出来一排子弹，行列中就又倒下了几个同志。每遇到一次袭击，部队就混乱一阵，跑散一些同志。一些意志薄弱者，在死亡的威胁面前，畏缩了，悄悄地溜走了。

10月20日下午，部队继续西行，经会昌县清溪、象洞（与武平县象洞同名）过会昌安远边界小村铜锣丘、上坝村、南石、洞头村、茶坑。

当晚部队计划在清溪乡宿营，因人乏马困，未做好警戒工作，部队刚住下，就听到"呜呜"的牛角号声响起，随后枪就响起了。原来是国民党部分散兵和地主武装的民团包围了上来。在军号声中，部队马上冲出包围，向东北方向撤退。冲到附近山上，占领了一个山头，在会昌清溪乡通往象洞村的途中，在山头上露营了一夜。

彭文回忆："以后我们再也不住民房，总是在野外或山丘上、橘树林里露营。这时天气已经转凉了，我们几个女兵就像叠调羹似的紧紧靠在一起，互相用体温取暖。当晚部队宿营在橘子林地里，睡觉时，大多数人没有铺盖，只好抱着一些树叶御寒，一夜要被冻醒好几回。部队纪律还算严明，有时一天只能吃上一顿饭，即使饥寒交迫，也没有一个人去采摘。伤病员没有医药，往往是轻伤拖成重伤，重伤不治而死。时令已是深秋，上至朱德下至士兵穿的还是在南昌发的单衣短裤。部队每天都在减员，有逃散减员，伤重牺牲减员，伤重留地方老百姓家养伤离队，有战斗牺牲减员等。"[①]

部队在孤立无援和长途跋涉中，困难越来越大，情况也越来越严重。此时已是10月天气，山区的气温低，寒冷、饥饿纠缠着他们，痢疾、疟疾等流行病折磨着他们。更重要的是，大革命失败之后，全国革命处于低潮，南昌起义军主力又在潮汕遭到失败。部队官兵的思想混乱。在这种情况下，革命

---

① 彭文：《参加南昌起义的点滴回忆》，选自《绽放的军花》，上海人民出版社2014年版。

的前途如何？武装斗争的道路是否还能坚持？这支孤立无援的部队，究竟走向何方？这些问题，急切地摆在每个战士面前。

画照：艰难西进

当时各团编制尚在，部队分单位，白天行军，晚上讨论今后去向。"留下派""离队派""私自逃散派"三派思想交锋。

严酷的斗争现实无情地考验着每一个人。那些禁不起考验的人，有的不辞而别了，有的甚至叛变了。不少官兵相继离队，不仅有开小差的，还有开大差的——有人带一个班、一个排甚至一个连离队，自寻出路去了。特别是那些原来握有实权的带兵的中、高级军官差的离去，给部队造成了极大的不利影响，使部队面临着瓦解的危险。南昌起义留下的这点革命火种，有熄灭的可能。

第二节 濒临溃散

10 月 21 日上午，部队继续出发，当日下午 2 点多到达安远天心圩。

这个有 200 来户人家的圩镇显得格外寂静。因不了解来的是什么兵，圩上家家户户都关门闭户，村民们大都不出门或远避他村。偶尔有个把人出现，也总是仓皇四顾。

这种情形，使起义军官兵心里蒙上一层阴云，朱德、陈毅等人却没有被眼前的表象所迷惑，坚信只要群众知道这是一支革命的部队，是工农大众自己的武装，就一定会欢迎、拥护、支持部队的。

为此，朱德当机立断命令部队暂停进圩，不要惊动圩上任何一家老百姓，部队全都露宿在天心圩卖油坝仔宽阔的沙滩上。

这时的部队，体力和战斗力都大大削弱，仅剩 1000 多人，长短枪 1000余支，机枪 2 挺。"因一无供给，二无援兵，干部、战士思想混乱，离队的越来越多，包括师长、团长。师、团级政治工作干部中，只剩第 73 团指导员陈毅一人了。"[①]

朱德回忆说："……然后转到江西安远县的天心圩。这时部队更涣散了，由三部分集拢在一起，有周士第的一部分，有潮汕撤出的一部分和我原来指挥的一部分，七零八落，没有组织。有些人中途跑掉了，留下的人也还有继续要求走的。"[②] 军心不稳，士气低落。时任起义军第 25 师 73 团指导员的陈毅，1952 年 6 月 14 日在南京鸡鸣寺做报告时说："人民军队虽然有了自己的领袖，但处境却是非常困难的。人心涣散，士无斗志，很多人受不了这种失败的考验，受不了这种艰苦的考验，不辞而别了。""连土豪劣绅的乡团都可

---

① 中共中央文献研究室编：《朱德年谱》，中央文献出版社 2016 年第 2 版，第 92 页。

② 朱德：《从南昌起义到上井冈山》，选自《南昌起义》，南昌八一起义纪念馆编，中共党史资料出版社 1987 年版，第 188 页。

今日的江西省安远县天心圩

以缴我们的枪，谁都没有心思打仗。"①

"这时，部队的悲观主义者严重抬头，有的议论着把部队解散，让各人自找出路。有的主张，把部队分作几股，各自占山为王。林彪就是这个主张的积极鼓吹者。十月二十一二号，我们到达安远的天心圩时，部队更加混乱，逃跑者越来越多。"②不少官兵相继离队，有的还在散布失败情绪，要求解散部队。"这时，人们的思想也和队伍一样的乱。每个人都在考虑着同样的问题：现在部队失败了，到处都是敌人，我们这一支孤军，一无供给；二无援兵，应当怎样办？该走到哪里去？……"③还有没有必要和可能维持这一支小小的接近涣散的队伍，确实成了问题。即使要维持，有没有必要保持这么些军、师、团职的领导干部也令人怀疑。

① 陈毅：《关于"八一"南昌起义》，选自《南昌起义》，南昌八一起义纪念馆编，中共党史资料出版社 1987 年版，第 318—319 页。

② 赵镕：《跟随朱德同志从南昌到井冈山》，选自《中共党史革命史论集》，中国社会科学院近代史研究所编，中共中央党校出版社 1982 年版，第 410—411 页。

③ 杨至成：《艰苦转战》，选自《星火燎原》选编之一，中国人民解放军战士出版社 1979 年版，第 110 页。

在这种局势下，在天心圩叶氏祖屋，朱德主持召开起义军余部党组会议（一说"党员会议"，到会的党员有50多人①）。虽然有些人在思想上产生动摇，但大部分人表示要坚持革命斗争。

会上，"朱德态度坚定明朗，他认定南昌起义留下的骨干不能溃散，一定要带着走出绝境，坚持武装斗争的

南昌起义军余部在天心圩整顿时朱德的指挥所

路。陈毅到北京、上海、四川都有出路，但他既已认定中国革命必须要有共产党所领导的武装，他也决心带队到底。原74团参谋长王尔琢也决心带部队，他已蓄起胡须，发誓革命不胜利就不剃掉。"②

朱德激动地说："逃跑是死路一条，像我这副模样（四川人，大红脸，留胡子），跑到天涯海角也跑不掉。我有几个人便带几个干，可以在湘、粤、赣边区山地干，一直干到底，干到革命高潮到来。"③

"他并告诉想离开部队找党组织的人，要把他的信心和决心报告给党中央，请中央派人来联络，他将改名叫王楷，只要听到有王楷部队的活动就是他。当时还有不少党员干部，如当时在我团当指导员（相当于团政委职）的陈毅同志，以及我团1营营长周子昆同志，他们并没有因师党委的决定而脱离部队，而是收容了零散的部队，继续坚持武装斗争。"④

---

① 张侠：《南昌起义研究》，上海人民出版社1982年版，第511页。
② 《陈毅传》编写组著：《陈毅传》，当代中国出版社2006年第2版，第28页。
③ 袁也烈等：《袁也烈纪念文集》，中央文献出版社1999年第1版，第15页。
④ 袁也烈等：《袁也烈纪念文集》，中央文献出版社1999年版，第15页。

朱德召集起义军余部党组会议旧址——江西省安远县天心圩叶氏祖屋

一部分人却不知怎样继续开展革命活动，要求同党组织、党中央联系，以便取得上级的指示，明确继续斗争的方向。周士第、李硕勋也反映了干部、战士迫切希望和上级党组织取得联系的意见。

"在现在尚不能同党中央取得联系的情况下，保留部分革命种子是有必要的；留下些人，率领部队等待形势的发展，再听中央的指示也是必要的；愿意出去找党的关系的就去，不愿去的就留下（大致意思如此）。"① 后来大家同意去留自愿。

经过讨论，为了与党组织取得联系，部队党组织和朱德等决定，派周士第、李硕勋分别回广东和上海，寻找广东党组织和党中央，向上级党组织、党中央汇报情况和请求今后行动方针。② 李硕勋的党代表工作由陈毅接替。李硕勋于1923年曾在上海大学学习，加入中国共产党后又在上海工作过，与中共中央有过联系，对上海情况比较熟悉，因此，由李硕勋去上海找中共党组

---

① 袁也烈等：《袁也烈纪念文集》，中央文献出版社1999年版，第14页。

② 周士第口述、何锦洲整理：《三河坝战役的前前后后》，选自《广州文史资料存稿选编（一）》，广州市政协学习和文史资料委员会主编，中国文史出版社2008年版；又见《南昌起义史话》，江西人民出版社2007年版，第133页。

织。周士第是广东省海南岛人，于1923年到广州，熟悉广东省委情况，且会讲广东方言，因此去香港找党组织。[1]

对"离队派"中实在想走的人不予强留，但是一定得把枪留下；对部队女兵也进行了初步安排，准备分批集中安排离队。

离队的交接工作在下午和晚上进行，部队领导安排离队路线和交代如何寻找上级途径方法。战友们互相交换联系地址、话别；安排重伤人员留在地方养伤。朱德将警卫员刘刚留下来照顾受重伤的原第9军特务营营长周淮川。后来他们在当地待不下去，讨饭去了四川。

10月22日一早，朱德、陈毅等在天心圩村头送别周士第、李硕勋等战友。当时，江西、广东一带全是张发奎的部队。周士第熟人较多，为避免被敌人认出，决定同李硕勋一起绕道九江、上海，再去香港。离开天心圩时，陈毅从部队里找了一个姓易的副官带路护送周、李二人先到江西于都，住在易家。易副官帮他们化装成商人，然后搭一条到上海的运纸船经九江到达上海。[2]下船后，李硕勋和瞿秋白取得联系，向党中央汇报了南昌起义军余部在赣粤边境艰苦作战的情况。党中央留他在中共江苏省委工作，1931年夏任中共广东省委军委书记。在去海南指导工作时，由于叛徒出卖而被捕，于9月16日被反动派杀害于海口。

周士第离开上海后到达广东，到了广东后才知道大革命失败后，中共广东省委已转移到香港。1928年春，周士第由广东转赴香港。到达香港后，向中共广东省委和广东省委书记李立三汇报了朱德、陈毅率领部分南昌起义军在粤赣湘边境山区艰苦战斗情况。后来他一度与党组织脱离联系，赴马来西亚治病。对此，他非常内疚，新中国成立后在《自传》中说："这是在革命受挫时缺乏坚

---

[1]　陈幼荣、廖金龙：《从南昌起义到井冈山会师》，中共党史出版社2007年版，第148页。

[2]　陈幼荣、廖金龙：《从南昌起义到井冈山会师》，中共党史出版社2007年版，第148—149页；张侠：《南昌起义研究》，上海人民出版社1982年版，第514页。

定的无产阶级立场的表现。"

当天，有300多人离开了队伍，部队还剩不到900人。聂鹤亭回忆："人数最多、编制最健全和战斗力最强的第25师，团以上干部纷纷离队。"留下的营级以上干部有朱德、陈毅、黄浩声、袁也烈、张启图、王尔琢、李奇中、杨心畬、萧泽禄、袁崇全、周子昆、蒙九龄、向浒、陈珍如等。

女兵杨庆兰在会昌战斗中曾救下左腿负伤的第20军第3师第6团第1营营长陈赓。她不想离队，但在犹豫之中。一是因为离队的人之中有她的熟人，如离队可有个照应；二是她的女伴除在永定离队的何正华外，其他人都还在队伍中。后经朱德耐心做工作，她才同意离队。她改男装，随战友一起离开天心圩，经会昌、抚州到上海，终于找到了党组织，后在中共中央组织部工作。

南昌起义军余部宿营地之一——天心圩坝子地

天心圩发生的一幕在许多年后仍影响着人们。朱德也难忘当年刻骨铭心的情景。10年后，他在同美国著名作家史沫特莱女士交谈时，语气激动。

史沫特莱写道："朱将军用坚决的语气提出，凡是愿意离队的，必须即刻离队。他的意见立刻被某些人接受，而且见诸行动。他的参谋长是第一个离队前往上海的。就是在10年后的1937年，朱将军提到这次'开小差'事件，还满怀愤恨。其他人也络绎走开，一共走了300多名军官和士兵，朱德眼看着他们一个接一个走出队伍，把枪架好，掉头走去，忧虑和失望刺痛着他的心。

"'我怕整个队伍垮下来'，他说，当年那一情景好像犹在眼前。'离队的人终于慢慢少了，停了下来。我们剩下不到900人，衣服破烂，身上又脏，而且饿得心慌，可是仍然直挺挺地站着，许多人背着三四杆步枪。'"①

第三节　天心圩整顿

10 月 22 日傍晚，朱德按照先前和陈毅商量的决定，利用当前的有利时机，在天心圩南面卖油坝子召开了排以上军官大会②，进行革命理想信念教育，整顿部队。

傍晚时分，朱德传下命令："全体军官在河坝子里集合，开会。"

夕阳刚刚隐没在山后，小河的流水缓缓地流淌着。在河滩的竹林边上，挤满了来自各部队的军官。

不一会儿，朱德、陈毅、王尔琢等来了。朱德穿着那身洗得发白的灰色军装，背着一顶斗笠，一双破草鞋用绳子横七竖八地绑在脚上。他脸颊瘦削，胡子老长，双眼却炯炯有神，和蔼可亲。朱德朝四周扫视了一下，招了招手，要大家坐拢些，然后询问各部队的人数。因路上走散、掉队、逃走的人很多，此时，谁也说不出一个准确数字。朱德叉开双腿，背着手，开始讲话。

他用洪亮的声音说道："同志们，你们的师长团长我派他们去执行任务去

---

① ［美］艾格妮丝·史沫特莱：《伟大的道路——朱德的生平和时代》，生活·读书·新知三联书店 1979 年版，第 244—245 页。

② 关于这次大会的名称，有几种说法：《朱德选集》（人民出版社 1983 年版）、《朱德传》（人民出版社、中央文献出版社 1993 年版）载为"军人大会"；《朱德年谱》（中央文献出版社 2016 年第 2 版）载为"全体人员大会"；《朱德元帅》（解放军文艺出版社 2001 年第 2 版）载为"排以上军官会"；赵镕在《跟随朱德同志从南昌到井冈山》、杨至成在《艰苦转战》中，均载为"排以上军官大会"；《陈毅元帅》（解放军文艺出版社 2007 年第 2 版）载为"排以上干部会"。本书综合采用"排以上军官大会"的提法。

了，现在有些问题要跟大家讲一讲。"①

"近10天来，为了避开敌人，我们走小路，绕山道，有时露营，有时夜行，大家吃了不少苦头。有一些同志悲观失望，议论纷纷。所以，我觉得有些问题有必要和大家讲清楚。"②

接着他把声音压低了一些，严肃而坚定地说道："大家知道，大革命是失败了，南昌起义军主力也失败了！但是，革命的旗帜我们不能丢，武装斗争的道路我们一定要走下去！"③

天心圩整顿遗址——安远天心圩卖油坝子沙滩

朱德讲话的声音由低沉而逐渐激越，由激越而到亢奋："我们还是要革命的。不要怕吃苦，不要怕困难。愿意革命的，跟我走！不愿革命的，不

① 杨至成：《艰苦转战》，选自《星火燎原》选编之一，中国人民解放军战士出版社1979年版，第111页。

② 赵镕：《跟随朱德同志从南昌到井冈山》，选自《中共党史革命史论集》，中国社会科学院近代史研究所编，中共中央党校出版社1982年版，第411页。

③ 赵镕：《跟随朱德同志从南昌到井冈山》，选自《中共党史革命史论集》，中国社会科学院近代史研究所编，中共中央党校出版社1982年版，第412页。

勉强，可以回家去。不过，我希望回去的同志当个好老百姓，不要去当土匪……"[1]"但是，武器必须留下，因为那是同志们用生命和鲜血换来的。"讲到这里，他停顿了一下，用企盼的眼神看着大家，期待着每个战友的回答。

大家都痛苦地垂下了头，谁也没有说话，整个河坝子一片寂静。

军官们个个低头沉思，在人生旅途的十字路口上，急待用行动做出最后的抉择。朱德洪亮的声音，打破了冻结般的沉静。

"我希望大家不要走！""无论如何不要走，我是不走的。"[2]"陈毅、王尔琢他们也是不会走的。就是剩下我一个人，也要革命到底！"他向和他生死与共的战友们提出了殷切的希望。他那慷慨激昂的声调越来越高，在山谷中回荡：

"大家要把革命的前途看清楚。1927年的中国革命，好比1905年的俄国革命。俄国在1905年革命失败后，是黑暗的，是极端困难的。但是，黑暗和困难是暂时的。到了1917年，革命终于成功了。中国革命现在失败了，也是黑暗和困难的，但黑暗也会是暂时的，困难是可以克服的，只要我们不怕艰苦，不怕挫折，坚持不懈地斗争下去，中国也必然会有个'1917年'的。我劝同志们要坚信这一点……"[3]

陈毅，时任第25师73团政治指导员

陈毅也恳挚地开导大家说："南昌起

①　赵镕：《跟随朱德同志从南昌到井冈山》，选自《中共党史革命史论集》，中国社会科学院近代史研究所编，中共中央党校出版社1982年版，第411—412页。

②　粟裕：《激流归大海——回忆朱德同志和陈毅同志》，选自《星火燎原》选编之一，中国人民解放军战士出版社1979年版，第91页。

③　赵镕：《跟随朱德同志从南昌到井冈山》，选自《中共党史革命史论集》，中国社会科学院近代史研究所编，中共中央党校出版社1982年版，第412页。

义是失败了，南昌起义的失败不等于中国革命的失败。中国革命还是要成功的。我们大家要禁得起失败局面的考验，在胜利发展的情况下，做英雄是容易的，在失败退却的局面下，做英雄就困难得多了。只有经过失败考验的英雄，才是真正的英雄。我们要做失败时的英雄。"[①]"我陈毅虽然没有多大的本事，但愿竭尽全力辅助朱军长，把我们这支队伍带出绝境，革命到底！"

朱德、陈毅这些掷地有声的肺腑之言，像一声声惊雷在人群中炸开了，激起了阵阵掌声。沉闷许久的军官顿时活跃起来，有的在窃窃私语，有的在高声发问：

王尔琢，时任第25师74团参谋长

"那我们下一步怎么办？"

"打游击去嘛！"朱德朝发问的方向看了一眼，斩钉截铁地回答说。

"这一带，大革命时期农民运动很有基础。我们跟农民运动结合起来，找个地方站住脚，然后就能伸展开来。"

有人问："反革命军队天天在我们屁股后边追赶，我们连休整的时间都没有，这可如何是好？"

朱德分析了军阀割据的形势，说道："他们总有一天不追的。这些封建军阀们，他们之间是协调不起来的，等他们自己打起来，就顾不上追我们了，我们就可以发展了。"

大家望着朱德，他是那样的平易近人，有问必答，讲得通俗易懂，句句在理。

大家七嘴八舌地又问："我们虽然有枪，但没有子弹，遇上敌人，等于赤手空拳，还图什么发展？""我们今后的伙食给养如何解决？人是要吃饭的。""伤病员

---

① 粟裕：《激流归大海——回忆朱德同志和陈毅同志》，选自《星火燎原》选编之一，中国人民解放军战士出版社1979年版，第91—92页。

怎么办？"……

朱德挥了挥手，示意大家静下来，然后，风趣地说："这些都是不成问题的问题。弹药，敌人会送给我们的，至于给养，土豪那里多得很，就怕我们不去拿……"大家哄的一声笑了。

朱德仔细听着每个人的提问，耐心地一一做了回答。然后，又分析了当前的形势和革命的前途，讲了一些保存有生力量，坚持斗争就能夺得革命胜利的道理。会开了一个多小时。他那精辟的分析、深刻的讲话，令人信服，给大家冰冷的心中生了一团篝火，浑身增添了力量。

骤然间，爆发出一个洪亮的声音："我跟朱军长走！"

顷刻之间，"跟朱军长走""跟朱军长革命到底"的呼喊声在山谷间回荡起来。

朱德的讲话产生了强大的感染力，使大家在黑暗中看到了光明，在困难中认清了方向，受到了鼓舞，增强了信心。

朱德在天心圩排以上军官大会上的讲话，令人震撼。

赵镕，时任国民革命军第9军军官教育团副官、书记长

赵镕回忆说："朱德同志和陈毅同志深入浅出，言简意深的讲话，犹如熊熊火炬，为迷路的人照亮了前进的道路；又像倚天长剑，劈开了滚滚乌云，使大家看到了灿烂明媚的阳光，同时有力地抨击了悲观主义、逃跑主义的种种谬论，鼓舞了士气，振奋了军心，使已经濒于绝望之中的部队得到了拯救，从而重新振作起来，踏上了新的艰难的征途。"[1]

---

① 赵镕：《跟随朱德同志从南昌到井冈山》，选自《中共党史革命史论集》，中国社会科学院近代史研究所编，中共中央党校出版社1982年版，第413页。

杨至成回忆说："朱德同志的讲话，既平易，又简单，却讲出了很深的革命道理，在这革命失败后黑暗的日子里，在群众情绪极其低落的时候，他的讲话像黑夜里的一盏明灯，使我们看见了未来的光明前途，增强了我们的革命信念。我们觉得心里开朗多了。"[1]

粟裕回忆起这段历史时，曾说："朱德同志这些铿锵有力、掷地有声的话语，精辟地剖析了当时的政治形势，展示了革命必然要继续向前发展的光明前景，令人信服，感人至深。""从这次全体军人大会以后，朱德同志和陈毅同志才真正成了我们这支部队的领袖，我们这支部队也度过了最艰难的阶段，走上了新的发展的道路。""可以毫不夸张地说，那时如果不是朱德同志的领导和陈毅同志的协助，这支部队肯定是要垮掉的。当然，有些同志也可能会走上井冈山，但作为一支部队是不可能保存下来的。"[2]

陈毅回忆说："朱总司令在最黑暗的日子里，在群众情绪低到零度，灰心丧气的时候，指出了光明的前途，增加群众的革命信念，这是总司令的伟大，没有马列主义的远见，是不可能的。"[3]

"朱德的这番讲话，让起义部队士气大涨，它是在革命陷入低潮、人心开始涣散的关键时刻，对共产党人和革命军队对待革命态度的一次正确引导。朱德从俄国革命的曙光中看到中国革命的希望，以其崇高的信仰、坚定的追求稳定了军心，保存了革命力量，为之后的革命胜利奠定了基础。"[4]

第二天一大早，朱德一边派人到天心圩镇和附近的村庄里帮助老乡挑水、洗菜、劈柴、做好事；一边派人张贴"革命军队为民众""打倒土豪劣绅""打倒军

---

① 杨至成：《艰苦转战》，选自《星火燎原》选编之一，中国人民解放军战士出版社1979年版，第112页。

② 粟裕：《激流归大海——回忆朱德同志和陈毅同志》，选自《星火燎原》选编之一，中国人民解放军战士出版社1979年版，第88—89、91、92页。

③ 陈毅：《关于"八一"南昌起义》，选自《南昌起义》，南昌八一起义纪念馆编，中共党史资料出版社1987年版，第320页。

④ 朱德思想生平研究会编：《朱德大辞典》，中央文献出版社2016年版，第249页。

画照：起义军在天心圩开展群众工作

阀""为工农大众谋利益"等革命标语。

秋毫无犯的军纪，振奋人心的宣传，戳穿了当地反动民团和土豪劣绅散布的谣言，驱散了人们心中的疑云。朱德为几家农户一口气挑了十多担水。几家主人很纳闷，一起到部队驻地打听情况，当他们听说眼前的部队就是朱德指挥的南昌起义军时，激动得热泪盈眶，惭愧地说："请原谅我们受了土豪劣绅的欺骗，错怪了自己的队伍。"[①]

朱德率领起义军到达天心圩的消息一传开，原先躲藏起来的村民纷纷回来，给部队送来了柴米油盐、蔬菜和衣服，解决了起义军军需紧张的困难。

天心圩整顿的成功之处，就在于朱德用马克思主义来分析形势，用共产主义教育官兵，使大家认清了革命前途，坚定了革命信心。尽管有一些意志不坚定的人在这次整顿前后离队了，但留下来的都是革命的精华。其中许多人以后成了人民军队的高级将领，为中国革命做出了不可磨灭的贡献。

---

① 中共安远县委党史工作办公室编：《安远人民革命史》，中央文献出版社1995年12月版，第40页。

"天心圩整顿，是起义军余部转战途中的一个转折点，是'赣南三整'的开端。这次整顿的主要内容，是进行思想教育，统一大家的认识，振奋革命精神，扭转了部队中思想混乱、人心涣散的局面。朱德在这支部队生死攸关、需要作出何去何从的关键时刻，以大无畏的英雄气概，挺身而出，担当起历史赋予的重任，把部队带出绝境，并且博得了全军对他的巨大信任。"①

30年后，解放军政治学院的副教育长邓逸凡曾问朱德："还听说三河坝失败后，革命队伍内部发生了动摇和混乱现象，当时您号召说，谁愿革命就跟我走。"朱德并不把这些归功于自己，回答说："有这样一回事。你们研究这些问题的时候，应该把它看作是集体的事业，看作是党的领导。当时我所讲的，也并不是我个人独到的见解，而是革命的经验。在当时的情况下，需要用马克思列宁主义来分析革命形势，指出革命是有前途，有出路的，只有这样，才能坚定大家的革命意志。部队要巩固，就要经常在部队中进行马克思主义的政治思想工作，最基本的是要依靠党的组织。那时党员比较多，把党的组织加以整顿以后，又发展了一批党员，就依靠他们去巩固队伍。"②

江西省安远县天心圩店铺

---

① 中共中央文献研究室编：《朱德传》，人民出版社、中央文献出版社1993年版，第92页。

② 朱德：《关于南昌起义、湘南起义和井冈山会师——同解放军政治学院负责同志谈话纪要》，选自《文献和研究》1986年第6期，第5页。

第四章

大余整编

中国革命是有前途的。我们要革命到底。只要大家一条心干革命，胜利就是我们的！

——朱德

第一节　信丰整纪

　　起义军余部虽然摆脱了国民党反动派的重兵追击，但一路上经常遇到地主武装、反动民团及土匪的袭击和骚扰。特别是三南地区，地主土围子和炮楼很多，不断给起义军余部造成威胁。为了防备地主民团的袭击和追踪，起义军余部有意避开大道和城镇，而在山谷小道上穿行，在山林中宿营。

　　"每天，天一亮就集合出发，全军沿着赣南的山道，向西疾进。这时已是10月下旬，山林里气候已经很冷了，我们身上却还是穿着八一起义时发下的单衣。而且也早被这几个月的长途远征和连续战斗磨损得破烂不堪了，到处是汗污，到处是破洞。短裤遮不着的小腿，饱受风吹日晒，皲裂得像两条木棍子。鞋子早已穿烂了，要打草鞋，既无材料，又无时间，有的撕下块布把脚包起来走，有的索性打赤脚走。行军中常常赶不到村庄宿营，露营便成了经常的宿营方法。一到宿营，各人弄把树叶子垫在身子底下，大家穿着被汗水浸透的衣服，抱着枪支，背靠背地挤拢在一棵树下，互相暖着身体睡上一夜。夜凉露寒，一夜不知冻醒几回；早晨，刚被体温烤干的衣服又被露水打湿了。至于吃饭，那更是困难，吃饱肚子的时候是少有的。尤其难耐的是疾病的折磨。这正是南方发病的季节，拉痢疾、打摆子（疟疾）的一天天在增多，又没有医药治疗，有的就寄养在老乡家中，有的病势沉重，就在野营的树下或是小道旁牺牲了。"①

　　在这样艰苦的情势下，部队也更难以掌握了。虽然名义上还存在团营连的建制，但实际上除了少数由领导同志亲自抓住的部队，大部分是混乱的。每天部队出发前，朱德照常下达行军命令，可是到哪里去找接受命令的单位呢？有时传令兵只好拿着命令站到岔路口，看到个排长，把命令给他看看；看到个班长，也给他看看。队伍散散乱乱地走，每天差不多都是这样：出发时人还齐全，路上人就少了，宿营时又慢慢多起来。

　　很多人受不了失败的考验，受不了艰苦困难的考验，不辞而别了。一路行军，只要碰上岔道，就三三两两地向岔道悄悄地溜走了，喊也喊不转。

　　有一天，刚上路没多久，6团6连的一个湖南籍士兵便离开大路走了。杨至成追上去喊他，他也不理。他掉转身来，举起枪，哗啦推上了一颗子弹，指着杨至成说："你敢来？"杨至成连忙讲好话："朱军长说过，你受不了苦可以走，可是枪是革命的武器呀。"他想了想，把枪一扔，头也不回地走了。像这样的事，不止一回两回。②

　　陈毅对那些悲观动摇、企图逃跑的人，进行了不调和的斗争。

　　当时黄埔军官学校出身的一些军官，包括在25师73团2营7连任连长的林彪，来找陈毅，表示要离开队伍，另寻出路。而且还劝陈毅也和他们一起离队。他们说："你是个知识分子，你没有打过仗，没有搞过队伍，我们是搞过队伍的，现在队伍不行了，碰不得，一碰就垮了。与其当俘虏，不如穿便衣走。"③

　　陈毅明确表示不走，说："现在我们拿着枪可以杀土豪劣绅，土豪劣绅怕我们。离开了队伍没有了枪，土豪劣绅就杀我们。我们都是共产党员，要禁得起失败的考验。"④

---

　　① 杨至成：《艰苦转战》，选自《南昌起义资料》，人民出版社1979年版，第381页。

　　② 杨至成：《艰苦转战》，选自《南昌起义资料》，人民出版社1979年版，第382页。

　　③ 粟裕：《激流归大海——回忆朱德同志和陈毅同志》，选自《南昌起义》，中共党史资料出版社1987年版，第482页。

　　④ 《陈毅传》编写组著：《陈毅传》，当代中国出版社2006年第2版，第28页。

杨至成，信丰整纪时曾任第20军3师6团6连连长

陈毅严肃地告诫他们："你们要走你们走，把枪留下，我们继续干革命。队伍存在，我们也能存在，要有革命的气概，在困难中顶得住，个人牺牲了，中国革命是有希望的。拖枪逃跑最可耻！"[1]陈毅的这一席话，痛斥了动摇逃跑分子的可耻行为，充分表达了他在险恶的环境里坚持革命到底的坚强决心。

几个连长终于被陈毅劝住了。

杨至成回忆："在这段艰苦的日子里，部队像一炉在熔炼中的矿砂，渣滓被淘汰了，剩下的却冶炼成了纯净、坚韧的钢铁。回想起来，当时部队所以能够保存下来，是由于党的坚强领导。"[2]在那最困难的时候，朱德、陈毅、王尔琢等负责同志，穿插在行军行列里。他们肩上扛着动摇分子扔下的步枪，或是搀扶着病号，一面走，一面向士兵们讲解革命道理，指出革命的前途。

身为军长的朱德，过着和士兵一样的俭朴生活，他和士兵一样吃大锅饭，一样穿灰色粗布军装。行军时，他有马不骑，和士兵一样肩上扛着步枪，背着背包，有时还搀扶着伤员、病号。他的一言一行，深深地感动着大家，对稳定军心起了极大的作用。

沿途，陈毅不止一次地召集党员谈话、开会，要求党员们"受得起失败的考验，做失败时的英雄"，切实掌握好部队。

起义军余部于10月22日进入信丰新田圩。由于这支起义部队的基础是

---

① 粟裕：《激流归大海——回忆朱德同志和陈毅同志》，选自《星火燎原》选编之一，中国人民解放军战士出版社1979年版，第90—91页。

② 杨至成：《艰苦转战》，选自《星火燎原》选编之一，中国人民解放军战士出版社1979年版，第113—114页。

今日的江西省信丰县新田圩

旧军队，尽管经过北伐战争和南昌起义的锻炼，但仍然残留着旧军队固有的一些不良作风。军人中的成分也很复杂，大部分人是贫苦工农和知识青年，但也有一定数量的兵痞流氓，在未经改造之前，常常成为害群之马。

部队进入新田之前，多数军官已离队，第 25 师师长周士第和党代表李硕勋等根据党的安排转移他处，团以上干部只剩下朱德、陈毅、王尔琢等，各级政治工作人员几乎全部离开了队伍。"由于原建制多已失去组织领导作用，有的军官甚至怕坏分子从背后打黑枪，便睁一只眼闭一只眼，不敢过问，以致这些违反政策纪律的行为，未能及时制止和处理。当部队进入信丰城的时候，破坏纪律的行为就更严重地暴露出来了。"①

23 日，"为了解决这些问题，当部队进入信丰新田圩后，在大屋下村，朱德主持召开了排以上军官会议，批评了部队中存在的不良倾向，教育大家要遵守纪律。在这次会议上，由朱德指定，成立了'没收委员会'，并规定一切缴获要归公。只有没收委员会才有权没收反动官吏和土豪劣绅的财产。对

---

① 粟裕：《激流归大海——回忆朱德同志和陈毅同志》，选自《星火燎原》选编之一，中国人民解放军战士出版社 1979 年版，第 93 页。

缴获或没收的财物，由没收委员会处理和分发"①。这次干部会没有得到全面贯彻，破坏纪律的事件还时有发生。

大屋下村整纪后，得到当地群众拥护。当年年仅 15 岁的大屋下村民刘观音后来回忆："听说有军队来，这里的老百姓都到山上躲起来了，后来听说这些当兵的比过去的南北兵更讲理，我们就回到家里来住，军队没有米吃，我们就把藏起来的粮食取出来卖给他们。"②

村民刘道叫于 1986 年 7 月 9 日回忆："从安远天心圩这边开了一支军队来新田，在新田圩、大屋下、司前等地住了一晚。听说有军队来，大部分群众都躲在山上不敢下来，群众家的东西都藏起来了。我今年 87 岁，那时已经 26 岁了，胆子也大，所以就没有走，还在家里。这些当兵的来了后不像过去的军队会抓人、打人，比较讲道理。他们还贴标语，说要打倒土豪劣绅，一个当官的还叫我动员群众回家里来，所以我就去山上叫群众回家了。这些当兵的是明买明卖，油、盐、米、茄子、辣椒都要，你有东西不卖不行……我们看到这支军队能讲道理，所以就把藏起来的油、米拿出来卖给他们。"③

这时，钱大钧已停止追赶，赣南只有刘士毅一个旅驻在赣州。信丰没有正规部队，只有一些地主民团。朱德下令："加快行军速度，迅速占领信丰！"

10 月 25 日，起义军余部赶到信丰时，反动官吏已逃之夭夭。城门大开着，没放一枪一弹，部队就进了城。

信丰是赣南山区桃江之滨的一座小城。因为没经过战乱，城市生活一切照常，商店、饭馆、钱庄、当铺都开张营业，茶楼、酒肆应有尽有。

起义军余部经过长途征战，饥寒交迫，没有休息的机会。加上集结以来没有统一编制，管理不严。入城后，少数不良分子恶习难改，旧病复发，胡

---

① 中共信丰县委党史工作办公室编：《信丰人民革命史》，内部资料，1999 年 9 月编印，第 38 页。

② 《邹洪光访问新田大屋下刘观音口述记录》（1986 年 7 月 9 日），存信丰县委党史办资料室。

③ 《邹洪光访问刘道叫口述记录》（1986 年 7 月 9 日），存信丰县委党史办资料室。

信丰老县城

作非为起来。

朱德邀请信丰各界代表开会，向他们深入宣传起义军的宗旨，争取在财力物力上的支持。会议开得很成功，朱德正在讲话之际，突然师部的李参谋匆匆前来报告，说部队中有几个不良分子煽动一些人，把城里一家当铺抢了。

朱德听了很生气，当即对陈毅说："这类事件，必须坚决制止！你去果断处理，我随后即到。"

面对这种严重情况，陈毅当机立断，要号兵吹紧急集合号，并叫传令兵传达发现敌情和转移出发的命令。

突然间，紧急集合号吹响了。

号声，就是命令。再松垮的队伍听到了紧急集合号都会紧张起来，何况正在转战途中。官兵绷紧了神经，赶紧去集合。

陈毅带着部队匆匆离开县城，一口气走了近20里，才在犀牛乡源和圩与丫叉桥之间山坳里停下来。

这时的队伍竖不成列，横不成行。那些抢劫当铺的人，你背一捆，他抱一包，有的衣裤口袋里也装得鼓鼓囊囊的。

这时，朱德带着几个警卫骑马赶来。陈毅站在一个小山坡上发出口令：

"集合！"

这是几个月以来第一次集合。大家早已生疏了，何况又是几个单位在一起。谁都弄不清谁在前谁在后，人头攒动，理不出个头绪，找不到自个儿的位置。

朱德在陈毅的左前方10来米处端端正正地站在那里。陈毅又一次下达口令："以军长为基准，集合！"

朱德像一座雕像竖立在那里，两眼平视，挺胸收腹，双手紧贴裤缝，笔直地站在那里，一动不动。官兵们这时才真正看到了云南讲武堂里"模范二朱"中的朱德形象。

王尔琢这时已担任参谋长，看到如此情景，二话没说，跑步上前紧挨着朱德站在下首。紧接着，第三个，第四个，每人按照自己的职务和所在部门，很快找到了自己的位置。随后，各单位都报告了实到人数。全部官兵不过900多人。

朱德、陈毅、王尔琢都站在土坡上。陈毅带着满脸怒气，开始讲话："同志们，今天为啥子像发现敌情一样，把大家拉到这山沟沟里来呢？因为发生的事情，比发现敌情还紧急，还严重！有些坏家伙想搞垮我们这支队伍！"

人们没有弄清是怎么回事，但感到事态是严重的。不然，和蔼可亲的朱军长不会紧绷着脸，双眼怒视前方。

"我们队伍里有人犯罪！有那么几个害群之马，胆大包天，居然在光天化

信丰整纪旧址之一——江西省信丰县犀牛乡百兰村源和圩与丫叉桥之间山坳

日之下，煽动我们的战士哄抢了一家当铺。钱财物件，抢了个精光。闹得满城风雨，店铺老板吓得都上了门板。你说这个影响多坏哟！"陈毅一贯是喜怒哀乐溢于言表的人。他挥动着那双大手，说："当铺里的东西都是穷人的。穷弟兄当的棉袄，马上还得赎回去穿。你抢来穿上，于心何忍？这些家伙还有脸说这种行为是'革命'，是'向剥削阶级进攻'！狗屁，完全是土匪行径！不，比土匪还要坏！土匪就是土匪，不打'革命'的旗号，他们却打着'革命'的旗号干土匪的勾当。这是严重地败坏我们的声誉，往我们脸上抹黑！他们煽动一些糊涂人，去跟着他们干坏事，是在涣散我们的斗志，瓦解我们的队伍！同志们，我们共产党领导的队伍，能不能允许发生这种事情？"

"不能。"几百人异口同声地回答。

"对，绝不允许。我们是革命的队伍，是人民的武装。我们要维护人民的利益，保护人民的财产，同时也保护城镇工商业。你们还记得贺龙总指挥在南下途中颁发的布告吗？我可以背给大家听听：'对于商界同胞，买卖尤属公平。士兵如有骚扰，准其捆送来营。本军纪律森严，重惩决不姑徇。'……可是，今天有人竟敢胆大妄为，以身试法。他们违反和破坏纪律，抢劫当铺和商店，这哪里像革命队伍？简直和强盗匪徒一样！对于这次煽动并领头哄抢

信丰整纪旧址之一——信丰县百兰村黄家祠堂

当铺的两三个人，一定要绳之以法。那些参与哄抢的人，只要交出全部所抢的财物，承认错误，可以不予追究。"

陈毅向队伍走近几步，语重心长地说道："我们共产党领导的革命武装，是有着铁一般的纪律的，因为有了铁一般的纪律，才能得到人民群众的拥护，才能取得革命的胜利，否则，我们这个革命队伍就一刻也难以存在下去了，请同志们好好想一想。"接着，陈毅说明了城里的当铺是做生意的，属于商业，不能像分地主的粮食那样，这两种性质不一样。

说话间，那些参加哄抢的人，一个个红着脸，把抢到的东西交了出来。

陈毅接着说："知错能改就是好同志。千万不要以为上馆子白吃白喝，敲诈一下店老板犯不了大法，要知道这是比啥子都厉害的烂药，是腐蚀剂。如果不纠正，任其发展，能把革命部队烂掉，在不知不觉中变成军阀部队，老百姓再也不支持我们，甚至要反对我们，打倒我们，我们就要垮台。"

陈毅下令把领头哄抢的抓起来。3个老兵痞正要举枪反抗，马上被周围的士兵抓住了，警卫排的战士立即把他们捆绑起来。那3个老兵痞的反抗行为进一步激起了官兵们的愤怒。

陈毅问大家如何处理时，大家众口一词："枪毙！"

陈毅与朱德、王尔琢商量后决定：执行枪决。接着，由王尔琢宣布，对起义军中3个严重破坏纪律，破坏团结，煽动逃跑、抢劫、勒索，严重损害军队荣誉的人，执行革命纪律，当场予以处决。

几声枪响，震撼了山岳，也震撼了官兵们的心：革命的纪律是无情的。抢来的东西收集起来由中共信丰特区委派人送归原主，圆满地处理了这次违纪事件，并通过这件事教育了部队。

陈毅继续说："我讲过，我们要做失败时的英雄。在这方面朱军长为我们树立了榜样。"

陈毅简要地介绍了朱德的经历与品德后，说："他参加革命前，在滇军里是赫赫有名的旅长。那时，他有洋房，有股票，啥子没有？同他一起的，有的早就当上了总指挥，有的早就当上了军长。他却抛弃了高官厚禄，于1922

画照：信丰整纪

年加入了中国共产党。他为了什么？不是为自己，是为了革命。他目光远大，意志坚定，从不动摇。在革命受到挫折时，你们看看，师长走了，党代表走了，团长、参谋长也走了，就是军长不走。他领着大家继续革命，他坚信革命一定会胜利！我们应该拥护朱军长，跟着他革命到底！"[1]

"跟着朱军长干革命！"响应之声，山呼海啸。

在热烈的掌声中，朱德说：

"我完全赞同陈毅同志的处理意见。我只讲一点。俗话说，'行有行规，家有家法。'军队不能没有纪律。革命军队更要有革命纪律。纪律是铁面无情的，如果我朱德违犯了纪律，大家同样可以拿我问罪。千万要记住：革命军队的纪律是铁的纪律！我还要声明一句，这支部队光靠我一个人肯定是不行的。我们还要拥护陈毅同志，他坚决革命的精神，大家有目共睹。现在，我正式宣布，从今天起，这支革命队伍，就由我和陈毅同志共同来领导！"[2]

---

① ② 刘学民编著：《朱德上井冈》，广东人民出版社 1998 年版，第 171—172 页。

在革命处于低潮时，党和革命军队铁的纪律尤为重要。南昌起义军余部在信丰整纪，重申党的宗旨和光荣传统，振奋了指战员的士气，坚决刹住了破坏纪律的歪风，稳定了军心，挽救了这支队伍。这样，"在党的领导下，混乱和动摇渐渐少了，终于将这支部队保存了下来"①。

到了晚上，部队又发生了第3师6团迫击炮连陈叶珍携带武器逃跑的事。他暗地里煽风点火，造谣惑众，教唆十余名意志不坚定的士兵带着步枪、抬着一门八二迫击炮离开了队伍。

在信丰整纪中，朱德、陈毅起了关键性的作用，正如粟裕所说："铁的事实告诉我们：真正的革命英雄，不是别人，乃是百折不挠、大义凛然的朱德同志和陈毅同志，乃是那些对革命坚定不移、为革命英勇献身的战士。"②

起义军余部，主力是73团。领导73团的是陈毅，他为了巩固这支部队，避免溃散，进行了大量的工作。在73团中保持建制最完整、官兵留下最多的是第1营。营长周子昆，是个优秀的共产党员，他拥护朱德和陈毅，并以他们的讲话去教育战士，以自己的模范行动去影响战士。萧克在《南昌起义》中回忆道：

"营长周子昆同志（曾经在孙中山警卫队当过号兵，在叶挺独立团当过排长、连长），在和朱德同志千里转战的经历中，认识到朱军长是一个有远见卓识的伟大的革命家，经常向部队宣传，跟朱军长走不会错。在这一坚定信念的鼓舞下，他这个营保留下来的人最多，建制较完整。"③

① 杨至成：《艰苦转战》，选自《星火燎原》选编之一，中国人民解放军战士出版社1979年版，第114页。

② 粟裕：《激流归大海——回忆朱德同志和陈毅同志》，选自《星火燎原》选编之一，中国人民解放军战士出版社1979年版，第92页。

③ 萧克：《南昌起义》，人民出版社1979年版，第71页。

第二节　群众工作

朱德、陈毅率领南昌起义军余部进入信丰以后，配合信丰党组织做了大量的群众工作，推动了信丰工农革命运动的发展。同时，派人寻找党组织，精减人员，安排女兵离队；向土豪劣绅筹款，解决部队给养问题。

第一，派人去上海等地找党组织汇报南昌起义军余部的活动情况。据南昌起义时任第9军经理部长陈子坚回忆："一天行军到信丰以东的一个村子，宿营后，朱德同志叫我去说，武汉、上海你都熟吧？我说都待过。他说，我打算派你去找党的组织，报告我们部队离开广东后一直到现在的情况。这些情况，你都亲自经历了。为了保密和安全，不必写信了，你务必在九江、武汉和上海等地找到党的组织，找到党中央更好，代我报告一切情况和现在部队的实力。我打算领部队向湘南方向走，希望党组织对我联系和给予指导。"[①]朱德给陈子坚50块大洋、1500元江西银行票和500元汉口中国银行票作为路费。陈子坚经过千辛万苦，经赣州、南昌、九江、武汉，辗转到了上海，向党组织汇报了朱德部队的情况。

第二，开展宣传活动，鼓舞信丰人民斗志。由于革命正处于低潮，加上国民党的反动宣传，群众对南昌起义军不太了解。南昌起义军余部进行了大量的宣传工作，得到群众的拥护和支持。起义军在信丰县城打开监狱，释放了100多名被关押的欠租欠粮欠税的贫苦群众，并没收反动政府、反动官吏和土豪的粮食和浮财，分发给群众。"在分发会上，朱德同志还讲了话，号召人民群众团结起来，打倒军阀、打倒地主豪绅，实行'耕者有其田'。"[②]起义军在信

---

① 陈子坚：《南昌八一起义回忆》，选自《南昌起义》，南昌八一起义纪念馆编，中共党史资料出版社1987年版，第286页。

② 赵镕：《跟随朱德同志从南昌到井冈山》，选自《中共党史革命史论集》，中国社会科学院近代史研究所编，中共中央党校出版社1982年版，第414页。

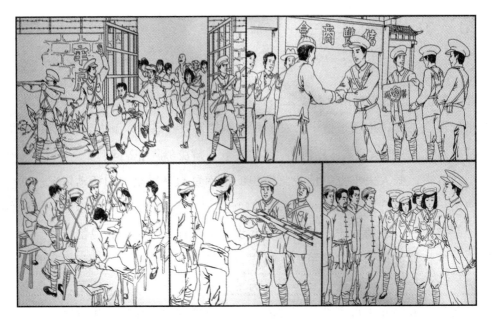

画照：起义军余部在信丰

丰的宣传活动，极大地鼓舞了正在坚持革命的信丰共产党人和革命群众的斗志，增强了以革命武装反抗国民党反动派统治的信心。

第三，推动工农运动发展，奠定信丰农民暴动的基础。南昌起义军余部领导人朱德、陈毅、王尔琢等与中共信丰特区委负责人黄维汉、郭一清、黄达、邹乐英、曾人超等，在黄泥排丫叉桥村召开联席会议。黄维汉等介绍了信丰党组织和农民运动的情况。朱德讲了南昌起义的目的意义、经验教训和部队转战到达信丰的经过，对当时的政治形势做了分析，要求信丰党组织大力开展工农运动，吸收更多的贫苦农民加入农民协会，建立农民自卫军，以工农为主力组织武装暴动。会议提出了打倒军阀，打倒土豪劣绅，建立工农自己的政权等任务。朱德代表起义部队向中共信丰特区委、南康游击队赠送了 7 支步枪（南康 4 支、信丰 3 支），送给南康游击队负责人罗贵波 1 支驳壳枪（有 9 粒子弹），以武装地方工农队伍。[①]朱德还安排部队中的共产党员张仁、

---

① 张侠：《南昌起义研究》，上海人民出版社 1982 年版，第 519 页。

陈觉吾（陈夷坚）、吴志红（吴瑛）等
3 位女同志留在信丰①，协助特区委工
作，发展党的组织，开展农民运动，
秘密组织农民武装暴动。后来，曾人
超在黄泥排组织了一支 40 多人的农民
自卫队。此后，信丰县的党组织和农
民运动得到了较快发展。到 1928 年 2
月，党员由原来的 60 多人发展到 120
多人，并成立了中共信丰县委；农民
协会会员由原来的 5000 多人发展到
1.2 万人。这就为嗣后不久的信丰农民
武装暴动打下了坚实的基础。

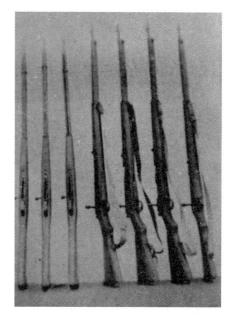

南昌起义军余部留给信丰党组织的 7 支步枪

陈毅离开信丰时，未曾想到他的
第一段姻缘就在三年后的信丰黄泥排。后来成为他的第一任妻子的萧菊英，
以信丰县妇女解放协会主席的身份（当时 15 岁）参与后勤接待工作。三年后
的 1930 年 7 月，红 6 军政委陈毅按照毛泽东指令离开红 6 军（跟随 2 纵队）
来到信丰县组建红 20 军，同时在黄泥排成立了红军干部学校。其间学员萧菊
英恋爱，于 1930 年 10 月结婚。1931 年 9 月萧菊英误以为陈毅被打成"AB 团"，
着急出门，不慎落井身亡。

第四，设立交通站，加强起义部队与地方组织的联系。"1927 年 10 月底，
当我们到达信丰时，地方党组织赣南特委派人来接头，就第一次说到毛委员率
领秋收起义部队开始上井冈山的消息。朱德、陈毅同志听到这个消息，非常高

---

① 张仁、陈夷坚、吴瑛 3 位女同志是南昌起义军余部途经信丰时，被朱德、陈毅派在
信丰协助开展农民运动的。1928 年信丰暴动时与罗贵波一道前往南雄。张仁后来任广东省委
文印科长，1931 年牺牲。

兴。"①部队在离开信丰前，在黄泥排设立一个交通站，以加强起义部队与信丰特区委的联系。信丰特区委向朱德交代了如何与赣南特委联系的方法，这为12月底何长工找到朱德后，离开韶关经南雄、大余，到赣州找到赣南特委，再到万安、遂川上井冈山提供了交通便利。

第五，筹集经费，解决给养。南昌起义军余部从广东转战赣南的途中，与党组织失去联系，孤立无援，部队的一切给养都是从官吏、财主和土豪那里筹措。他们到达信丰新田时，经费已经用完，根据从群众中了解到的情况，部队向大地主刘平等筹款 2000 块银圆；在信丰城，通过商会又募捐到 3000 块银圆，解决了给养问题。

第六，安排女兵集中离队。为了便于行军，部队决定精减非战斗人员，动员女同志和其他一些后勤没有武器的人员离队。通过信丰特区委将部队中几名女兵从王母渡（江西赣县南、信丰县北、桃江西岸）送走。彭文（彭援华）、萧凤仪、杨庆兰、熊某某（四川籍）4 个女兵，与姚光鼐、梁伯隆、黄浩声、袁也烈 4 个男兵被一起送离信丰，后到达吉安，通过吉安县委再安排去了九江。袁也烈同黄浩声一路化装潜行，直奔武汉找党组织。②

据彭文回忆：部队到达江西信丰县新田村休息时，朱德将彭援华找去谈话："援华同志，部队准备上山，要整顿队伍，动员徒手的同志离队，但大家都不愿离队，你是救护队支部书记，你带这个头好吗？"彭援华也不愿离队。朱德又说："这里靠近赣江，交通方便，以后就要越走越不方便了。"他教导说："哪里都有党的组织，哪里都是可以革命的！"听了这话后，彭援华便带头报名离队，最后共 4 男 4 女 8 人离队，每人发路费 20 块，由朱德亲自出具介绍信，将大家介绍给中共吉安县委。8 人中，有一个女学员即彭援华的岳阳老乡、同学萧凤仪。8 人化装后，坐船沿着赣江走了不久，找到中共吉安县委，由县委给赣北特委写了介绍信，雇了一条大船送他们到九江。到达九江时已是

---

① 《粟裕战争回忆录》，解放军出版社 1988 年版，第 57 页。

② 袁也烈等：《袁也烈纪念文集》，中央文献出版社 1999 年 9 月第 1 版，第 14—15 页。

黄昏，8 人按地址去找赣北特委。找到目的地时，忽听有人在后面叫："彭援华、彭援华。"她心里一惊，看见一个将鸭舌帽压得很低的人微笑着走来。原来此人正是他们要找的原中共岳阳地委书记、时任赣北特委书记刘士奇。刘士奇安排他们在机关住下。第二天，其他 6 位同志先后介绍走了。彭援华和萧凤仪留在特委工作，彭援华任特委秘书。一个月后，彭援华要求回武汉坚持斗争，刘士奇便将她和萧凤仪介绍到武汉。从此，彭援华开始了新的革命征程。

当时在第 20 军宣传队、救护队工作的杨庆兰回忆说："那时，环境越来越艰苦，女同志生病发烧的越来越多，队伍背的包袱越来越重。走了一段时间以后，朱德同志决定休整，动员我们女同志离队，回北方去搞地下工作，先到武汉与党中央军委接头。那时，女同志要离队回家，途经深山大岭，偏僻乡村，既困难，又危险，路上土匪抢钱，年轻的女同志还可能被抢走。当我们动身时朱德同志曾打算给我们写封信带着，以便万一出了事时，不妨以他的名义试试。我们几个人商量，觉得把信带在身上也是麻烦，好在是集体回去，比单独走要安全得多。于是，我女扮男装，化装成农民。和几位同志离开队伍向武汉走，沿途倒还顺利，不久我们就到了武汉。"①

第三节　大余整编

10 月 25 日下午，部队继续向西北前进，经大阿、油山到池江附近，当晚在野外宿营。10 月 26 日，再经黄龙镇到达大余南安镇。

---

① 《参加南昌起义的经过——访问杨庆兰》，选自《南昌起义》，南昌八一起义纪念馆编，中共党史资料出版社 1987 年版，第 364 页。

"1927年10月26日，起义军余部由向导曾人超带路，经信丰黄泥排到达赣粤边境的大余。"①

此时，大余没有敌人，因为起义军余部在由信丰西进时，敌人已经受到惊动，所以当部队到达大余时，大余县长、国民党县党部书记长、公安局长等均已逃跑；一些土豪劣绅也躲藏了起来。他们在暗地里造谣惑众，欺骗人民。群众不明真相，人心有些浮动，大一点的商店都关了门，只剩一些小商小贩仍在营业。

朱德见此情形，立即布置接管这个城镇的工作，一面命令部队分别将县政府、县党部、团防局、公安局等反动机关严密监视起来，逮捕反动首领，缴获他们的武器，没收他们的财产；一面派出宣传队员，到大街小巷和周围的村镇，进行宣传，发动群众。

今日的江西省大余县县城

---

① 中共大余县委党史工作办公室编：《中国共产党大余历史》，中共党史出版社 2016 年版，第 37 页。

大余县位于湘粤赣三省交界的大庾岭北麓，是赣江支流章水的流经地，以前隶属南安府。早在大革命时期，湘粤赣轰轰烈烈的农民运动，就已席卷大余这片土地，农会纷纷成立。当时曾派出多人到毛泽东在广州主持的"农民运动讲习所"学习，也有到方志敏、邵式平等在南昌举办的"农民运动训练班"学习的。他们学习回来后，进一步发动群众，使当地的农民运动不断高涨，这里有一定的群众基础。因此，当北伐期间，国民革命军第3军出师赣南路经大余一带时，得到大余人民的有力支持。如今见到起义军余部宣传队来宣传，群众纷纷从四面八方围拢过来。

此时，夜幕徐徐降临，满天星斗逐渐显现，虽无月光，而四周火把映照得如同白昼。听了起义军宣传讲演之后，许多人站出来痛诉反动官吏、地主豪绅的种种罪行，还有不少青年当场要求参加起义军。

几天之后，得知粤桂军阀互相厮杀起来。张发奎因没有地盘而不甘心，由九江、南昌进入广东。盘踞在广州的桂系军阀给张发奎10万元川资，让他出洋考察军事，实际上是想将他赶出广东。张发奎当然不会接受，结果一场粤桂军阀的恶战就这样爆发了。这样一来，原来从各路赶来围堵起义军的军阀部队也就各自撤走了。

朱德在天心圩时高瞻远瞩的讲话得到了证实，敌人忙于为争夺地盘而互相厮杀，已经顾不得追击起义军了。现在，起义军余部可以在这一带歇歇脚，喘喘气，好好地休整一下了。朱德与陈毅便利用这个间隙，领导部队进行了一次整顿和整编。

起义军余部在大余住了六七天，第二天，朱德就召开了全体军人大会。这次参加会议的人数已大大减少，只剩下八九百人。"武器也损耗得厉害，每个人的子弹袋早已瘪下去了，重武器也损失殆尽，只有两挺水机关枪，孤零零地摆在队伍边上，有一挺还没有了脚，另外还有两挺手提。"[1]同志们一个个衣衫褴褛，面黄肌瘦，但精神比在行军中振奋得多了。这些都是在长途征战中

① 杨至成：《艰苦转战》，选自《南昌起义资料》，人民出版社1979年版，第384页。

大余县城老城河边街

坚持下来的人，是淘汰掉泥沙后的真金，是全军的精华。

朱德站在这八九百个朝气蓬勃、意志坚强的起义战士面前，充满信心地说："同志们，我原来想只要有200人能和我一起同生死、共患难，我们就有胜利的希望，而现在我们还有八九百个同心同德坚韧顽强的勇士，我完全相信任何帝国主义和反动派都不可能战胜我们，而我们最终必然要把他们彻底消灭！"[①]

朱德详细地分析了宁汉混战的形势和革命的前途，又一次讲解了保存有生力量和依靠人民群众开展斗争的重要性。谈到起义军应该如何保存和发展时，朱德说："我们要找朋友，要保存自己、发展斗争，没有朋友是不行的。现在，我们是在退却，大家都拖得很苦，但办法还是有的。在这一带活动的是滇军。滇军，我熟悉，他们和蒋系、桂系是有矛盾的。我们只要能很好地

---

① 赵镕：《跟随朱德同志从南昌到井冈山》，选自《中共党史革命史论集》，中国社会科学院近代史研究所编，中共中央党校出版社1982年版，第419页。

掌握这个矛盾，一定能想出办法来。"①

朱德接着说："当然眼前我们还有不少困难，但是困难是一定能够克服的。北面山区（指上犹、崇义一带）第一次大革命影响较深，群众基础较好，我们可以到那里进一步深入群众开展活动。""中国革命是有前途的。我们要革命到底。只要大家一条心干革命，胜利就是我们的！"朱德说得那样从容，充满乐观和信心。

场景照：大余整编

朱德的讲话激励着每一个人，整个部队紧紧地围绕在他的周围，团结起来了。陈毅在回忆录中感慨地说："人们听了朱总司令的话，也逐渐坚定，看到光明前途了，当时如果没有朱总司令领导，这个部队肯定地说，是会垮光的。个别的同志，也许会上井冈山，但部队是很难保持的。这八百多同志，其后大多在战争中牺牲，现在还在的林彪、粟裕同志以外，几乎没有什么人了。但这些同志都是我们人民解放军的奠基者，他们对党、对人民、对国家的功劳，是永垂不朽的。"②

朱德、陈毅率领南昌起义军余部到了大余县城后，将司令部设在老城南康乡祠（现大余县供销社大院内）。在大余县城余西街建设路这栋砖木结构的

① 杨至成：《艰苦转战》，选自《星火燎原》选编之一，中国人民解放军战士出版社1979年版，第115页。

② 陈毅：《关于"八一"南昌起义》，选自《南昌起义》，南昌八一起义纪念馆编，中共党史资料出版社1987年版，第319页。

大余整编旧址——南康乡祠

两层砖瓦房里，朱德、陈毅对部队进行了具有历史意义的"大余整编"。

"大余整编"重要内容是进行组织整顿，先后做了两件事：一是整顿党、团组织；二是整编部队。

南昌起义虽然开启了我们党独立领导军队的新时期，然而，当时这支部队只是在上层领导机关和军官中有少数党员。在士兵中，除了少数连队外，一般连队还没有党、团员。因此，党的工作难于深入基层和士兵中去。

"这一次整顿，重点是加强党对部队的领导。首先，由陈毅同志主持，整顿了党、团组织。"[①] 对部队中的56名党员重新进行了登记，整顿了党团员队伍，在基层设立了党支部，建立起党的组织；召开党的各种会议（那时还没有把支部建在连队上），进一步加强了部队的政治思想工作；发展了一批新党员，壮大了党的力量；吸收优秀士兵加入共产党，改变了过去绝大多数党员是干部的状况；分配一部分党、团员到基层，发挥共产党员的先锋模范作用，改变了部队基层一般没有党、团员的状况，选派一部分优秀党员到连队中去担任基层指导员，从而加强了党在基层的工作，加强了党对基层的领导。这样，使原来"只有五六十名党员"的部队，形成党的领导核心，使起义军置于党的绝对领导之下。这是具有重大意义的一个措施。大余整编，很像"三湾改编"，所差的就是还没有把支部建在连上。

"在整顿党、团组织的同时，还整编了部队，使它更有利于指挥和作战。

---

① 粟裕：《激流归大海——回忆朱德同志和陈毅同志》，选自《星火燎原》选编之一，中国人民解放军战士出版社 1979 年版，第 94 页。

当时，这支由不同来源组成的部队，已经七零八落，不成建制。原来的军、师都成了空架子，已不能适应新的情况。在整编中，取消了'军、师、团'建制，从实际出发，把部队改编为一个纵队，共组成七个步兵连和一个迫击炮连，一个重机关枪连。"[1]考虑到要和湘赣一带的滇军搞好统一战线关系，并利于部队隐蔽，"部队采用'国民革命军第五纵队'番号，司令是朱德同志，对外化名王楷（因朱德同志的号叫玉阶而化此名），指导员是陈毅同志，参谋长是王尔琢同志"[2]。

杨至成在回忆大余整编时说："……下分三个支队，支队以下是大队、中队和班。步枪有七八百支，还有一挺半俄式水机关枪（有一挺缺腿）和一门

俄国 M1910 水冷马克沁水机关枪

手提式机关枪

重机关枪

---

① 中共中央文献研究室编：《朱德传》，人民出版社、中央文献出版社 1993 年版，第 93 页。

② 中共中央文献研究室编：《朱德传》，人民出版社、中央文献出版社 1993 年版，第 93 页。

画照：南昌起义军余部大余筹款

八二迫击炮编成了机炮大队。另外还编了个特务大队。"[1] 这样，起义部队编制充实，组织健全，便于统一指挥，利于作战。

赵镕回忆大余整编时说："纵队以下以原 25 师的部队为基础编为 1 个步兵支队，支队下面编为 3 个步兵大队，大队下面为中队，中队下面为小队，再将原来教育团、20 军第 3 师的余部及零散的人员编为 1 个特务大队；用 2 挺重机关枪、2 挺手提式机关枪和 1 门八二式迫击炮组成 1 个机炮大队；把编余的干部编为 1 个教导队，直属纵队部；100 多名离队归来的同志也分别编入各大队；纵队司令部是以在抚州新建立的第 9 军军部为基础改编的。原军部就很简单，人员也不充实，现只将参谋处、书记处、副官处、军需处、军械处、军医处的勤务兵各 1 名减成共 1 名，副官处减去 1 名副官，军需、军械两处各减去 2 名干部。把减下来的人员都充实到连队和教导队去。"[2]

同时，针对起义军余部一路上被动挨打的局面，朱德和陈毅进行了认真

① 杨至成：《艰苦转战》，选自《星火燎原》选编之一，中国人民解放军战士出版社 1979 年版，第 116 页。

② 赵镕：《跟随朱德同志从南昌到井冈山》，选自《中共党史革命史论集》，中共中央党校出版社 1982 年版，第 418—419 页。

反思，开始认识到应走农民运动
与武装斗争相结合的道路。他们
派出队伍深入群众，"向群众宣
讲共产党是为穷人谋利益的……
是为穷人打天下的，穷人多，革
命一定胜利等革命道理"。发动
群众打土豪、分粮食、分财物。

当时江西由滇军将领朱培德
主持军政，各县主政的多为云南
人，大余县县长吴巨光也是云南

大余县城朱德旧居

人，且在云南时与朱德有过旧交。为解决部队给养，在工农群众参与下，部
队向大余商会借款万余元。朱德亲自向已经逃往广东南雄的吴巨光写了一封
信，要其向商会归还这笔借款。（后来吴巨光向商会归还了这笔借款，商会用
这笔钱修建了大余商会大楼。）

起义军在大余期间，朱德委派毛泽覃担任大余县县长。因起义军余部不
久转移，毛泽覃未留下，所以只上任了几天时间。同时，决定将随队的陈觉
吾（陈夷坚）、张仁、吴志红（吴瑛）等3名女兵及杨心畲等几位官兵留在大
余县。他们后由当地熟人送往南雄地区参加了农民大暴动和革命活动，后来
陈觉吾牺牲在南雄。因杨心畲是广西人会粤语，故从梅关到南雄，1927年11
月4日经广东到香港向聂荣臻报告第25师的情况。

大余整编的重要意义是政治建军，整顿了党、团组织，建立了党支部，
使军队置于党的绝对领导之下。同时，压缩了编制，纯洁了队伍。整编后的
起义军更加充实，更加精干了，都是大浪淘沙后的精英。

粟裕回忆说："经过这一段的工作，部队逐渐活跃起来，人们不再是愁眉
苦脸了，议论声，谈笑声，常常在部队中回响，初步显示了政治工作的强大
威力。……从此，部队的组织状况和精神面貌都大为改观，团结成了一个比
较巩固的战斗集体。这时全团虽然只有七八百人，比起饶平出发时只剩下了

三分之一，但是就整体来说，这支队伍经过严峻的锻炼和考验，质量更高了，是大浪淘沙保留下来的精华，已成为不灭的革命火种。这次大余整编，是我们这支部队改造的重要开端。"[1]

"经过这次整编，部队面貌焕然一新，虽然大家衣衫褴褛，面黄肌瘦，但是人人精神抖擞，个个斗志昂扬。朱德经常自豪地说：'我们的同志个个像只老虎，我们的队伍经过千锤百炼，现在已经成为一支坚不可摧的钢铁部队。'"[2]大余整编后，部队才真正稳定下来。

第四节　直奔湘南

为了行动和作战的需要，纵队下编为4路（4个支队）。原第73团余部为第一路（第1支队），由原第1营营长萧泽陆任司令（支队长）；原第9军军官教育团余部与第20军第3师第6团余部为第二路（第2支队），由原第6团副团长李奇中任司令（支队长）；原第74团余部为第三路（第3支队），由王尔琢兼任司令（支队长）；原第75团余部为第四路（第4支队），由原第75团参谋长张启图任司令（支队长），支队下辖大队（连），共7个步兵连。

---

①　粟裕：《激流归大海——回忆朱德同志和陈毅同志》，选自《星火燎原》选编之一，中国人民解放军战士出版社1979年版，第95页。

②　赵镕：《跟随朱德同志从南昌到井冈山》，选自《中共党史革命史论集》，中国社会科学院近代史研究所编，中共中央党校出版社1982年版，第419页。

表 1：

国民革命军第五纵队组织序列表 ①

（1927 年 10 月）

第 5 纵队[1]
　司 令 员 朱 德
　　　　（王 楷）
　政治指导员 陈 毅

第 1 支队
　支 队 长 萧泽陆

第 2 支队
　支 队 长 李奇中

第 3 支队
　支 队 长 王尔琢

第 4 支队
　支 队 长 张启图

表 2：

南昌起义军余部大余整编部队编制表 ②

第 五 纵 队 司 令：朱 德（化名王楷）

第 五 纵 队 指导员：陈 毅

第 五 纵 队 参谋长：王尔琢

　第一路（支队）司令：萧泽陆

　　副司令：蒙九龄

　　指导员：蔡协民

---

① 表来自《中国人民解放军组织沿革·序列表（1）》，解放军出版社 2002 年版。

② 王健英：《朱毛红军的组织沿革》，源自《党史文苑》1996 年第 1 期。

第 1 大队大队长：周子昆

第 2 大队大队长：林　彪

　　　　　副大队长：聂鹤亭

第二路（支队）司令：李奇中

副司令：何　义

指导员：（缺）

第 1 大队大队长：耿　凯

第 2 大队大队长：陈道明

第三路（支队）司令：王尔琢（兼）

副司令：袁崇全（后叛变）

指导员：杜松柏（后叛变）

第 1 大队大队长：袁崇全（兼）

第 2 大队大队长：邓毅刚

第四路（支队）司令：张启图

指导员：（缺）

大队长：刘广上

机炮大队大队长：何笃才（裁）

特务大队大队长：龚　楷

教导大队大队长：（不详）

整编后决定，由大余县城先后分路出发，第一、四路向湖南汝城开进，纵队部及二、三路候大余县城款项筹措妥善后，随之跟进。

赵镕回忆说：“部队在大余整编后，大约在 10 月底或 11 月初的一天里，我们便带着收集到的地图、药品和其他一些必要的东西上山，到上犹、崇义以西群众基础较好的文英、上堡、古亭一带，开展活动。”

为什么第一、四路支队会在到达大余的第二天就匆忙出发？为什么会作为先遣队提前出发？

第一、四路支队从司令到大队长和士兵大多是湖南籍，一路走来都吵着要回湖南老家。现在到了大余，离湖南老家越来越近，许多人便归心似箭，急不可耐地要单独行动。

杨心畲离队到上海找到聂荣臻时，报告说萧、张二位走得太近，不受朱德控制，更不听陈毅和王尔琢的，故此次逼迫朱德做出决定，由他们湖南兵支队作为先遣队先行，这也是朱德无奈的决定。聂荣臻给中央军委的信中说："本日□时 25 师来人杨心余（畲）来此报告云……但 75 团参谋长张启图，系南昌事变时加入的人，本不甚可靠，闻与 73 团参谋长勾结，意欲脱离他去。我恐士第走后，军事及党部方面，均无重心，恐玉阶不能指挥。"①

10 月 27 日午后，萧泽陆率领第一路，张启图率领第四路，由大余县城出发，向汝城前进。

林彪本是第一路第 2 大队大队长，他并没有跟随萧泽陆出发。为什么？原来，"就在大多数同志对革命的信心加强起来的时候，动摇已久的林彪还是开了小差"②。

10 月 26 日当晚，林彪伙同几个动摇分子脱离部队，离开大余向广东方向行进。快到梅关时，看见有民团检查，林彪无证件不敢过去。后遇上当地好心村民告知：关口上把守得很紧，碰到形迹可疑的人，轻则搜去财物痛打一顿，重则抓起来杀头。如果无证件，被查到会被杀头的。这样，林彪当晚在山中露宿，思前想后，感到走投无路，于第三天即 10 月 28 日又往回赶，晚上才赶回部队。此时第一、四路支队已于前日午后离开南安出发了。林彪找到陈毅承认了错误，"陈毅批评了他，对他回来还是表示欢迎，让他仍回原来的连队任连长"③。林彪走后，委任第 2 大队副大队长聂鹤亭临时负责第 2 大

① 南昌八一起义纪念馆编：《聂荣臻给中央军委的信》（1927 年 11 月 4 日），选自《南昌起义》，中共党史资料出版社 1987 年版，第 133 页。

② 粟裕：《激流归大海——回忆朱德同志和陈毅同志》，选自《星火燎原》选编之一，中国人民解放军战士出版社 1979 年版，第 92 页。

③ 《陈毅传》编写组著：《陈毅传》，当代中国出版社 2006 年第 2 版，第 28 页。该书原注："陈毅于 1971 年 10 月老同志座谈会上发言谈及此事。"

江西省崇义县聂都章源桥

队。朱德、陈毅对林彪说，待与第一、四路支队在汝城会合后再接任，目前先在纵队部暂任参谋。

28日，第一、四路支队到达大水口，当晚宿营。10月29日，第一、四路支队到达地处赣粤湘三省交界、崇义西南边陲的聂都宿营，接朱德函示："桂阳（汝城）有湘军驻在，一、四两路应即改道前进桂东。"桂阳即汝城，"湘军"其实是"滇军"，即第16军第47师。此时朱德还不清楚这支"湘军"就是范石生部。

30日，第一、四路支队到达毗邻汝城热水的崇义文英彭屋。31日，第一、四路支队到达丰州乡。丰州乡位于崇义县西部边陲，南接文英乡，北毗上堡乡，西与湖南汝城集龙相邻。当年，古亭是个大圩镇，现属丰州乡的一个村，当晚部队在古亭宿营。

第一、四路支队在古亭又得朱德函嘱："桂东有我们同志何举成组织之工农军，声势浩大，一、四两路应迅速前进桂东，与何举成联络，纵队部及二、三两路准于克日由南安（今大余）出发，经崇义赶来桂东集中。"

11月1日，第一、四路支队经过麟潭乡。麟潭乡西邻上堡乡，上龙凤山到了上堡乡。上堡乡西靠湖南桂东东洛、普乐、沙田等乡镇。"11月2日午后到离沙田30里地，探知沙田驻敌一连，当晚过东洛到达沙田附近宿营。"当晚9时到达沙田附近，侦察地形，分布兵力。

"11月3日凌晨4点向沙田的一连敌人发起进攻，进占沙田……"激战至10时许，敌向桂阳方向溃退。因我军子弹告绝，实力不足，未进行追击。"随获派赴桂东县城侦探回报云：县城有敌步兵二营、机关枪一连驻扎，并何举成早已消灭。"[①]

南昌起义军余部的一路、四路支队进占沙田后，张启图与萧泽陆经多方打听，得知桂东县城有敌步兵2个营、机关枪1个连（这是范石生16军第47师于9月攻打工农革命军第2师留下的驻军1个团）。

这时才知道要寻找的桂东革命队伍领导人何举成已失败并转移。当地组织也转移或隐蔽从事地下活动。部队已进入敌区，张启图、萧泽陆已无法找到何举成了。在一无当地革命队伍接应，二无部队援兵助力，一支势单力薄的队伍，在敌人重兵占据的桂东进行活动，显然会很被动的。

张启图、萧泽陆部深知面对的形势万分严峻，沙田绝非久留之地。此时，因前两日派赴纵队部之传令兵尚未返回，又不知道纵队行止如何，萧泽陆便与张启图商定，立即决定离开沙田，部队改道至郴州边界之八面山进行游击活动，等待纵队命令。

11月3日午后1时，萧泽陆、张启图率部离开沙田经贝溪、大水、两水口、上游、宋家地、罗家到达军营铺和小乌溪之间地带附近。向八面山前进至30余里处，赴郴州侦探回报，有敌人六七百，机关枪3挺，由桂东绕小道向我军前进。

原来，上午桂东沙田之战后，敌人逃往桂东县城报告了南昌起义军余部往八面山撤退的情报。敌军立即集合人马抄小路火速从桂东至四都赶往八面

---

① 张启图：《关于七十五团在南昌暴动中斗争经过报告》（1927年12月22日于上海），选自《南昌起义》，南昌八一起义纪念馆编，中共党史资料出版社1987年版，第136页。

山庙下、下湾里军营铺进行阻击。

张启图、萧泽陆商定当晚冲过敌区，上八面山。敌我双方抢占军营铺和小乌溪之间的重要关口。不料，范石生16军第47师的1个团（六七百人）先到一步，占领了关口。

湖南省桂东县八面山

当天晚上，张启图、萧泽陆率部前进，行进至靠近军营铺与小乌溪之间关口时，埋伏在此的敌人向第一、四路支队猛烈开火。

敌我双方鏖战数小时。第一、四路支队战士们浴血奋战。终因敌人占据有利地形和敌我双方兵力悬殊，关口屡冲不过，反而被敌人打散。

被打散的战士有的撤至郴州资兴，有的隐蔽到东、西边山上，有的沿原路撤退回至沙田……遗憾的是，张启图回到了湘潭，萧泽陆回到了宝庆，两人离队，其余各自逃生。"……决于是晚冲过该敌，晋上八面山，再进数里，与敌相遇，鏖战数时，屡冲不过，死伤过半，其势不枝（支），兵心厌战，各自逃生……再无办法，遂偕萧泽陆潜至衡州分路，萧回宝庆，图返湘潭……"①

　　萧泽陆直到1937年年底才找到叶挺，加入了新四军。1938年随叶挺到南昌组建新四军，任新四军代理副官长。后由黄序周接任，萧泽陆自此离开新四军，失去联系。1927年12月初，张启图离开湖南，到上海与中央取得联系，于12月22日向中央写了《关于七十五团在南昌暴动斗争经过报告》。后因各种原因离队参加了国民党，后到南京陆军军官学校六期学习，最后失去联系。

---

① 张启图：《关于七十五团在南昌暴动中斗争经过报告》（1927年12月22日于上海），选自《南昌起义》，南昌八一起义纪念馆编，中共党史资料出版社1987年版，第136页。

第五章

上 堡 整 训

南昌起义留下来的这支队伍，真正开始新的整训还是在上堡。我们从南昌起义后，经过三个月的行军和作战，直至转到上堡后，才算稳住了脚。

——朱德

第一节　进驻崇义

1927 年 11 月 3 日，朱德、陈毅率领纵队部及第二、三两路支队从大余县城出发，翻山越岭，经聂都，5 日到达文英。

起义军余部在文英驻守两天，等候第一、四路支队消息，以便决定是往西去经热水到汝城，还是往北经上堡去桂东。到 11 月 6 日还未等到消息，为稳妥计，纵队部决定还是往北前进，于 11 月 7 日到达古亭。

在古亭，原在 25 师任政治部宣传科科长的毛泽覃从元兴堂药店兼邮政代办所要来了一大叠报纸，从中了解了当前军阀混战的形势。同时找到刚从湖

南昌起义军余部在崇义县文英驻地

南汝城集龙避难回来的周流源，了解了纵队第一、四两路支队在桂东的遭遇以及崇义各方面的情况，并参考汝城热水商人的消息，确认第一、四两路支队已在桂东失败，大部人员失散。毛泽覃将这些情况告诉了朱德、陈毅。

朱德、陈毅得知第一、四路支队失败的消息，十分悲痛。在这革命最需要部队力量的节骨眼上，第一、四路支队的失败无疑是起义军的一次重创。此时，起义军余部只剩下六七百人，真的到了不能再战的地步了，急需休养生息，补充兵源，补充给养。

朱德即刻决定驻防上堡，同时派出接应人员前往桂东沙田迎回第一、四路支队的散失人员。

崇义位于湘、粤、赣三省交界处，罗霄山脉南段诸广山横亘其间。大革命时期农民运动高涨，革命影响较深，群众基础较好，便于部队隐蔽活动。"五四"运动以后，邓子恢、陈赞雍等革命先驱，就在这块贫瘠的土地上传播马列主义。随后，北伐军第5军第12师42团占领崇义县城，给崇义人民带来了大革命的影响。1926年12月，中共崇义支部宣告成立，崇义革命的斗争从此步入崭新的历史时期。1927年5月1日，为声讨蒋介石的反革命行径，抗议崇义县反动县长蔡舒恢复"石灰捐"，中共崇义支部在县城组织3000余人的工农群众和学生，举行"五一"暴动，开创了工农武装暴动的先河，推

南昌起义军余部在崇义县丰州乡古亭村驻地——大江坝

翻了旧政权，建立了全国第一个县级革命政权——县临时行政委员会。

这时，军阀混战正酣，湘、粤、赣大小军阀都卷入这场战争中去了。崇义的西面诸广山区是上堡乡所在地，毗邻湖南省桂东和汝城，驻守桂东和汝城的国民党军队是国民革命军第16军范石生部。该军同共产党组织有联系，军内有中共党组织活动；范石生和朱德是云南讲武堂的同学，并与蒋介石有矛盾。

根据以上情况分析，朱德、陈毅决定，抓住这一有利时机，部队进入山区，发动群众，开展游击战争。于是命令杨至成率兵100人驻文英，以防胡凤璋部袭击；毛泽覃率兵200人驻古亭，居中联络；朱德、陈毅、王尔琢率纵队部及主力400多人去上堡休整。

朱德、陈毅、王尔琢率领纵队部及主力到达上堡后，将部队分驻上堡街万和堂、横街、下街、黄土坳、水北、莲塘湾等地。

纵队部和直辖队驻防情况如下：纵队部、机炮大队、特务大队驻在上堡圩街口万和堂；教导大队驻守在水北李氏宗祠；各连连部驻在上堡圩横街沈屋和圩场附近的莲塘湾、萧屋场（今上唐屋）、颜屋场（今下唐屋）、黄土坳、水北等地。

"上堡整训"期间部队驻地情况简表

驻地	时属村名	现属村组	坐落方向	房屋性质	房屋结构	间数	面积	说明
万和堂	和嘉甲真和圩	上堡村圩上组	坐东朝西	民房	泥木	（二层）30间	（二层）650m²	
黄土坳	和嘉甲	上堡村树下组	坐北朝南	民房	泥木	（二层）28间	480m²	
水北湾	和嘉甲	上堡村水北组	坐北朝南	祠堂	砖木	（二间）26间	1800m²	建于康熙二十八年（1689）

驻地	时属村名	现属村组	坐落方向	房屋性质	房屋结构	间数	面积	说明
萧屋场	和嘉甲	上堡村新民组	坐西朝东	民房	土砖木	22间	300m²	
颜屋场	和嘉甲	上堡村新民组	坐西朝东	民房	泥木	22间	300m²	
莲塘湾	和嘉甲	上堡村莲塘组	坐南朝北	祠堂	泥木	5间	80m²	
沈屋	和嘉甲真和圩	上堡村圩上组	坐西朝东	民房	泥木	(二层)10间	160m²	

部队初来乍到立足未稳，国民党上堡靖卫团就虎视眈眈起来。朱德需要一个便于指挥部队和联系群众的地方。这万和堂恰是理想之地，它在上堡街西端的梁桥头，一连五幢住房、店房和客房，楼上楼下有几十间，房屋高大、宽敞，四周还有围墙，中间有天井、厅堂，便于小聚会。在二楼骑马楼里，可以窥视上堡圩老街动静，远瞻四周。屋东边200米处的旌君庙，是国民党乡政府驻地，伪乡长唐泰康和上堡靖卫团团长吴亮明（湖南桂东人，常驻上堡）就住在这里。站在万和堂二楼，可随时监视他们的行动。西边是三河交叉的开阔地——中心坝（又叫柳树坝），是练兵的好场地。朱德就把机炮大队、特务大队和纵队部安驻在这里。

水北是个大屋场，几十栋房子一字排开坐落在山脚下。最高大气派的是李姓于康熙二十八年（1689）建的两栋祠堂。其中一座和乐堂一进四厅三天井，另一座六顺堂一进三厅二天井，前面另有门楼。两座祠堂都长约12丈，宽约3丈。门牌石匾上镌刻着"冰壶秋月""和乐呈祥"的吉语、花纹和图案，意为光明磊落、和谐吉祥。祠墙飞檐斗拱，用坚硬的麻条石和厚重的青砖砌成，牢固又宽敞。院坪上有几对科甲柱。纵队的两个大队就驻在这里（其中1个是新成立的教导大队）。站在祠堂门口就能观察到良和、正井唐泰康民团的动静。

上堡整训水北军营旧址——水北李氏宗祠

朱德常来这里巡查，有时还住在这儿，马就拴在祠堂门口的科甲石上。人们把科甲石叫作拴马石。朱德部队守纪律，讲规矩。晚上都是借用老表的门板做床板，用稻草铺在上面睡。因此，纵队要求每个官兵每天的第一件事就是"上门板，捆稻草"。借了门板要上好，用了稻草要捆好，祠堂要打扫得干干净净，入夜即睡不走动，说话和气，常帮老人到码头上挑水，密切军民关系。

上堡圩西北方2里许的黄土坳，只有1栋上三下三的泥墙大房子，还算宽敞。房主萧义育是附贡生，但不从政，大门口挂一块"司马第"楣匾，表示他只是一个书生。其实他凭着祖上留下的财富，凭他的家族"伯仲叔季例胶庠"和"五昆连金榜"四代功名、五子登科的声望，掌控着全上堡的文人墨客和富豪绅士。民国时期上堡各界政要，汤应达、吴才通乃至张永含、唐英河明里暗里都要拜他的门子。他是当时上堡最有声望的名流绅士。1个连队扎进黄土坳，镇住他，也间接控制了上堡政要、文人墨客和富豪绅士。

起义军为解决军需问题，发动群众打土豪，打的第一家就是萧义育和他的兄弟萧义全、萧义经家。这等于向上堡政要和富豪绅士发出"不准轻举妄动"的警告。同时在这里还可以防止和阻截赤水罗昌祥民团攻袭上堡圩万和

上堡整训黄土坳军营旧址——萧屋司马第

堂纵队部。萧义育老实了就少了后顾之忧。

　　上堡圩南面隔河1里许的莲塘湾也是个大屋场，住着上堡大姓之一的吴姓几十户人家。这里住户集中，也有两座祠堂，方便安排部队，于是驻扎了两个连队。该地视野开阔，能够观察正源、良和方向以及赤水、玉庄方向的敌情。驻地的战士在那里宣传群众，讲我们打仗不光是为扩大势力占地盘，士兵也不是为填饱肚子打仗，而是要保护群众，为人民打天下，发动群众闹革命。他们利用白粉墙写标语、口号，写即兴诗文。

　　上堡圩横街沈屋是圩内少有的一座大房子，那儿也驻扎了1个连队。这样既可以防范南流和竹溪张永含、李长德民团作乱，还可以就近监视和威慑几十步远的民国乡政府以及以吴亮明为团长的上堡靖卫团，使他们不敢轻举妄动。

　　上堡圩西南方3里许的萧屋场和颜屋场是两个相邻的大屋场，有几十间房子，住着上堡的另一个大姓唐姓。在这里也安扎了两个连队，在这里可以观察整个上堡洞及各条主要路口的情况，上堡圩、水北湾、黄土坳、莲塘湾、中心坝练兵场等都在视野之内。

　　上堡的东部通崇义，按理最需防范，朱德却没有设防。这是因为崇义县

江西省崇义县上堡全景

城方向暂无敌方驻军，只有崇义县县长蔡舒带领县自卫大队驻守在县城，没有正规军。几天后张子清3营来到上堡后，东方由3营驻扎并防守。

以上驻防的队伍和驻防在文英、古亭的队伍互有换防，便于整训。

这样的布防除了军事上的考虑，还有另一层讲究。因为老圩和水北湾住李姓、玉庄，黄土坳住萧姓，上唐屋和颜屋场住唐姓，莲塘湾住吴姓，这几姓都是上堡的大姓。他们人多势力大，如果联系、组织好他们，上堡的局势就能稳定。

起义军进驻崇义，当地地主民团和土匪企图进行抵抗。当时，崇义的土匪主要有周文山、胡凤璋、何其朗。

周文山，广东省仁化县长江人。民国初年，在大余县内良乡八公坑纸棚当"打杂工"时就开始拦路抢劫，逐渐结伙做"不需要本钱的买卖"（打劫）。那时正值军阀混战，地方官员朝秦暮楚，边境各县都无心过问这个"癣疥"之疾。因此，几年时间，周文山竟聚集有土匪几百人。他们明火执仗，杀人放火，洗劫村镇。仁（化）、汝（城）、崇（义）、（大）余相邻的山区百姓终日惶惶，不得安宁。民国八年（1919）至民国十四年（1925），土匪周文山多次洗劫文英、古亭、关田、聂都、乐洞这几个地方。1925年冬，周文山被崇义县公署"招抚"下山，任命为崇义县"边防"大队长。从此，这个十恶不赦的土匪便在崇义反动派的庇护下，充当镇压人民的刽子手。

胡凤璋，湖南省汝城县马桥人。他从小父死母嫁，由姐姐抚养成人。由于缺乏家教，他常与地痞鬼混，过着游荡生活。20岁开始当兵，曾任连长、营长等职。1924年升为旅长。1925年被任命为"赣南保安司令官"。马日事变后，投靠蒋介石。胡匪被广东军阀排挤，流窜至湘赣边境，横行乡里，对崇义人民大肆烧杀抢掠，并对崇义人民革命进行血腥镇压。

起义军余部从大余长江进入崇义聂都一带时，土匪周文山正在聂都、文英一带活动。他以"边防"大队长的名义，纠集土匪胡凤璋的队伍和地主民团武装，企图制止起义军进入聂都、文英，一度与起义军发生枪战。但这帮乌合之众，横行乡里、鱼肉百姓还行，一旦碰上正规军，死了几名土匪后，他们便弃寨逃往广东长江一带了。起义军放火烧了他们的山寨。

部队在上堡驻下来后，前几个月因战事失利而疏散在上堡的湖南汝城中共党员赖鉴冰与朱德取得了联系。

赖鉴冰，湖南汝城濠头乡宝沙村人，是1927年汝城濠头区农民协会委员长。当年6月，是叶挺第4军补充团的十大副官之一。同年8月底，工农革命军第2师1团撤向江西上堡休整，奉何举成之命率两个班留守濠头后方。9月29日（农历九月初四日）"补充团"攻打汝城县城时，汝城县宣抚团团长、清乡委员会"剿共"司令何其朗纠集商团、"挨户团"进行反扑，"补充团"失利。后来"补充团"队伍扩充至60余人，组成濠头留守中队，赖鉴冰任中队长，在汝桂边境开展游击活动。10月，濠头留守中队遭桂东"挨户团"偷袭，人员损失惨重。赖鉴冰令剩下的战士暂埋枪支，疏散隐蔽，以待时机。同年11月上旬，赖鉴冰与桂东刘雄组成汝桂边区赤卫队，赖鉴冰任政治指导员，赴江西上堡与朱德部取得联系。他向朱德特别反映了汝城县清乡委员会"剿共"司令何其朗的情况。

赖鉴冰向朱德介绍说：何其朗是湖南省汝城县土桥乡香垣村人，高小毕业后，随舅父朱宾光赴闽，后入福建讲武堂学习。1920年到闽护法军第3师第3

赖鉴冰，时任汝桂边区赤卫队政治指导员

旅任见习参谋、营长。他野心勃勃，刺死了时任3旅旅长的舅父朱宾光，投靠北洋军阀张传芳部，夺取了闽军第3师第3旅少将旅长的职位。1926年，在北伐军打击下，何其朗带着一帮心腹逃回家乡拉起了一支土匪部队，在湘赣边的集龙、濠头和古亭、上堡、赤水、正源一带烧杀劫掠，荼毒乡民。1927年6月，何其朗率匪部夜袭汝城大坪农军，打死战士多人，夺走步枪11支。8月15日，他引导驻韶关的国民党军范石生部，以3个团的重兵偷袭汝城县城，扼杀了汝城轰轰烈烈的工农革命运动。后充任汝城县"宣抚团"团长、湘粤赣边防保安司令，大肆进行"清乡""清党"，先后杀害共产党员、农民协会干部、会员数十人。北伐军由粤入赣后，他率残部逃入诸广山区为匪，占山为王。何其朗在湘赣边界的崇义、汝城杀人放火，抢劫民团，奸淫妇女，无恶不作，是人见人恨的土匪恶霸。

朱德深知，何其朗在上堡边境活动势必危及部队安全：一是会影响整训和军训；二是会影响他与当年在云南讲武堂的知交、时为国民革命军第16军军长范石生的联系，必须清除它。

参谋部门提出作战方案后，由赖鉴冰召集疏散在上堡各地的7个游击队员为向导，王尔琢、王展程、林彪带领2个大队赶赴濠头。何其朗得到了密报，调集重兵星夜突袭濠头。情势危急，朱德派赖鉴冰返回上堡调万连长前来增援。何其朗被击败，率残部投奔了许克祥。

当朱德了解到崇义、上犹一带是国民党军第27师师长杨如轩的防区时，立即写了一封信给杨如轩，要他看在过去同是滇军老同事的情分上，"眷起眼皮，把上犹借他练兵三个月，他保证练一团人，就可以活捉蒋介石。我当时认为是神话"[①]。杨如轩出于政治考虑，没有直接回信答复，暗地里派人通知国民党上堡乡乡长唐泰康，要他"沓起眼皮"，不要骚扰起义军。

唐泰康，上堡本地人，国民党上堡乡乡长，上堡"治安大队"队长。他长相奇丑，鼻梁塌陷，面颊溜长，身材矮小。平日里依仗权势，横行乡里，欺压百姓，盘剥商人。当地群众和商人都称他"塞鼻牛"，对他深恶痛绝，恨之入骨。起义军进驻上堡，他本想组织地方民团武装和"治

杨如轩，时任国民革命军第 27 师师长

安大队"力量，联合土匪何其朗部骚扰起义军。可他怎么也想不通，土匪竟然被朱德赶跑了，又秘密接到上级通知，要"沓起眼皮"，不可骚扰起义军。

部队赶跑了驻在上堡圩的土匪何其朗残部，收缴了地主民团的枪支，镇住了国民党地方武装，控制了这一带地区。同时整顿了原来的关卡，在各重要路口设卡收取点税，一时缓解了部队的给养困难，确保了整训顺利进行。

第二节　两军会合

1927 年 9 月 19 日，湘赣边秋收起义的队伍到达浏阳文家市，毛泽东在

---

① 杨如轩：《我所知道的早年朱德》，选自《话说朱德》，中央文献研究室第二编研部编，中央文献出版社 2000 年版，第 8 页。

江西省上犹县鹅形村

此召开了前委会议。会上毛泽东分析了形势，认为敌强我弱，革命处于低潮，敌人的主要力量在中心城市，目前攻占中心城市已不可能。会议决定，起义队伍经萍乡退往湘南。29日，毛泽东在江西永新三湾村对不足千人的秋收起义部队进行了改编，将原工农革命军第1军第1师缩编为工农革命军第1军第1师第1团，辖第1营和第3营，全团缩编为7个连。

10月上旬，工农革命军第1师第1团在毛泽东的带领下沿湘赣边界环形游击向井冈山进军，于22日到达江西省遂川县的大汾。次日清晨，遭到地主武装——遂川靖卫团萧家璧部三四百人的突然袭击。营长张子清、副营长伍中豪领导担任前卫的第3营，向敌人发起猛烈冲击，夺回了几个山头。

与此同时，毛泽东指挥团部、1连和特务连巧妙地突破敌人的封锁线，跳出敌人的包围圈，绕到敌人的背后，与3营一起夹击敌人，战斗打得异常激烈。在战斗中，3营与团部失去了联系。战后，毛泽东率团部和1营1连及特务连，经黄坳等地进入井冈山西面的荆竹山，与王佐派来迎接部队上山的代表相会。27日，毛泽东率领的工农革命军进驻茨坪。从此，开始了创建以宁冈为中心的井冈山革命根据地的斗争。

工农革命军第1师第1团第3营摆脱敌人的追击后，在张子清、伍中豪

张子清

伍中豪

何挺颖

率领下向南转移，先到了江西上犹营前，后到了五指峰乡鹅形村驻守。一边打土豪，一边训练部队，一边寻找主力部队的下落。

工农革命军第 1 师第 1 团第 3 营编制表

营长：张子清　　　　副营长：伍中豪　　　　党代表：何挺颖

第 7 连连长：陈紫峰　　　党代表：李运启

第 8 连连长：鄢　辉　　　党代表：杨岳彬

第 9 连连长：钟继禄　　　党代表：游雪程

（中央军事政治学校武汉分校学生）

队伍中还有后来著名的人物，如周昆、寻淮洲、宋任穷等，共计 500 多人。

这时，崇义县潜入地下活动的共产党员张声懋、陈必凯、张承椿、周良松等得悉起义部队驻在文英、古亭、上堡的消息后，悄悄来到上堡，会见了纵队司令朱德和指导员陈毅。他们汇报了崇义县大革命失败后，国民党"清党反共"、地主豪绅反攻倒算的情况，并报告说上犹县鹅形村有一支武装部队。

陈毅请示朱德同意后，换上便装，即由陈必凯带路，前往鹅形村。

当天下午，在鹅形村和 3 营 8 连连长鄢辉相遇，得知是秋收起义余部第 1

团第 3 营，营长为张子清，副营长为伍中豪。

当晚，陈毅住在 3 营，与张子清同住一个房间，聊了一晚上，了解到毛泽东的部队在井冈山的一些情况。第二天，和张子清约定互通情报、互相警戒、互通联系后，陈毅回到了上堡。

陈毅回来时，第一、四路支队余部也归队了。第一路支队指导员蔡协民、副司令蒙九龄、第 1 大队大队长周子昆、第 2 大队代理大队长聂鹤亭等带领在桂东八面山战斗撤退下来的战士往上堡方向归队，在途中恰巧与朱德派来的接应人员相遇。撤退下来的人员尚有 200 余人，与纵队会合，队伍增至900 来人，真是三喜临门。

江西省崇义县上堡旧貌

陈毅回来后，向朱德汇报了见到张子清及其部队的情形，商议要团结张子清，决定派毛泽覃、萧劲、李天柱（耒阳人，伍中豪同乡）、龙普霖（长沙军政分校张子清任队长时的学生）去 3 营联络感情。张子清也派伍中豪、杨岳彬、欧阳健、游雪程等人来上堡与起义军余部联络。

几天后，张子清在朱德、陈毅等人的劝说下，同意兵归一处，到上堡会合，并和朱德率领的第 5 纵队一起整训。朱德回忆说："当时，毛主席直接领导的工农革命军的一个营，由伍中豪率领，曾经和我们会合在一起参加了我们的整训。"① 整训期间，两支部队亲密无间，情同手足，直到朱德接到范石生的回信才结束了整训。"这大概是朱德与井冈山部队最早的会师。"②

最让朱德、陈毅高兴的是李天柱的归队。李天柱曾任国民革命军第 4 军排长、武汉工人纠察队队长，后转入贺龙领导的国民革命军第 20 军任连长，并随部参加了南昌起义。在随起义军南征广东潮汕途中，在汕头作战负伤，到香港在其老乡理发店养伤，伤愈后返回家乡耒阳。在此期间听说朱德的部队到了大余、崇义一带。他知道老部队叶挺独立团已改编为第 25 师 73 团，第 73、第 75 团中也有许多他的战友，于是决定到桂东、崇义一带去寻找朱德的部队。11 月初，经耒阳、资兴、桂东到崇义，经多方打听，找到上堡朱德部。对李天柱这种不畏艰辛、在低潮时归队的举动，朱德大加赞赏，在整训大会上几次点名表扬，并破格提升他任第 3 支队副司令（后为 140 团 3 营副营长）。湘南起义部队到耒阳后，朱德又派他回耒阳担任县军事委员会主席。

自三河坝失败后，朱德部队与党中央失去联系，后又多次派人去寻找党组织，但都没有消息。在毛泽东积极寻找朱德部队的时候，朱德也在努力寻找毛泽东的部队。

张子清、伍中豪率部到上堡参加整训后，朱德详细询问了井冈山的情况，使他对毛泽东部的情况有了初步的了解。这是两支部队的第一次直接联系。

尽管朱德与毛泽东从未见过面，但朱德对毛泽东还是有一定了解的。他知道毛泽东是中国共产党的创始人之一、"农民运动大王"、中共中央临时政治局候补委员，在党内有一定的影响。早在大革命时，朱德就读过毛泽东写的《中国社会各阶级的分析》和《湖南农民运动考察报告》等文章，希望有缘能与毛泽东相会。南昌起义后所经历的种种挫折，使朱德认识到毛泽东把

---

① 朱德：《从南昌起义到上井冈山》，选自《朱德选集》，中共中央文献编辑委员会编，人民出版社 1983 年版，第 395 页。

② 刘学民、王法安、肖思科：《朱德元帅》，解放军文艺出版社 2007 年第 2 版，第 76 页。

武装斗争与农民运动相结合，建设农村根据地而不是去占领大中城市的选择是正确的。

朱德说："毛泽东把队伍带到山区打游击，这个方法对头。我们现在才这么点人马，再走交通要道是不行了，要保存，要发展，只有像毛泽东他们那样，也在乡村搞游击斗争。"

陈毅说："干脆我们也到井冈山那地方去，两支人马合在一起，搞出个名堂来。"

"要得！要得！"朱德点着头说："毛泽东是中央临时政治局候补委员，现在我们和中央失去了联系，找他也行。"略停会儿，朱德说："不过眼下还去不得，还没有同毛泽东他们联系上，不晓得井冈山那地方屯得了多少人马。"

陈毅说："那就派个人到井冈山去，先联系上再说。"

"唔，这样好一些。那派谁去接头呢？"朱德思索着。

王尔琢兴奋地说："还找谁呀？最合适不过的一个人就在队伍里，毛泽覃呗，毛泽东的弟弟。"

朱德和陈毅连连点头，认为赴井冈山非毛泽覃莫属。

杨至成后来回忆："正在这时，我们又与井冈山来的工农革命军一师一团三营会合了，经张子清、伍中豪同志介绍，我们才知道毛泽东同志率领秋收起义的部队在井冈山建立了革命根据地。这更增加了我们的勇气和信心。部队中湖南人很多，大家都知道毛泽东同志是大革命时期农民运动的领袖，他写的《湖南农民运动考察报告》很多同志都读过，影响很大。于是，'到井冈山去找毛泽东同志去'便成了我们每个人的希望。"[1]

毛泽覃很高兴地接受了朱德交给的任务，按照王尔琢提议的路线，从上堡取道桂东，再由桂东、资兴进入湘东的茶陵，因为报纸上登载了茶陵有"井冈毛匪"活动的报道。

---

[1] 杨至成：《艰苦转战》，选自《星火燎原》选编之一，中国人民解放军战士出版社1979年版，第116—117页。

毛泽覃化名为"覃泽"，以范石生第16军军部副官的身份，穿着国民党军官服装，带着国民革命军的证件，腋下夹着公文包。他到了茶陵县城，与工农革命军团部接上了头，按照陈浩介绍的路线赶往宁冈。

毛泽覃来到茶陵与宁冈交界的坑口，遇上陈伯钧率领的袁文才部战士，那是毛泽东布置驻扎于坑口，负责维持茶陵与宁冈的交通联络处。听说来人是毛泽东的弟弟，第二天，陈伯钧便派了一个班将毛泽覃送到宁冈茅坪，见到了毛泽东。

毛泽覃，时任第11军25师政治部宣传科科长

毛泽覃向毛泽东详细介绍了朱德部和张子清第3营的情况，并转达了朱德的问候。毛泽东听后很高兴，终于知道了朱德的情况，也找到了张子清第3营。

第三节　上堡整训

一切安排就绪，起义部队即刻进行"上堡整训"。张子清、伍中豪率领的工农革命军第1师第1团第3营500余人，也和起义部队一起参加了整训。

首先是整顿纪律。陈毅主持了这支部队的政治建设，有颇多建树，成为中国人民解放军政治工作的开拓者之一。[①]

此时，由于革命任务开始转变，由行军打仗改变为深入农村发动群众，打土豪、分财物，纪律问题就显得更加突出了。为此，再次重申信丰纪律整顿时所做的规定：设立没收委员会，专管没收和处理缴获财物；明确规定募款和缴获的物资要全部归公，只有没收委员会，才有权没收和处理财物。"那时就规定了募款和缴获的物资要全部归公。"[②]

这支部队原是周士第指挥的第25师一部与朱德指挥的第9军一部[③]合并的，还有一部是从潮汕撤出的，部队里，旧军队中一些不良现象时有发生，在信丰发生过少数不良分子鼓动战士抢当铺的事情。作为以民为本的共产党军队，这是绝对不能允许的。对此，朱德、陈毅的指导思想明确，抓住这一事件对部队进行教育。西进途中，他们一路上告诫全体将士："我们是共产党的军队，没有过硬的纪律是绝对不能战胜敌人的。""我们的军队，靠人民提供兵源，靠人民提供军需。没有人民，我们将难以生存。北伐中这种例证是很多的。"到上堡后，部队的任务不仅仅是行军、打仗，而且还深入农村发动群众，打土豪，分财物，加强纪律的重要性就显得更加突出了。

上堡的军纪整顿，主要是联系实际，进行思想教育。首先部队普遍进行了一次自觉遵守纪律的思想教育活动。在教育基础上，着重整顿纪律。整训期间，部队营房里里外外打扫得干干净净，晚上不准随便走动。官兵对群众说话和气，买卖公平，空余时间帮群众劈柴、挑水。由于部队文明，当地群众都敢和他们接近。

有一天，上堡农民李莹陞提着一桶泥鳅上街卖，被朱德的勤务兵碰到。勤务兵问朱德要不要买，朱德从楼上窗口探出头来，表示要买。买了3斤，

---

① 《陈毅传》编写组著：《陈毅传》，当代中国出版社2006年第2版，第30页。

② 朱德：《从南昌起义到上井冈山》，选自《朱德选集》，中共中央文献编辑委员会编，人民出版社1983年版，第394页。

③ 实为原三军教导团练习营一部和南昌警察局消防队一部。

画照：买卖公平——朱德买泥鳅

给了 6 个银毫。"朱德的部队很文明，士兵买东西都按价给钱，连买一块豆饼都不少分文。"起义部队买卖公平的消息传开后，上堡街很快繁荣起来。

其次是进行军事训练。起义军的指挥员多数是叶挺独立团的，不少是黄埔军校的毕业生。他们打仗习惯的是正规战那一套。起义军中的战士多数参加过北伐战争，打的也是正规战，南昌起义后的一些战斗仍是正规战。但当时的形势和任务都已发生变化，部队转移到山区去找"落脚点"，发动群众，打土豪，分田地，开始了由正规战向游击战的转变。这就需要学习游击战。

整训期间，部队天天出早操，进行了较系统的队列和军事技巧的训练。为此，成立了教导大队，李奇中任大队长；黄埔军校出身的王尔琢、萧劲、王展程担任教官。"每隔一两天上一次大课，小课则天天上。"为尽快适应新的形势，朱德在课堂上亲自向部队授课并给士兵做示范动作。着重从战术上解决怎样从打大仗转变为打小仗，从打硬仗转变为打有把握之仗的问题。同时将部队化整为零，开展游击战术训练，把"一线式"战斗队形改为"人字形"，就是在那个时候进行的。

部队先进行理论学习，朱德亲自编写教材，为部队赶写了"步兵操练大

当时的上堡整训柳树坝练兵场

纲"，亲自给官兵们讲课。他根据"八一"南昌起义以来的经验教训，结合自己从 1911 年辛亥革命以后，在川、滇同北洋军阀等打仗，以及在滇军中与云南蒙自、个旧一带土匪作战的经验，融入在苏联学习的军事知识，深入浅出地讲述"在军事上的主要经验，就是采取了游击战争的做法"[1]。全体官兵通过学习，在思想认识上都有不同程度的提高。

在普遍提高军事素质的基础上，接着就在桐子坝进行军事操练。然后以连、排为单位，分散到各村庄，以上堡为中心开展尝试性的游击战争，把新的战术用于抗匪斗争。

在上堡，从正规战到游击战，是起义军在战略战术上的一个重大转变。

---

① 朱德:《在编写红军一军团史座谈会上的讲话》，选自《朱德选集》，中共中央文献编辑委员会编，人民出版社 1983 年版，第 126 页。

杨至成回忆说："在这里，我们按照朱德同志的指示，以上堡、文英、古亭等山区村镇为中心，开展了游击战争。部队以连排为单位分散开来，向群众做宣传，帮助群众劳动，收缴地主和土匪的武装，组织群众分粮，分财物。这里的群众多少年来深受地主、土匪的压迫，又有大革命时期农民运动的影响，一经发动，便轰轰烈烈地起来了。"[1] 朱德回忆说："从此以后即开始转入正确的方向——游击战争的方向，不是采取过去占大城市的办法，而是实事求是，与群众结合，发动群众起义，创造革命根据地。战术也变了，有把握的仗就打，没有把握的仗就不打，不打就'游'。方向正确，革命力量就能存在，而且还能得到发展。"[2]

对于这一段斗争实践，朱德同志十分重视。他追忆说："干革命，过去只知道在城市里搞起义，这时候才知道还可以上山打游击。""那时候党中央的政策不想打游击，而是想搞城市起义。""我们原来也不知道上山，开始上山搞了个把月，觉得上山有出路。"

再次是初步尝试将武装斗争同农民运动结合起来。原来的旧军队，是为了扩大本部的势力，占地盘；当兵的完全是为填饱肚子。这样的军队必然是脱离群众，甚至压迫群众，当然也得不到群众的拥护。革命军队不但要打仗，还要发动群众起来闹革命，开展武装斗争，扩大革命影响，壮大人民军队。

上堡整训，反复讲明以上道理，进行为人民打仗的思想教育。认识提高后，明确规定了部队的行动任务是把武装斗争同农民运动结合起来。整训期间，部队除了出操上课，进行政治和军事训练外，都以连、排为单位分散活动。全体官兵分散于上堡、文英、古亭一带，帮助农民生产劳动；召开会议或以个别谈话等方式，向群众宣讲共产党是为穷人谋利益的，是为穷人打天

---

① 杨至成：《艰苦转战》，选自《南昌起义资料》，中国社会科学院现代革命史研究室编，人民出版社1979年版，第385页。

② 朱德：《在编写红军一军团史座谈会上的讲话》，选自《朱德选集》，中共中央文献编辑委员会编，人民出版社1983年版，第125页。

画照：起义军宣传革命

下的，穷人多，革命一定胜利等革命道理；利用标语传单，号召劳苦大众团结起来，打倒帝国主义，打倒一切军阀，打倒一切叛党叛国的反动派。

粟裕回忆说："在此以前，我们这支部队只知道打仗，现在也搞群众工作了，这是一个很大的前进。在崇义地区活动时间不长，大约20天左右，意义是重大的。我们第一次把武装斗争同农民运动结合起来，虽然这还是初步的尝试。"[①]

此外，还通过演文明戏，组织发动群众，打土豪，分财物。

有一天，上堡逢圩日，起义部队在街中心的古戏台召开群众大会，演出文明戏。演完戏，即由两个战士押着上堡街上代理官府征收屠宰税的张世贯走上戏台。另一个战士根据调查的材料，历数张世贯的种种罪行。台下群情激愤，纷纷上台揭露张世贯横行霸道的罪恶事实。最后，部队战士给张世贯戴上纸高帽，帽上写有"打倒土豪劣绅""取消苛捐杂税"字样的标语。

朱德、陈毅在大会上讲了话。他们说："'八一'南昌起义后，我们有了自己的军队，只要大家团结起来，就一定能够打倒欺压百姓的地主豪绅，打倒国民党反动派。"

这次大会后，上堡农民的革命积极性迅速高涨。在部队的组织下，先后分了地主豪绅萧义煌、萧义权、萧义玉的粮食和财物，宰了土豪李和庚家一头耕牛。部队党组织根据斗争中的表现，吸收上堡农民邓邦俊、王治发、李

---

① 粟裕：《激流归大海——回忆朱德同志和陈毅同志》，选自《星火燎原》选编之一，中国人民解放军战士出版社1979年版，第96页。

上堡整训古亭旧址

科文等为中国共产党党员。

驻在古亭的部队，也通过演文明戏进行宣传。11 月 15 日，在大江坝召开军民大会，有 900 多名群众参加。周流源带领化民学校师生，手持写有标语的三角纸旗，打洋鼓、吹洋号，进入会场。大会开始时，毛泽覃讲了话，他用通俗易懂的语言，指着邱屋垅的地主大户说："我们就是要打倒这些土豪劣绅，打倒这些贪官污吏。"又指着参加大会的军人说："这些人就是革命的种子，今后会生根、开花。"讲完话以后，部队战士演出文明戏。由战士扮演一个外国佬欺侮一个中国人，后来被起义军抓住打倒了。此时，军民一齐高呼"打倒帝国主义""打倒军阀""跟着共产党闹革命""革命一定胜利"等口号。

几天后，沿途失散了的官兵因为找不到出路，陆续回来了一些。"在这期间，200 名原已离队的人重新归队，正如同朱将军所说，'被毫无偏见地收容下来'。"①

"大约有 200 名离队的官兵又渐渐回来了。朱德毫无偏见地把他们收容了下

---

① 〔美〕艾格妮丝·史沫特莱：《伟大的道路——朱德的生平和时代》，生活·读书·新知三联书店 1979 年版，第 246 页。

来。"① "离队官兵200多人归队，一批新兵入伍，总人数又恢复到1000多人。"②

为了便于集中统一领导，纵队部进一步整编了队伍，将散乱的单位合编为3个步兵支队（包含原一、四路支队）。支队下辖步兵大队（连），共约7个步兵连。另外，原特务大队改编为教导大队，重新整编1个特务大队、1个机炮大队，共八九百人。编制如下。

南昌起义军余部上堡整训缩编编制表③

纵队司令：朱　德

纵队指导员：陈　毅

纵队参谋长：王尔琢

　　参谋：王展程　王海清

　　文书：赵　镕

　　医护：王云霖

朱德警卫员：洪　超

第1支队

支队长：周子昆

指导员：蔡协民

　第1连连长：龚　楷

　　　指导员：蔡协民（兼）

　第2连连长：林　彪

　　　1排长：罗占云

　　　2排长：龙谱霖

①　刘学民、王法安、肖思科：《朱德元帅》，解放军文艺出版社2007年第2版，第69页。

②　罗英长：《陈毅元帅》，解放军文艺出版社2007年第2版，第58—59页。

③　王健英：《朱毛红军的组织沿革》，源自《党史文苑》1996年第1期。

第 3 连连长：夏瑞林

第 2 支队

支队长：李奇中（后为袁崇全，后叛变）

副支队长：周炳星

指导员：杜松柏（后叛变）

第 4 连：（空编制）

第 5 连连长：耿　凯

　　指导员：粟　裕

第 6 连连长：杨至成

第 3 支队

支队长：李天柱（后何义）

指导员：毛泽覃

第 7、8 连：（空编制）

第 9 连连长：不详

第 10 连连长：陈道明

第 11、12 连：（空编制）

纵队直辖

机炮大队大队长：何笃才

特务大队大队长：萧　劲

教导大队大队长：李奇中（兼）

副大队长：蒙九龄

指导员（党代表）：赵尔陆

担任连长者还有刘治志、邓毅刚、邓壹、游端轩、袁崇全、王展程等，担任连指导员者还有朱义敏等。

上堡整训是著名的"赣南三整"之一。在"赣南三整"中，时间最长，效果最显著。它从军纪、政治思想、军事、战略战术等方面，都进行了较系

南昌起义军余部在上堡留下的革命标语

统的整训，从而取得了军事思想和军事战略的新突破，在人民军队的建军史上有着重要而深远的意义。

首先，保存了革命火种。上堡整训在革命的危急关头保存了共产党领导的第一支正规部队，挽救了革命，挽救了人民军队。因此，上堡被誉为"军旗不倒的地方"。朱德回忆说："我们经过这次整训，部队走向统一团结了，纪律性加强了，战斗力也提高了。"① "南昌起义军由濒临瓦解走向团结统一，纪律性得到加强，军政素质和战斗力得到提高。"② 杨至成回忆说："我们在崇义打了土豪，筹集了一笔款子，还打了土匪，将土匪势力赶走。部队在崇义得到训练、休整。这时才算真正站稳了脚跟。因此，大余整编、崇义整训是非常重要的，没有这一段，部队能不能生存还是一个大问题。"③

其次，探索出三大战略转变。"南昌起义，开辟了我党独立领导革命战争的新纪元，但是当时还缺乏实践经验，还没有认识到必须把武装斗争同农民运动结合起来。朱德、陈毅同志正是在起义失败之后在西进的战斗实践中，不断探索新的革命道路，从而领导我们开始实现从城市到农村、从正规战到

① 朱德：《从南昌起义到上井冈山》，选自《朱德选集》，中共中央文献编辑委员会编，人民出版社 1983 年版，第 395 页。

② 中共赣州市委党史工作办公室著：《中国共产党赣州历史》，中共党史出版社 2015 年版，第 56 页。

③ 杨至成：《赣南忆旧——回忆八一起义部队在赣南整训和红四军游击赣南闽西》，选自《中央苏区风云录》，中共江西省委党史研究室、中共赣州地委党史工作办公室编印，第 17 页。

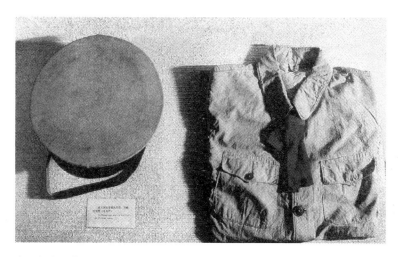

南昌起义军的军帽、军服和红领带

游击战的重大战略转变。"[1] 因此，上堡整训在人民军队的建军史上有着重要的一页。

再次，竖立起一座里程碑。正如原中央顾问委员会委员、昆明军区政委、崇义籍将军谢振华在回忆这段历史时所说："朱德同志组织实施的'赣南三整'，取得了明显的效果，使部队加强了内部团结，力量得到了恢复，素质得到了提高，为即将到来的湘南起义的顺利进行创造了有利条件，为五个月后与毛泽东同志领导的湘赣边界秋收起义军在井冈山的胜利会师奠定了基础。"[2] 上堡整训开辟了中国工农红军新的历史起点，迈出了建设人民军队的重要一步。

最后，揭开了地方武装斗争序幕。南昌起义部队在文英、古亭、上堡一带一面进行休整，一面加紧训练，并且开始打土豪。"部队的这一段实践斗争，极大地鼓舞了正在坚持革命的崇义共产党员和革命群众的斗志，增强了

① 粟裕：《激流归大海——回忆朱德同志和陈毅同志》，选自《星火燎原》选编之一，中国人民解放军战士出版社 1979 年版，第 98 页。

② 谢振华：《朱德与"赣南三整"》，选自《解放军报》2000 年 8 月 22 日。

以革命武装反抗国民党反动派的信心。"① 广大革命群众和部队一起，在文英、古亭、上堡等地农村，打土豪，分财物，重新燃起了农民革命斗争的火焰，从而揭开了崇义县土地革命斗争的序幕。

第四节 鱼水情深

在上堡，朱德与房东"认亲"的故事流传至今。

南昌起义部队来到上堡，赶走了土匪，驻扎了下来。部队宣传队大力宣传共产党的主张，宣传人民军队为人民当家做主、为人民打仗的道理。但当地百姓由于受够了兵匪的欺压，形成了"兵匪一家"的认识，加上国民党反动派的宣传，尤其是起义军余部近 600 人，群众不了解真相，便"闭门谢客，足不出户"，敬而远之。

为了让起义部队融入当地社会，站稳脚跟，让上堡的群众相信起义军，朱德召开干部会议，语重心长地说："我们是人民群众的军队，没有人民群众的支持，没有人民群众为我们提供粮食，没有人民群众给我们提供情报，我们只能是闭耳塞听，寸步难行。眼下，当务之急是让人民群众接受我们，理解我们，支持我们，否则，我们将身无立锥之地。"

陈毅说："我们是军队也是人，每天都要吃饭。饭是米做的，米是稻谷碾出来的，稻谷是农民种出来的，稻谷是一天两天长不成的。我们要想尽一切办法，同农民兄弟交朋友，取得农民的信任和支持，让他们自愿地把粮食卖

---

① 中共崇义县委党史工作办公室著：《中国共产党崇义历史》第一卷，中共党史出版社2015年版，第 42 页。

给我们。部队驻扎下来后，我们一定要严肃群众纪律，决不允许有过去那些强买强卖抢劫民财的事件发生，谁敢违反，军法论处！"

部队官兵主动帮助群众劈柴、挑水，对群众十分和气，讲文明，有礼貌。群众看在眼里，知道这支部队与过去的军队有所不同，但还是不愿意跟起义部队官兵有过多的接触。

上堡街万和堂的女主人刘桂凤是地方女侠，见多识广，非常活跃。她和丈夫经营四五间酒店、茶店、客房，还开赌坊。这些店最能接纳地方豪杰和八方来客。

画照：军纪整顿——帮助群众劳动

她丈夫还经常去江西、湖南等地采买货物。她待人热情大方，生意十分红火。万和堂既便于联系群众，又便于探听各路消息。

刘桂凤本是汝城县濠头人，嫁给崇义县麟潭乡石牯潭李世财为妻。后到上堡圩做生意，经商有道，便定居上堡，修建万和堂。因其身材高大，仗义疏财，乐善好施，街上人都称她"大只嘛（婆娘）"。当年上堡的妇女还循规蹈矩，许多农家女子缠脚束腰，不出三步远门。她却穿绫罗绸缎戴手镯，手摇鹅毛扇子满街走。她曾拜本乡梅隔村教门武师谢世骙（谢振华之父）为师，学得一身好武艺。她能说会道，敢做敢当，办事公道，侠肝义胆，街上有什么不平事，邻里间有什么纠纷口角，都爱找她评评理，她也很愿意主持公道。她上敢惹官府，下能连百姓，是远近闻名的"女强人"。本地一霸"塞鼻牛"唐泰康、社会贤达萧义育、乡长唐英河不仅不敢小看她，还很崇拜她、尊敬她。"万和堂"的雅号就是萧义育取的，意为"万和为先，生意永昌"。

这样一个八面玲珑的女流，利用得当能给部队帮大忙。当朱德、陈毅找到她时，她受到朱德的影响和教育，很快倾向革命。她爽快地答应将万和堂

上堡朱德、陈毅旧居——江西省崇义县上堡乡上堡街万和堂

作为纵队指挥部及机炮大队和特务大队的驻地。还帮助纵队在上堡圩横街沈屋和圩场附近的黄土坳、水北、莲塘湾、萧屋场（今上唐屋）、颜屋场（今下唐屋）等地联络，使部队更为顺利地驻兵。通过分散驻军，纵队一方面威慑了上堡当地的反动豪绅，令国民党靖卫团不敢轻举妄动；另一方面加强了与当地百姓的沟通，密切了军民关系。

朱德、陈毅等人平常在与刘桂凤接触中越来越熟悉。朱德向刘桂凤打听上堡、县北周边和赣南以及湘南的革命情况，同时也向她宣传一些革命道理。朱德救国救民的革命思想深深打动了刘桂凤。刘桂凤将平时接待过的一些湖南、广东及本县、外县商人，以及了解到的情况一一告诉朱德。朱德通过刘桂凤掌握了许多情况，结交了许多农民朋友。刘桂凤还给部队提供粮食和军饷。

后来，刘桂凤介绍师傅谢世骙同朱德认识。起义军与谢世骙在梅隔村打土豪、筹军需，没收梅坑乡绅、木头商人李和庚的财产，解决了部分军需，还分了些给贫苦穷人，激发了群众的造反精神。谢世骙在朱德的教育影响下，后来加入了党组织。1929年夏，发动贫苦雇农举行"梅隔暴动"，他任暴动队队长。儿子谢振华12岁就为暴动队送信，也投身革命中，后来成为共和国开国将军。

画照：朱德认亲

朱德在万和堂住了十多天，得到刘桂凤的照顾和帮助很大。朱德为感谢刘桂凤，也为了取得刘桂凤更多的支持，广泛地开展群众工作，按当地传统风俗，举行"牵红认亲"仪式，义结盟谊。[①]宴请了陈毅、王尔琢等部队领导和当地学士萧义育、乡长唐泰康等知名人士及部分商人。因刘桂凤长朱德3岁，他们便以姐弟相称。

刘桂凤是濠头人，熟悉山路和风土人情，赴汝城谈判时，刘桂凤以到湖南娘家探亲为由执意要与朱德一同前往。朱德便让刘桂凤和何举成派的向导叶愈蕃、何耀生一起带路向濠头出发。[②]

朱德曾说："南昌起义留下来的这支队伍，真正开始新的整训还是在上堡。我们从南昌起义后，经过三个月的行军和作战，直到转到上堡后，才算

---

① 中共崇义县委党史工作办公室：《中国共产党崇义历史》第一卷，中共党史出版社2015年版（2022年8月修订版），第45页。

② 《上堡乡志》主编李宗汉于1988年采访"义结金兰"史实时，钟春营（上堡村人，时年60多岁）口述史料。

稳住了脚。"①可以说，正因为有许许多多的"刘桂凤"的帮助，南昌起义部队才能在上堡顺利地进行十多天的整训。

中华人民共和国成立后，据说朱德曾派人去上堡打听刘桂凤的情况。因刘桂凤家被划为地主成分，群众怕惹事，来调查的人没有了解到这段姐弟情缘，朱德与房东"认亲"的故事就鲜为人知了。

第五节　朱范合作

（一）统一战线

上堡，在罗霄山脉南端诸广山区，是靠近湘赣两省边界的一个偏僻小镇，属江西省崇义县管辖，算是"天高皇帝远"的地方。

1927年11月初，南昌起义军余部在这里开始休整训练，通过整顿纪律、军事训练和群众工作，加强了官兵团结，军民团结，提高了军队素质，部队精神面貌焕然一新。但是，部队的给养问题没有得到解决。

这时隆冬季节即将来临，官兵穿的还是"八一"南昌起义时那身单衣薄裤。粮食、薪饷没有着落，更为严重的是枪支弹药和被服无法得到补充，伤病员没有药品来医治。朱德、陈毅、王尔琢等多次商议，但都没有找到解决办法。那些天，朱德吃不下，睡不着，坐不稳，成天为这些关系到部队生存的问题焦急忧虑。

---

① 朱德：《从南昌起义到上井冈山》，选自《朱德选集》，中共中央文献编辑委员会编，人民出版社1983年版，第394页。

一天上午，朱德和陈毅坐在万和堂大门口的石阶上，一面晒太阳，一面翻阅由地下交通员刚从古亭送来的报纸。那时，部队基本上与外界断绝了联系，唯一的信息来源就是报纸，只能从敌人报纸的字里行间，了解形势，了解敌情。

陈毅拿着一张报纸，正在聚精会神地看着。突然，朱德一拍大腿站了起来，抖着手中的报纸，叫道："好消息！有办法了。我说天无绝人之路嘛！"

陈毅被朱德的兴奋情绪感染了，说："啥子好消息？让我看看。"说着一把从朱德手中抢过那张报纸，只见在地方要闻版上，有一条引人注目的大字标题消息：范石生军长亲率国民革命军第16军移防湖南郴州汝城。

范石生，时任国民革命军第16军军长，国民革命军上将

朱德拍着陈毅的肩头，欣喜地说："找范石生去，有他的就有我的。枪支、弹药、吃饭、穿衣，样样都可以解决啦。"陈毅笑着说："别充壳子。你同他是啥子关系？他是堂堂的大军长，又不归你指挥！"朱德装出一副神秘的样子："这就得慢慢道来。"朱德摆起了龙门阵，细说起范石生。

范石生，字筱泉，云南省河西县（今为峨山彝族自治县）人。原是朱德在云南陆军讲武堂的同班同学。他们曾结拜为把兄弟，一起组织五华社，一起秘密加入孙中山领导的同盟会，一起参加昆明重九起义，一起追随蔡锷将军参加护国讨袁战争。后来，范石生成了滇军的高级将领，在广东讨伐叛贼陈炯明时建立功勋，被孙中山誉为"军中有一范，顽敌心胆颤"。孙中山非常倚重他，常与他商讨军中要事。后委任他为滇军第2军军长，授予上将军衔。赠予他亲笔书写的条幅"功在国家"和一把瑰丽的军刀，褒奖其战功。1926年，第2军改编为国民革命军第16军时，范石生仍任军长。他虽然同粤系、桂系军阀有矛盾，但同蒋介石的矛盾更尖锐。斗转星移，此一时，彼一时。如今不再是孙中山时代，而是蒋介石掌权了。所以，范石生的日子很不好过，他很想找一个盟友，进可以同蒋介石抗衡，讨价还价；退可以杀回云南，重振滇军。这是近几年来一直困扰着范石生的一个难题……

"1926 年我回国后，通过周恩来通知王德三转告范石生秘密到上海同我见面。我们相见后长谈了一次。范石生希望我到他的部队当军长，自己退后，我婉拒了。范石生又要求我任其参谋长，我说：'周恩来、胡汉民、蒋介石已商量决定，派我去四川万县杨森部任国民党中央和国民政府代表，去劝说杨森部与吴佩孚决裂，支持国民革命军北伐进攻湘鄂，任务艰巨。周恩来、王德三已派一批人进入你军，不管他们是共产党或国民党左派青年，希善待之。'我还对他说：我不在你部胜似在你部。杨森甚狡黠，争取他十分困难，但他据有川东及鄂西 20 余县，拥兵五六万，战略地位十分重要，我不可不去。"对于我的婉拒，范石生表示理解，他对我说："请玉阶兄相信，我范石生守信义，爱部属爱百姓，坚决支持孙大元帅联俄、联共、扶助农工三大政策，如果蒋介石背叛革命，我也一定同你合作。如违此誓言，天人共诛我，君亦可诛我。"①

正是出于对两人经历和关系的考虑，对于此次合作，朱德充满了信心，他坚信范石生一定会真诚相助的。

朱德讲到这里，陈毅心直口快地说："我们做这个盟友，他一定欢迎。"朱德点点头，说："我们党同范石生的友谊已很久了，那还是周恩来同志亲自建立的呢。"

陈毅说："还有此事？看不出来，你这肚皮里装的东西还不少哩！别卖关子了，来个竹筒倒豆子，全倒出来嘛！"朱德接着讲起共产党同范石生建立统一战线的经过。

那还是 1926 年春天，范石生的滇军第 2 军改编为国民革命军第 16 军前

---

① 侯方岳：《周恩来、朱德关于范石生将军的谈话追忆》，选自《党的文献》2004 年第 3 期。

后，范石生向当时主持中共广东区委军委工作的周恩来提出派得力政治骨干到 16 军，帮助建立政治工作机构，开展政治工作。周恩来欣然答应，马上通过黄埔军校的政治教官王懋廷（又名王德三），把一批经过训练、在广州的云南籍共产党员，如赵贯一（又名赵薪传）、王振甲（又名王西平）、韦济光、夏崇先、马季唐、饶继昌、李静安、向镇弼，以及广西人余少杰等派到范部，建立了党组织，组成第 16 军政治部。他们分别担任秘书、科长、股长及下属部队的党代表（国民党的党代表）。[①] 在蒋介石"清党反共"的时期，范石生却要共产党人到他的部队里工作，这是需要觉悟、勇气和胆略的。共产党在第 16 军内建立政治部、设立党代表这一事实，说明此时共产党和范石生之间已经建立了正式的统一战线关系。

"四一二"反革命政变以后，蒋介石下令"清党"，范石生对蒋介石阳奉阴违，置之不理。所以，在第 16 军内还一直保有共产党的秘密组织。"早在南昌起义军南下时，周恩来曾授意朱德致函金汉鼎、范石生、杨如轩等滇军将领进行争取。朱德等各军师负责人带上了中国共产党前敌委员会的组织介绍信备用。"[②]"南昌起义后，部队南下时，恩来同志就给我们写了组织介绍信，以备可能同范石生发生联系时用。"[③] 周恩来特地为朱德写了组织介绍信，以备在与范石生部队联络时，能与 16 军的共产党组织接上关系。

8 月 1 日，共产党在南昌暴动。得此消息，范石生经过慎重考虑，给南下的起义军写了一封信，说他准备在广东接应起义军，同共产党结成反蒋统一战线，继续参加反帝、反封建的革命事业。9 月 5 日，起义军在福建长汀收到了范石生的这封信。

范石生急切地盼望起义军的回信，密切地关注着起义军的动向。不久传

---

① 马伯周：《范石生》，选自《昆明文史资料选辑》第二辑。

② 《陈毅传》编写组：《陈毅传》，当代中国出版社 2006 年第 2 版，第 30 页。

③ 朱德：《从南昌起义到上井冈山》，选自《南昌起义》，南昌八一起义纪念馆编，中共党史资料出版社 1987 年版，第 189 页。

来非常不幸的消息：起义军主力在潮汕一带战败，损失惨重；朱德率领部分队伍在三河坝同钱大钧部激战后再无消息。

其实，面对共产党的失败，范石生仍然没有动摇合作的信念。无法同共产党领导机关取得联系，他就设法寻找朱德的部队，派遣某团上校参谋长、当年朱德的同窗好友敬镕，前往粤北、赣南等地寻访。敬镕从湘南到赣南，再回湘南，走了一个多月，始终没有寻找到朱德，也没有他的消息。

让朱德没有想到的是，竟然在上堡得到了范石生的消息。

陈毅听到这里，激动地说："我看，这个朋友是找定了！"

"他同陈毅商量后，便写信给第十六军军长范石生，希望同他们合作。"①

"朱德给范石生的信发出去后约半个月，范派人送来了复信。"②"早在上堡一带打游击的时候，朱德同志就曾写信与驻韶关的范石生联系过……"③

"十一月二日，朱德同志按着从敌人报纸上得悉的地址，给范石生写了一封长信。时过半月，即在十一月二十七、八日，朱德同志接到了范石生的回信。"④

11 月 19 日⑤，正逢上堡圩日，人来人往，非常热闹，四方八寨的人都来赶圩。一个陌生人挑着一对箩筐，来到起义军驻地真君庙门前，笑嘻嘻地说："请禀报一下朱军长，我有要事求见。"

"你是何人？从哪里来？"卫兵从头到脚打量了一下来人。那人穿的是农民的土布衣衫，还穿着一双草鞋，但那脸膛却白白净净的，不像是农民。

"我姓节，从汝城来。"陌生人从容不迫，毫不惊慌地答道。

① 中共中央文献研究室编：《朱德传》，人民出版社、中央文献出版社 1993 年版，第 96 页。

② 中共中央文献研究室编：《朱德传》，人民出版社、中央文献出版社 1993 年版，第 97 页。

③ 杨至成：《艰苦转战》，《南昌起义资料》，人民出版社 1979 年版，第 386 页。

④ 赵镕：《跟随朱德同志从南昌到井冈山》，选自《中共党史革命史论集》，中国社会科学院近代史研究所编，中共中央党校出版社 1982 年版，第 422 页。"二十七八日"应为"十七八日"，"近月"应为"半月"——作者注。

⑤ 郭军宁：《朱德与范石生》，华文出版社 2001 年版，第 351 页。

1918年，朱德（前排左2）与靖国军同事、云南讲武堂同学金汉鼎（前左1）、杨蓁（前左3）、范石生（前左4）、刘介梅（前左6）、兰馥（前左7）等合影

卫兵一听他"从汝城来"，更加警觉，那里不是驻着国民党的第16军吗？且不说一路上岗哨林立，还有胡凤璋的民团、何其朗的土匪拦路打劫，他是怎样过来的？又为何来到此地？为何张口就要找我们军长？卫兵紧追不舍地问："你有什么事？就对我说吧。"

"我给朱军长带来了一封信。"

"那就交给我吧，保证送到。"卫兵伸手要信。

"捎信人再三叮咛，一定要面交朱军长。"陌生人面带难色地解释道。

卫兵又对陌生人从头到脚地审视了一番，说："那就请你在门外稍等一会儿。"说罢，卫兵立马进去报告。

不一会儿，卫兵和朱军长的警卫员小张一同出来了。卫兵说："你跟他进去吧。"

陌生人进了庙门，一眼就看到站在正殿台阶上的朱德，赶紧上前恭恭敬敬地鞠躬行礼，说："报告朱军长，范石生军长派我送信来了。"

"你怎个认得我？"朱德不觉有些惊讶。

"我叫韦伯萃，1922年在昆明上学时见过您。那时，您当警察厅长，我们闹学潮反贪官污吏被逮捕了，是您出面放了我们的。"

"噢，听你讲话不像江西老表，原来是云南老乡啊。这么一说，我们还是老相识了。"朱德把客人请到屋里。来人撩起衣襟，撕开衣服里子，取出一封信。朱德一下就认出是范石生的亲笔信：

玉阶吾兄大鉴：

　　春城一别，匆匆数载。兄怀救国救民大志，远渡重洋，寻求兴邦立国之道。而南昌一举，世人瞩目，弟感佩良深。今虽暂处逆境之中，然中原逐鹿，各方崛起，鹿死谁手，仍未可知。来信所说诸点，愚意可行，弟当勉力为助。兄若再起东山，则来日前途不可量矣！弟今寄人篱下，终非久计，正欲与兄共商良策，以谋自强。希即枉驾汝城，到日唯（第十六军第四十七师师长）处一晤。专此恭候。

弟筱泉顿首

朱德看完信后，对捎信人微笑着说："你是怎个来的？一路辛苦了。"

"我是受党组织委派，为范军长专程送信来的。党组织经反复研究，因为我见过朱军长，所以就决定派我来了。"

朱德一听是党内的同志，倍感亲切，关切地问道："韦伯萃同志，军中的同志们都好吧？"

"都很好。同志们都很想见到您。"韦伯萃详细地介绍了党组织在第16军的情况。然后说："蒋介石发动反革命'四一二'政变后，国民革命军各部奉命'清党'时，范军长声言'敝军之内无共党，无从清起'。所以第16军内保存了党组织，只是把公开活动改为秘密活动了。"

"只要有党组织和同志们在，事情就好办了。你在这里先休息两天再回去。"朱德派人带韦伯萃出去休息后，让警卫员去把陈毅和王尔琢请来。

陈毅、王尔琢刚一进门，朱德就说："好消息，范石生来信了，你们快来看，范石生还真是有眼光、有胆识的人。你看这信上说'鹿死谁手，仍未可知'，希望我们'再起东山'。我们有些同志受点挫折就灰心了，而他晓得这个道理，难怪中山先生把他誉为'军中一范'。"

陈毅仔细看过来信后，说："山穷水尽疑无路，柳暗花明又一村。我看，范石生这个朋友是找定了。"

这就坚定了朱德与范石生联系的信心。朱德与陈毅、王尔琢等几个领导干部一起分析了当时的形势，认为同范石生合作是必要的，也是可能的。这样做，有利于积蓄力量，待机发展。朱德立即召开了党的会议，向全体党员讲明了同范石生合作的意义和目的，让大家讨论并统一认识。

朱德充满信心地说："我们完全可以利用敌人之间的矛盾，与范石生建立起反蒋统一战线，这不仅可以解决我们当前的燃眉之急，而且还可以相机争取范石生向左转。"

朱德的话引起了大家的热烈争论。多数人认为，同范石生合作是保存革命力量的一个不可多得的机会，是革命斗争的需要，这是切实可行的。也有些人对此提出异议："范石生是军阀，军阀还能支持革命？""范石生人多势众，我们力量单薄，弄不好，就让他吃掉了。"

聂鹤亭等一些人提出了相当尖锐的反面意见。认为：范石生不论与蒋介石矛盾多大，毕竟是我们的敌人，与敌人搞统战是右倾投降；再则，范石生部队被蒋介石改编日久，其部下官兵受蒋介石影响很深，即使范石生点了头，他的部下也不会轻易答应。还有的同志说：范石生部队生活作风腐化，根本没有纪律，如果与其结成反蒋统一战线，编入他们的序列，到那时我们的部队必然会处于他们的恶习包围之中，即使不被范石生搞掉，也会使一些立场不坚定、思想不纯洁的人受到影响，使我们的部队从思想、纪律、作风上垮掉。

朱德针对这些意见，给大家解释说："我们应该全面、本质地看问题。搞统战是不是右倾投降呢？我觉得这要看对革命有利无利。如果我们利用统一战线，壮大了自己，即使不能使范石生变成我们永久的朋友，起码也能使他暂时中立，这对革命就会大有好处。范石生的三个师长，都是我在云南讲武堂任队长兼教官时的学员，他们的工作我可以去做。至于有的同志担心部队会掉进染缸，问题想得很好。不过，只要我们坚持组织上独立，政治上自主，军事上自由的三大原则，这个问题也是可以解决的……"

朱德还详细分析了范石生的思想动态，各系军阀之间矛盾发展的必然趋势，以及建立统一战线后，可能出现的有利于我、不利于敌的前景。朱德精辟的分析，坚定的信心，伟大的气魄，使大家统一了认识，一致同意了朱德和范石生搞统一战线的正确主张，进而研究了我方的策略。

陈毅向大家解释说："革命，离不开主力军，这是基本队伍。但是，革命也需要同盟军，要有朋友，不能孤军奋战。革命，人多点好，还是人少点好呢？我看还是人多点好。常言道：多个朋友多条路嘛！至于范石生是不是军阀，自有公论，我们今天不去讨论。即使他是军阀，今天支持革命，就是我们的朋友；明天他反动了，反对革命，那就是我们的敌人。再说，我们同范石生的合作是有原则的。我陈毅是支持同范石生合作的。"

大家经过热烈讨论，统一了认识，同意在"原建制不变、保证组织上独立、政治上自主、军事上自由"的前提下同范石生合作。

朱德提出了自己要亲自前往汝城谈判的想法。陈毅、王尔琢担心朱德的安全，纷纷劝阻。朱德为了部队的生存和发展，为了保存"八一"南昌起义的革命种子，置生死于度外，毅然决定前往汝城。会议还决定派毛泽覃去井冈山与毛泽东联系。

（二）聂鹤亭离队

林彪离队又归队后，跟着第二、三路支队来到上堡整训。上堡整训缩编时，朱德、

聂鹤亭，时任第 5 纵队第 1 路第 2 大队副大队长

陈毅为鼓励迷途知返的林彪，让他回到第1支队担任第2连连长，这使代理第2大队副大队长的聂鹤亭很不满，这是导致聂鹤亭离去的一个原因。

主要原因，还是聂鹤亭的经历使然。早年，他投身于国民革命军第4军叶挺独立团。1927年，国民革命军北伐，叶挺部改编为24师73团，聂鹤亭任排长。北伐大军横扫湘、鄂、豫诸省，聂鹤亭参与数次战役，颇有战功。后参加南昌起义，南下潮汕时，阵前提升为73团2营6连连长。目睹起义军在三河坝溃败后一路转移，聂鹤亭没想到，北伐时期无坚不摧、从未打过败仗的"铁军"，竟然落到了这个地步。当朱德与范石生联系上，准备进行"朱范合作"时，聂鹤亭对朱德的"隐蔽范部，借鸡生蛋"的统一战线策略不能理解。他愀然不乐，在全体党员会议上，对朱德、陈毅说："余束发即慕革命，数年行走于刀口之下，非图富贵也，今君等欲忍辱以成志，甘心事匪，可忆死难之同志乎？君可忍，鹤亭不能忍，道不同，不相为谋，余决意赴沪寻中央。"朱德、陈毅挽留再三，还是不能说服他转变观念，最后只有任由聂鹤亭自去。

聂鹤亭毕竟只有22岁，缺乏人生阅历和政治经验。对这次原则性和斗争策略巧妙结合的"朱范合作"，他仅仅看到了部队重打国民党"王八旗"的一面，却忽视了部队的本质没有丝毫改变的一面，因而既"看不惯"，又"想不通"。他后来在"自传"中写道：我当时的思想是，革命要继续下去，不能打退堂鼓。于是，聂鹤亭向党支部书记周子昆提出：回上海找党，搞别的工作。党组织经过研究，同意了聂鹤亭去上海找党的要求。聂鹤亭怀着复杂的心情，离开了工作、战斗、生活了整整一年的"铁军"部队，离开了生死与共、亲如兄弟的战友们。他已与这支部队建立了难舍难分的感情，他是含着热泪、一步三回头地离去的。

在崇义地下党员、赣南特委的协助下，他换上便衣，取道崇义、赣州、吉安、南昌、九江、安庆，于12月初到达上海。幸运的是，他找到了党的秘密交通员何步青，与党组织接上了关系。在白色恐怖笼罩下，沿途情况复杂险恶，因此，聂鹤亭没有携带组织介绍信。可天无绝人之路，恰巧熟人许继慎和柯庆施正在上海，便由他们两人向组织上证明了聂鹤亭的身份。这时，党在酝酿发动广州起义，鉴于聂鹤亭是有实战经验的"铁军"军官，组织上决定派他去广州，参加广州起义。后来他到红四军，朱德照样重用他，没有为难他，这是后话。后任第四野战军副参谋长。1956年，补授中将军衔。

（三）濠头遇险

11月20日[①]，朱德带上作战参谋王海清和黄文书，蔡协民、李奇中、蒙九龄带领从教导队中选拔出来的50多名身强力壮、机智灵活的学员，由何举成派来的向导叶愈蕃、何耀生及刘桂凤引路，从上堡出发，经濠头去汝城同范石生谈判。

上堡距汝城，有90多华里，中间隔着诸广山区，山高路险，非常难行。山上盘踞着一股土匪，头目是何其朗。据说此人在北洋军阀时期，曾在江西军事学校受过训，毕业后即在江西督军方本仁身边当马弁。皖系军阀孙传芳的五省联军攻占江西时，他投靠了新任皖系督军邓如琢，在邓部当营长。北伐军攻占江西，邓如琢被击败，他带了一部分队伍，逃入诸广山区，占山为王。

朱德出发这天，天空阴阴沉沉的，秋风瑟瑟，鸿雁排成人字形，从空中掠过。行至途中，疾风骤雨扑面而来，雨珠织成的厚厚的帘子，盖住了群山丛林。山间小道泥泞难走，朱德带领学员们在雨中急行，鼓励大家说："革命的道路中，总是要有风雨的，我们要在大风大雨中经受磨炼；风雨过去，山山水水都会变得焕然一新的。"……大家在朱德的鼓励下，斗志倍增，加快了速度。队伍中，不时有人摔倒，引起阵阵的哄笑。

午后，天气逐渐晴朗。学员非常疲乏，认为已脱离匪区，可以在附近村庄里宿营了。朱德对大家讲："你们不也见了吗？沿途的深山丛林中，几次有人鬼鬼祟祟地瞭望。很可能是何其朗部的土匪探子。我们还是继续前进，到

---

① 中共中央文献研究室编：《朱德传》，人民出版社、中央文献出版社1993年版，第98页。又见中共中央文献研究室编：《朱德年谱》，中央文献出版社2016年第2版，第95页。

湖南省汝城县濠头圩

前面比较安全的地方再住下吧。"

傍晚，一弯新月挂在天空上。远远地现出了一座死气沉沉的村落。既无炊烟缭绕，也无灯火闪烁。朱德率部进村，村中只有几个老弱男女。问起话来，不是装聋作哑，便是如痴如呆，随你做何解释，他们就是一言不发。

费了好大劲，才打听到此地就是濠头圩，老百姓深受何其朗土匪残害，青壮男女都逃走了。朱德看完地形，指定了紧急集合场，就安置大家分散在村边一座祠堂和几间空闲民房中宿营，他和警卫员就住在祠堂后院伙房旁的一间小屋里。

临分散前，朱德嘱咐大家，一定要提高警惕，千万不可麻痹大意。白天行军，坡陡路滑，大家都很疲劳，倒头便进入梦乡。前半夜寂静无声；后半夜，哨兵放松了警惕，竟打起了瞌睡。

突然，"叭"的一声枪响，划破了寂静的夜空，紧接着枪声大作。学员们从梦中惊醒，知道被土匪包围，便迅速地冲向村头，三三两两地向指定的紧急集合场跑去。

枪声也惊醒了睡梦中的朱德。他从地铺上坐起，推了推身边的警卫员，叫道："快起来，有情况。"

一听有情况，警卫员从地铺上一跃而起，提着手枪就要冲出去。朱德一把拉住他，说："已经出不去了。你听四面都是枪声，还有人在敲祠堂的门。我们已被包围了。"

这时，敲门声和喊叫声越来越大，有人边踹门边号叫着："不开门，等老子冲进去，把你们通通都毙了。"

"哗啦啦。"祠堂的大门被撞开。一下冲进来一帮子土匪，呼喊着向后院冲来。

这时，逃走、躲藏都已来不及。朱德非常沉着地对警卫员说："不要慌张，见机行事。"

他和警卫员侧身闪进紧挨着的伙房，把手枪等塞进柴火堆里，顺手拿起一条围裙系在腰上，正要往外走。几个土匪冲进来，用枪顶住他的胸口问道："朱德在哪里？快说。"

他们怎么知道我的名字？这里面必有缘故。朱德不慌不忙，非常沉着地回答说："在后面嘛。"还用手指了指另一处院子。几个匪兵顺着所指方向一窝蜂地追去。

有个提着手枪的小头目满脸奸笑，问道："你是干什么的？"

朱德把双手的手掌在围裙上擦了擦，带着几分窘迫，很不好意思地回答说："我？是伙夫头。"

小头目借着明亮的月光，把他打量一番，只见他腰上围着条又脏又破的围裙，便骂了一声："从哪冒出来个做饭的？"

小头目左看右看，还是疑惑，又把他拉到油灯下，仔细瞧了一遍，见他满脸胡茬子，足有五六十岁，身上那身旧军衣洗得发白，脚上还穿着一双草鞋，也就信以为真了。扭头又盘问警卫员："你是干什么的？"

"我们俩同行，他是我的伙计。"朱德生怕警卫员露馅，抢先镇定地回答，同时递了一个眼色。警卫员把手里提的布袋子抖动了一下。

小头目立即警觉起来，举枪对着警卫员，骂道："你小子还有枪？"

"没。我哪来的枪！"

"布袋里装的什么？"

"是几个……伙食钱，买米用的。"警卫员装着不愿讲出实情的样子，想把布袋藏起来。

小头目一听是钱，眼睛一下亮了，想一把抢过去。不料警卫员攥得太紧了，争夺之中，布袋里的银圆滚落在地上。小头目一看是白花花的银圆，怎能不爱？弯下腰就一块一块地去捡。

就在这时，朱德佯装帮捡银圆的样子，迅速从柴火堆里取出手枪。"砰"的一声枪响，小头目脑袋开花，栽倒在地。朱德同警卫员打开后窗，纵身跳出，奔向紧急集合场。

突围出来的王海清参谋和学员们到了紧急集合点，不见朱德，万分焦急，唯恐他发生意外。于是集合起来，准备打进村里搭救朱德。

正准备返回祠堂去营救时，圩场南面杀出一股匪徒，"冲呀！杀呀"！怪叫着冲了过来；北面的敌人一听南面有枪声和喊杀声，也折转了回来。

这当儿，朱德正好赶到，这正是调动敌人来个"狗打架"的极好机会，便命令警卫员向南来的敌人扔了两颗手榴弹，他则向北面折回头的敌人扔去一颗手榴弹。敌人被炸蒙了，在黑夜里也分不清谁是自家人，谁是敌人，果真相互厮杀起来。

匪徒们混战了好一阵子，才发现上当了：原来是自己人打自己人。天亮后，等何其朗赶到时，看到他小舅子已是一具僵尸，气得直翻白眼。

圩场方向，隐隐约约有两个人影，朝着这边走来。定睛一看，原来是朱德。大家围住他问短问长，欣喜若狂。朱德清点了人数，发现还有4名学员未到，便率部前去救援。

湖南省汝城县濠头乡红军楼

行至途中，遇到了 3 名学员。他们讲，黄志忠同学原来在朱德的住房后面放隐蔽哨。听到枪声，他们三个也一同到房后共同观察动静，伺机援救朱德。等了好长时间，房中全无动静，他们 4 个便向紧急集合场撤退，不料和土匪遭遇了。他们边打边退，黄志忠同学在突围中不幸牺牲。

为了严惩土匪，为民除害，为黄志忠同学报仇，朱德令王参谋带领一部分同志，埋伏在敌人回山必经之路的两侧，准备伏击。他亲自带领一部分学员绕到土匪聚集的一个小高地后面。当他们悄悄地摸到高地后坡时，见敌人正围着牺牲的那位学员的遗体狂呼乱叫："你们看看，这么魁梧，这么大个子，肯定是朱德。""没错，我到上堡侦察时见过他。"

"没想到钱大钧都斗不了他，我们哥儿们倒叫他上了西天了。""弟兄们，回去领赏，喝个痛快，玩个痛快。"……

朱德见敌人没有戒备，立即组织火力，猛烈地向土匪射击，打倒了十来个。土匪惊慌失措，乱作一团。学员们在朱德带领下，勇猛出击，捉住了 3 个土匪，何其朗的副官也落了网。残敌沿原路溃逃，进入包围圈，又遭到猛烈打击，死伤多人，俘虏 7 人。

敌人被击溃后，何其朗的副官供认，被打死的小头目，正是何其朗的小舅子朱龙奴。他是奉其姐夫之命来捉朱德的。

原来，起义军余部到达上堡后，何其朗即派人监视。朱德带着小分队路经濠头圩附近的白村时，走漏了消息，被乡长何曾智知道了。当时蒋介石悬赏通缉朱德的告示到处可见，他觉得这是个领赏的机会，便给何其朗写了一封信送到苦竹坳。苦竹坳离濠头只有 20 多里，何其朗带着 200 名"挨户团"正驻在那里。

这天，何其朗正同姘头在屋里吸鸦片，突然一个乡丁惊慌失措地跑来报告说："总爷，不好了……朱德来了……"何其朗一听朱德到了，吓得灵魂出窍，急忙说："快，快撤！"乡丁说是朱德到了濠头，然后递上何曾智那封告密信。

何其朗打开信，只见上面写着："贤弟，今有共党朱德率部来濠，兵仅 50，夜宿祠堂，良机难逢，机不可失，望速派兵剿灭之。"何其朗便把这能领赏的美差，交给其小舅子朱龙奴，让他带着 100 多名"挨户团"前去捉朱德，以报被打败、退出上堡、濠头之仇。何其朗的民团多是当地人，熟门熟路一直摸到祠堂，于是就出现了前面的那个惊险局面。

朱德这次遭到何其朗民团的偷袭，虽纯属偶然，但差一点酿成大祸。幸好被朱德机智地化解了，有惊无险。

东方现出了鱼肚白，群山、丛林现出了轮廓。朱德率领队伍打扫了战场，掩埋了烈士的遗体，押着俘虏向汝城开进。

（四）汝城谈判

1927 年 11 月 21 日[①]上午，朱德率部到达汝城县城东 5 里的永安村。第 16 军第 47 师师长曾日唯率百余人恭候迎接，在此地的教场坪举行了隆重的欢迎仪式。曾日唯看到老师朱德后，即令士兵吹号击鼓，并上前紧紧握手。中共汝城县委也以国民党县党部名义和曾日唯一道到永安迎接朱德与部队。

湖南汝城县永安村

---

① 中共中央文献研究室编：《朱德年谱》，中央文献出版社 2016 年第 2 版，第 95 页。

湖南省汝城县津江村朱氏祠堂

　　进城后，朱德把部队安排在县城西门西街和津江朱氏宗祠宿营。朱德先到 47 师师部，与师长曾日唯商谈。曾日唯是朱德在云南讲武堂时的学生，二人久别重逢，万分激动，谈到了讲武堂的操练，谈到了护国战争的战斗生涯，谈到了离别后的情况……曾日唯滔滔不绝，说得兴高采烈，眉飞色舞。但当朱德谈到统战问题时，他一反常态，遮遮掩掩，迟疑犹豫。

　　朱德见此情形，便转个话题说："自从被蒋介石改编，一切还如意吧？"曾日唯沉默了半晌，长长地叹了一口气说："休提了。蒋介石对我们十分苛刻，好像我们是后娘养的。不许我们增兵添员扩大队伍，他的嫡系部队却是满员满额的，并且还有很多预备队可以随时补充。北伐出师以来，蒋介石经常欠发我们的薪饷，他的嫡系部队却按月领饷。"

　　朱德故作惊讶地说："你们被收编后，虽无卓著战功，但也为蒋介石吃了不少苦头，蒋介石难道会对自己的部队这样干吗？"曾日唯愤恨地说："这还不算，桂系、湘系的龟孙们（指军阀）也趁火打劫，拼命挤我们，想挤占我们的地盘。如今，真是好汉不得志，到处受人欺啊！"

　　朱德见时机已成熟，便说："既然如此，你们就应该争取主动，多交些朋友嘛！"曾曰唯这时才明白，朱德绕一个圈，又绕到了统战问题上，他笑了一下，说："玉阶兄，我何尝不想多交些朋友，挺起腰杆来呢！我们自有难处。蒋介石兵多将广，嫡系部队到处都是，如果被他发觉，岂不大祸临头？"

朱德风趣地说："蒋介石不仁不义，你对他倒忠心耿耿。你好好想一想，如果孤立无援，四面挤你，岂不也会遭到灭顶之灾吗？"曾曰唯低头沉默不语。朱德想，曾曰唯是范石生的一位得力的师长，如果他不同意，必然会影响到范石生。于是趁热打铁，又向曾曰唯说："我记得曰唯过去一贯是敢做敢为的，没想到如今竟变得如此优柔寡断。我们四川有句俗话：五心不定，输个干净。现在是当机立断的时候了，请你三思……"曾曰唯有些动摇，说："玉阶兄，容我再权衡一下。"

当天下午和晚上，朱德又和曾曰唯谈了几次，使他打消了顾虑，同意和起义军结成反蒋统一战线，这为谈判成功铺平了道路。

原来，范石生接到朱德的来信后，就召集两个师长和军参谋长开秘密会议商讨对策。与会者大都是云南讲武堂毕业生、护国军、靖国军的将领，与朱德都有旧交。加之他们都想扩大势力来对抗各系军阀的力量，因此，大多数人都同意掩护起义军余部。唯有曾曰唯怕事情败露，遭到心怀鬼胎的蒋介石的暗算，犹豫不决。所以，范石生在给朱德同志的回信中，特意嘱咐他"先到曰唯处一谈"。

朱德到达汝城的当晚，范石生从乐昌城口赶到汝城与朱德见面。朱德一行来到汝城门外，范石生上前紧紧握手，二人热泪盈眶，促膝交谈，直至深夜。

次日晨，范石生与朱德分别在县城储能学校及津江上古员外家中磋商。在商谈中，范石生十分尊重朱德的意见，朱德也十分理解范石生的处境。朱德说明了自己部队的困难，希望能够得到老朋友的支持，但要求保持建制，不要求增加兵员。为了避免连累同学，随时准备撤离此地。

到汝城后，朱德同曾曰唯进行了两天的谈判。在谈判中，朱德提出三个条件："我们是共产党的队伍，党什么时候调我们走，我们就什么时候走；给

朱范合作谈判旧址之一——湖南汝城储能学校

朱范合作谈判遗址之二——汝城县津江村塘屋下

我们的物资补充，完全由我们支配；我们内部组织和训练工作等，完全照我们的决定办，他不得进行干涉。"[1] 总的原则是组织上独立，政治上自主，行动上自由。范石生同意朱德提出的原则。最后达成协议：朱德部以第16军第140团名义进驻湖南资兴。

为了解决部队的实际困难，范石生主动提出朱德所部暂时用"国民革命军第16军第47师第

① 中共中央文献研究室编：《朱德传》，人民出版社、中央文献出版社1993年版，第98页。

140团"的番号，张子清、伍中豪率领的部队，暂时用"国民革命军第16军第47师第141团"番号，这样可以名正言顺地提供补给。朱德任副师长兼团长。为了缩小目标，朱德化名王楷（这个化名是从朱德的字"玉阶"转化而来）。范石生考虑到朱德的资历和过去的军衔，唯恐委屈了老同学，又聘朱德为第16军总参议。

国民革命军第16军第47师第140团、141团组织序列表[①]

国民革命军第十六军第四十七师第一四〇、第一四一团组织序列表[②]

（1927年11月）

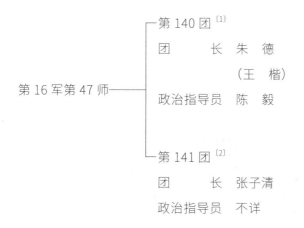

〔1〕 第140团由原第5纵队改编。

〔2〕 1927年10月底，湘赣边界秋收起义部队第1团第3营在遂川大汾遭敌袭击，与主力失去联系，暂时接受第141团番号，12月脱离第16军返回井冈山。

---

① 《中国人民解放军组织沿革·序列表（1）》，解放军出版社2002年版。

② 南昌起义部队南下时，周恩来告朱德，粤军第16军范石生部与中共有关系，必要时可与范联系。并写了介绍信。朱德为使部队隐蔽休整，得到补充，于1927年11月，经过中共党组织讨论批准，第5纵队暂时以第16军第47师第140团的番号伪装，接受改编。第16军不得干涉内部事务，部队有独立行动的自主权。1927年12月广州起义后，朱德部脱离第16军，1928年1月参加湘南起义。

其实，朱德对自己头上的名号并不在意，关键是要解决部队的补给。对此，范石生不等朱德提出要求，主动提出先发给一个月的薪饷。[1] 补充弹药军械，每支步枪配 200 发子弹，机枪配 1000 发，各大队再配几箱子弹储备。损坏的枪支，由军部军械修理所紧先修理。每人发给一套冬装及毯子、背包带、绑腿、干粮袋等。洋镐、十字锹、行军锅、水桶等，均予补充齐全。再给军官和士兵零用钱，军官每人 20 元，士兵每人 5 元。

于是，"国民革命军第 5 纵队"改称"国民革命军第 16 军第 47 师 140 团"，朱德任副师长兼团长，王尔琢任团参谋长，陈毅任团政治指导员，蔡协民任政治部主任。原 3 个支队改为 3 个营，第 1 营营长周子昆，第 2 营营长李奇中，第 3 营营长李天柱。朱德部只有八九百人，却按一个团的编制足额配备了军需物资，还配有 2 挺俄式重机枪、4 挺手提轻机枪、120 余支驳壳枪、500 余支步枪、6 万发子弹，以及 1 万多块钱。

画照：汝城谈判

---

① 马伯周：《范石生》，选自《昆明文史资料选辑》第二辑，第 12 页。

至此，起义军余部从头到脚得到全部补充，解决了长久以来的后勤补给困难。范石生这次对起义军的支持帮助，真是雪中送炭。起义军有了前段时期整顿的思想、组织基础，此时又获得大批的物资补给，整个部队的面貌焕然一新。

　　杨至成回忆说："第二天，大家都忙开了，领东西，发东西，热闹得简直像过年。每人一套草绿色新棉衣，外带一件绒线衣（士兵是棉线的），水壶、军毯、绑腿、干粮袋，连子弹袋都换了新的。军官还发了武装带、指挥刀和20元毫洋的薪饷（士兵是5元）。子弹拼命背，每个士兵都背了200发，各大队还带了几箱子储备的。工农革命军1团3营也借机得到了补充。他们装备比我们还困难，因此弹药搞得比我们还多。长途跋涉中的物资困难，由朱德同志一下子全部解决了。"[1]

　　当时在范石生身边的严中英回忆道："范对我说：'这支部队现在还穿着单衣短裤，没有盖的。天气这样冷，就得先把棉服军毯运去。'我从侧面了解，范对这部红军是按照一个团的军需物品和粮饷等予以补充的。后来朱总司令把部队带过16军的驻地时，我看到战士们穿着新发的棉衣，在制服装备方面，与范军没有什么区别；但在精神上态度上，却与国民党的部队截然不同，尤其引起我注意的是，在队伍中分不出谁是官，谁是兵，大家说说笑笑，亲如家人，我见了感到新奇。"[2]

　　朱德当夜立即给陈毅、王尔琢等写了一封信，把这一喜讯告诉了他们。第二天一早，即派通讯员随刘桂凤、向导何耀生回上堡，通知陈毅带纵队前来会合。

---

　　[1]　杨至成：《艰苦转战》，选自《星火燎原》选编之一，中国人民解放军战士出版社1979年版，第118—119页。

　　[2]　严中英：《回忆朱德总司令》，1978年春，未刊稿。

范石生开会欢迎朱德的旧址——汝城储能学校

　　第二天，47师师长曾日唯[①]召集全师尉级以上的军官，在汝城城南储能学校开会，特意安排朱德与他们见面。朱德在会上讲了一番革命道理，号召大家共同努力，打倒新老军阀。

　　朱德在汝城住了两天，50多名学员在这里领取了薪饷、被服、弹药。第三天，闻桂系黄绍竑的部队即将开往汝城进攻范部，范石生急忙撤往郴州、永兴，朱德率部与第16军第47师一起前往汝城西北方向的资兴。

　　朱德从上堡出发的当天下午，陈毅、王尔琢放心不下，派汝桂边区赤卫队政治指导员赖鉴冰、队员朱国镜，循着朱德所走的路线跟进。他们在途中听说朱德遭土匪袭击，遇难被俘，第二天赶忙返回上堡汇报。陈毅、王尔琢、张子清等连夜将部队全部集中，前往营救。到濠头圩一打听，才知道是误传。次日，陈毅率部向汝城县前进，准备与朱德会合。进入汝城土桥快到县城时，侦悉黄绍竑部已经进城，朱德已率部转移到了资兴，便折向资兴。因此，朱

---

　　① 一说是：范石生召集尉级以上军官会议，见《中国共产党汝城历史》第一卷，中共党史出版社2009年6月第1版，第89页；又见张侠：《南昌起义研究》，上海人民出版社1982年8月第1版，第536页。

德发往上堡的信，陈毅并没有收到。

赶了一天路程，当陈毅率领部队进入资兴城时，发现南门站岗的就是跟随朱德来的两名战士。他们的衣服、装备、绑腿、干粮袋全是新的，子弹袋也装得鼓鼓的。大家看了既惊奇，又高兴，十分羡慕地说："你们真神气啊！在什么地方发了洋财，搞来这些新东西？"战士们说："莫性急啊，你们也有一份咧。"说得大家大笑起来。

第二天，陈毅等率领的部队也领取了被装和薪饷。每人还发了零用钱，军官每人 20 元，士兵每人 5 元。从范石生那里领了十多万发子弹，弹药充足，每人除了把子弹袋装满以外，各大队还带了几箱作为储备。

当天，朱德在资兴分别召集排以上干部和党的活动分子开会。会上，朱德强调说："我们的统战工作已经初步取得了成果。这样做，是为了保存和发展壮大革命力量，而不是向国民党反动派投降。我们的一切活动，还是由我们自己来决定，因此，我们大家应该仍然放开胆子革命，决不能因统战束缚我们的手脚。"朱德的讲话，使一部分人打消了思想上的顾虑，坚定了革命信心。

湖南资兴县城

朱德赠的牌匾

　　黄绍竑突袭范石生落空离开汝城后，朱德、陈毅率部进入汝城。到达汝城后，部队以 16 军 47 师 140 团番号活动。该团一部由朱德率领驻扎在城郊津江村朱氏宗祠；一部由陈毅率领驻扎在城郊锦堂村，陈毅住在陈土生的家中。起义部队驻汝城期间，朱德向津江村朱氏宗祠题赠"世界一家"牌匾。

牌匾悬挂处——汝城津江村朱氏祠堂大厅

朱德高瞻远瞩，利用敌人的矛盾，建立了反蒋统一战线，使这支衣食无着、濒于溃散的革命队伍，克服了难以解决的困难，获得了生存、发展、壮大的条件。朱德曾感慨说："他接济我们10多万发子弹，我们的力量又增强了。他还一个月接济万把块钱、医生、西药、被单……""这时范石生去打广东，很多东西留下来了。""我们始终心心相印。就在红军的发展上来讲，范石生是值得我们赞扬的。"[①]

不久，张子清、伍中豪率领的工农革命军第1军第1师第1团第3营改称为"第16军第47师第141团"，由张子清任团长。11月，何举成率领的工农革命军第2师第1团举行湘南秋收起义失败后，由范石生部的中共地下党员韦昌义介绍，率领部队南下乐昌，与朱德部队会合。朱德将该团改用"第16军特务营"番号，由原团长何举成任营长，共200余人。连长有范修之等，指导员有李涛等。朱德派中共党员滕代顺、蒋国杰等人到该营当副连长、排长。为了加强党的领导，统一第140团、第141团和特务营3支部队的行动，以利于在范石生的部队里积极开展活动，朱德、王尔琢、陈毅秘密组成中国共产党第16军委员会，由陈毅任书记。[②]

当时在范石生部工作的严中英回忆说："在这段时间，朱总司令以16军总参议名义，不时到军司令部与范石生会晤。他们谈笑风生，有时讲到过去在昆明翠湖之滨一堂相聚的岁月，有时讲到中国革命的前途，谈得很融洽。"

（五）朱范合作的作用

1927年12月，湘南特委向省委报告了汝城农军及朱德与范石生合作的情况，省委认为："我们的武装一概投范石生收编，第一步保存武器，第二步

---

① 《朱德自传》，手抄稿。

② 《陈毅传》编写组著：《陈毅传》，当代中国出版社2006年第2版，第30页。

拉范所有武器为我有。"这是一次极为成功的合作。特别是合作中提出了坚持组织上独立、政治上自主、军事上自由的三项原则，成为中国共产党的统战工作极为宝贵的经验。起义部队在范石生的帮助下，稳定了军心，增强了信心，保存和壮大了革命武装力量。

1944 年，朱德在延安编写红一军团史座谈会上的讲话中充分肯定了与范合作的策略："这样，我们的兵员、枪弹、被服、医药等都得到了补充，部队也得到了很好的休整。这些对于我们以后的斗争，都起了很大作用。因此，今天看来，当时和范石生搞统一战线的策略，是完全对的，应该的。"

朱德在党的活动分子会上讲到同范石生合作的意义时，说道："范石生之所以与我们达成协议，实现联合，是想扩充队伍，壮大实力，同蒋介石以及其他军阀对抗。我们这样做，是为了与范部建立统一战线，以他为掩护，隐蔽目标，积蓄与发展力量，绝不是放弃原则，顺从他人，也绝不能束缚住自己的手脚，我们应该独立自主地进行活动。"

朱范合作后，朱德、陈毅、王尔琢把部队由韶关拉出来，先攻打仁化，后转入宜章，为后来的湘南起义做好了充分的军事准备。《何长工回忆录》中写道："朱德在非常困难的时刻得到了范石生的慷慨相助……由于范石生的帮助，我们才能在此落脚。要不然，人就打光了。"范石生冒着极大的风险收留和保护了朱德率领的南昌起义军余部，为保护中国革命的珍贵火种做出了贡献，其历史功绩不可磨灭。

朱范合作具有重大历史作用，保存了南昌起义余部的有生力量，成功探索了共产党的统战路径，为朱德领导湘南暴动、实现朱毛会师积蓄了力量，赢得了先机。

"朱德与范石生合作的作用重大。一是保存了南昌起义的革命火种，壮大了队伍；二是为实现战略转变赢得了时间，待到再举义旗的有利时机；三是从思想上、组织上、军事上为湘南起义作了准备。其意义是：创造性地发展了我们党的统一战线的思想。把革命的原则性和斗争策略的灵活性巧妙地结合了起来，把战略进攻和退却巧妙地结合了起来，为后来建立反蒋统一战线积累了宝贵的经验。同时，也对随后朱德、毛泽东两军胜利会师、巩固井冈山革命根据地、发展壮大人民军队产生了深远影响。"[1]

朱德与范石生的合作，被毛泽东评价为"是中国现代史上国共合作的成功典范"[2]。

第六节　重大意义

"赣南三整"是南昌起义军在转战途中，利用行军、作战的间隙进行的，时间也不长，但历史证明："赣南三整"的意义重大，影响深远，在建军史上占有重要的地位。

首先，"赣南三整"与"三湾改编"在建军史上占有同等重要的地位。"赣南三整"，整顿了思想；整顿了党团组织，建立党支部，并派党员担任指导员；整顿了纪律，规定缴获归公；整编了部队，进行了整训，对部队实施了必要的军事训练，以适应战略战术转变之需要。"赣南三整"开始于1927年10月下旬，"三湾改编"开始于1927年9月底。这两个重大事件，在时间上相近，在做法上类似，都取得了巨大的成功，说明它们是切合大革命失败后客观形势变化实际需要的正确措施，对以后的整党整军产生了极为深远的影响。所不同的是，"赣南三整"还没有明确提出把支部建在连上和在部队中实行民主制度。但是实行了把一部分党团员分配到各个连队去，从而加强了

---

① 朱德思想生平研究会编：《朱德大辞典》，中央文献出版社2016年版，第903页。

② 湖南省汝城县史志办公室著：《中国共产党汝城历史》（第一卷）（1921—1949），中共党史出版社2009年版，第93页。

党在基层的工作，加强了党对军队的绝对领导。这就说明，毛泽东和朱德虽然是在两个不同的地区领导着两支革命部队，但他们在运用马列主义的普遍真理指导中国革命的具体实践中走的道路是相同的，遇到的问题也是相近的，因而解决问题的基本方法也必然是相似的。这正是"赣南三整"和"三湾改编"为什么非常相似的正确答案，也是二者在建军史上为什么占有同等重要地位的根本原因。

萧克说："在文英、上堡，朱德、陈毅同志不仅整编了队伍，还整顿了纪律，并把一部分党员分到连队去，以加强各连队党的作用。粟裕同志写的《激流归大海》一文说得很清楚。实际上与三湾改编精神是一致的，三湾改编之突出处是把支部建在连上。"①

崇义籍开国将军谢振华说："历史证明，朱德领导的'赣南三整'与毛泽东在湘赣边界领导的'三湾改编'，都取得了巨大的成功，是我军建军史上的重大事件，无论在军事上还是在政治上，都有重大的突破与创造，迈出了建设人民军队的第一步。"②

其次，"赣南三整"把思想教育（整顿）、组织整顿（整编）、军事训练（整训）三者结合起来，这是朱德、陈毅在整军中的独创。南昌起义军经过思想纪律教育和组织整顿之后，根据千里转战的经验和形势任务的要求，进行必要的军事训练，以适应变化了的情况，实现战略战术的转变，这是一条非常宝贵的经验。"赣南三整"中，无论思想教育、组织整顿还是军事训练，都紧紧围绕着革命任务这一总目标。他们把整顿看成是完成革命任务必不可少的手段，通过整顿大大提高了部队的政治素质和军事素质，从而在两个月后再举义旗，发动湘南起义，创造了又一个崭新的局面。如果没有"赣南三整"，很难设想会有湘南暴动，当然也就不可能有井冈山的两军胜利会师。所

---

① 萧克：《谈南昌起义》，选自《南昌起义》，南昌八一起义纪念馆编，中共党史资料出版社 1987 年版，第 269 页。

② 谢振华：《朱德与赣南三整》，选自《解放军报》2000 年 8 月 22 日。

以，"赣南三整"为保存我党革命武装发挥了重要作用，为朱毛井冈会师、开辟中国革命新局面奠定了基础。

赵镕在《跟随朱德同志从南昌到井冈山》一文中说道："在革命的火种即将被腥风血雨所扑灭的危难时刻，他（指朱德）以革命家的气魄力挽狂澜，坚定不移地把失败的部队团结在革命的大旗之下，把马列主义的原则性和策略的灵活性巧妙地结合起来，率领部队越过急流险滩，战胜千难万险，亲自领导和发动声势浩大的湘南起义，最后带领浩浩荡荡的革命大军1万余人上井冈山，与毛泽东同志的部队会合，从此和毛泽东同志一起领导着这支人民的军队走上了光辉正确的道路，把革命推向全国的胜利。"①

再次，"赣南三整"还为我们整党、整军创造和积累了最早的经验。"赣南三整"的做法是成功的，经验是宝贵的。但是，我们不能把"赣南三整"的经验只局限在当时当地，认为只是在当时的情况下起了作用。的确，"赣南三整"在起义军处境十分困难的情况下，起到了团结同志、巩固部队的作用，但它的意义不仅限于此，它所产生的深远影响是无法估量的。必须看到"赣南三整"不仅对人民军队的巩固与发展起了重要作用，而且还为以后的整党、整军提供了可以借鉴的宝贵经验：一支部队经过激战，尤其是失利之后，必须整顿，以利再战。这是符合事物发展的规律，符合辩证法的，是被历史证实的真理。从继承与发展的意义上来讲，也可以说，我们在各个历史时期的整党、整军，无不和"赣南三整"有着内在的密切联系。不同的只是在新的历史时期，注入了新的内容，有了新的发展。"它不仅为人民军队的巩固与发展起过重要作用，而且还为以后历次的整党、整军创造了可供借鉴的宝贵经验。"②

原中共中央文献研究室编审、《朱德选集》组组长刘学民评价说："'赣南三整'和'三湾改编'在建军史上，占有同等重要的地位。""……必须看到

---

① 赵镕：《跟随朱德同志从南昌到井冈山》，选自《中共党史革命史论集》，中国社会科学院近代史研究所编，中共中央党校出版社1982年版，第459—460页。

② 朱德思想生平研究会编：《朱德大辞典》，中央文献出版社2016年版，第909页。

'赣南三整'不仅对人民军队的巩固与发展起了重要作用，而且还为我们以后的整党、整军提供了可以借鉴的宝贵经验。……所以，'赣南三整'同'三湾改编'一样，在中国人民解放军的发展史上，都是光辉灿烂的一页。"[1]

最后，"赣南三整"实现了三大战略转变。一是在军事战略上，开始从城市向农村转变。从转战潮汕的经历中，使朱德认识到，在敌强我弱的形势下，攻打大城市的战略行不通，提出了要到敌人力量薄弱、农民运动基础较好的湘赣边界地区去寻找"落脚点"。二是在军事战术上，由正规战开始向游击战转变。上堡整训时，将部队分散出去，以连、排为单位开展游击战争，把地主武装和土匪部队打得狼狈逃窜，这些都为部队积累了游击战术经验。三是开始把武装斗争与农民运动相结合。这就改变了过去军队那种单纯打仗的方法，使军队除打仗外，还肩负着宣传群众、组织群众、武装群众的任务，唤醒千百万农民群众投入革命洪流之中去。从而领导部队开始实现从城市到农村、从正规战到游击战、从单纯武装斗争到武装斗争与农民运动相结合的三大战略转变，初步形成人民军队初创时期的军事原则。

因此，"赣南三整"开创了武装斗争与农民运动、土地革命相结合的范例，为我军实现从正规战到游击战军事战略转变做了宝贵探索。为建设一支新型的人民军队做出了贡献，对形成"三大法宝"产生积极影响。

但"赣南三整"中的三次整顿，其意义和地位又是不同的。前两次在思想、组织上的整顿，为上堡整训起了很好的奠基铺路作用。如果没有前两次的整顿，就不会有取得良好效果的上堡整训。因此，在"赣南三整"中最重要的还是上堡整训。朱德回忆上堡整训时说："南昌起义留下来的这支队伍，真正开始新的整训还是在上堡。我们从南昌起义后，经过三个月的行军和作战，直至转到上堡后，才算稳住了脚。"[2]

---

① 刘学民：《试论朱德领导的"赣南三整"》，选自《人民日报》2014年2月11日。

② 朱德：《从南昌起义到上井冈山》，选自《朱德选集》，中共中央文献编辑委员会编，人民出版社1983年版，第394页。

经过"赣南三整"的这支部队，从本质上说已经不是第 25 师，也不是第 9 军教育团或第 20 军教导团了。在苦难和考验中，这支部队已经摆脱了旧军队的痕迹，脱胎换骨，成为一支新型的革命军队。新的生命正沿着它自己的方式在运动，在成长壮大。

第六章

湘 南 起 义

这样，我们的兵员、枪弹、被服、医药等都得到了补充，部队也得到了很好的休整。这些对于我们以后的斗争，都起了很大作用。因此，今天看来，当时和范石生搞统一战线的策略，是完全对的，应该的。

——朱德

第一节　汝城会议

朱范合作成功后,部队沉浸在喜悦之中,官兵们欢欣鼓舞。但朱德一刻也没有松懈,他紧锣密鼓地部署原定计划在汝城召开的湘南、粤北地方党组织负责人联席会议。

为开好此会,朱德早有准备。朱德、陈毅率部在上堡整训期间,何举成曾派汝城农军叶愈蕃、何耀生等前往上堡一带寻找朱德部。几经跋涉,叶愈蕃、何耀生找到了朱德,并向朱德汇报了汝城工农革命军第 2 师第 1 团的困

湖南省汝城县城旧照

汝城会议旧址——湖南省汝城县衡永会馆

境。后来赖鉴冰也率工农革命军第2师第1团濠头留守处的20余名战士赴上堡与朱德部队取得了联系，参加整训，筹集军饷。

11月上旬，朱德、陈毅在上堡安排部属与赖鉴冰等送信至湘南、粤北各县党组织，约定11月底在汝城召开湘南、粤北各县党组织负责人联席会议，讨论部署湘南起义。中共汝城县委书记何日升接到通知后，加紧筹备会议。为安全起见，经认真考察，决定会议在城外西街衡永会馆召开。

朱德、陈毅率部在资兴驻留几天后，闻黄绍竑部并未进攻汝城，于是率一部分队伍返回汝城。11月下旬，湘南、粤北各县党组织负责人扮成游商客旅秘密来到汝城，陆续入住衡永会馆、广东会馆、津江朱氏祠堂、锦堂陈氏宗祠等处。朱德率起义军余部从资兴返回汝城后，入住津江朱氏祠堂。

次日，汝城联席会议在县城西街的衡永会馆（文塔西向200多米）如期秘密举行。后因会馆人员往来嘈杂，与会者难于集中精力，为保密和会议顺利进行，迁到津江朱雄万之宅院（有朱家大院之称），会议断断续续开了三天。朱德主持会议，出席会议的有起义军余部和湘南、粤北一些县党组织负责人。起义军余部方面有陈毅、王尔琢；湘南方面有郴县夏明震（代表湘南特委），耒阳谢竹峰，宜章毛科文、杨子达、彭晒，资兴黄义行，汝城何日升、何举成，桂东郭佑林；广东方面有任卓宣、钟鼓（代表广东省委）、龚楚（代表北江特委）、乐昌李光中、仁化阮啸仙、始兴梁明哲等。史称"汝城会议"。

朱德首先在会上简要地介绍了与范石生谈判合作的情况，传达了中共中央关于以汝城为中心发动湘南暴动的指示，并就以后的工作做了布置。各地方代表分别介绍了中央颁布《湘南运动大纲》及"八七会议"以来的情况，分析了湘南、粤北各县区革命斗争形势。接着，会议就准备湘南起义这一议题展开了热烈讨论。

血气方刚的郴县县委书记夏明震首先打开话匣子。他说，南昌起义失利以后，国民党反动派占据了中心城市，并从城市向农村进攻，企图消灭农民武装力量，实行清乡大屠杀。对于目前的局势，共产党必须以农村为阵地，组织农民开展武装暴动，在农村的广阔天地里建立各级党的地下组织。号召农民群众起来，开展土地革命斗争。同时，也要立即组织农民暴动队，在各地开展武装斗争，并不断扩大暴动队伍的活动区域，以革命的暴力来反对反动派的反革命暴力。

担任宜章县农协委员长的杨子达说，他完全赞同夏明震的意见，认为目前起义的条件已基本成熟。湘南各县均有党的组织，农会的机构也很健全。虽然"四一二"反革命政变后各县农会遭受了一些损失，但共产党的组织仍在秘密活动，起义是没有问题的。

宜章县农协副委员长毛科文沉思许久后说道：这件事还是从长计议为妥。鉴于当时的情况，立即着手暴动条件还不够具备。大家知道，湘南地区离广东近，受大革命运动影响较早，这一带的群众基础较好，支援北伐最有力。但是，毕竟大革命遭受了失败，国民党反动派到处捕杀共产党人，被革命者打倒的土豪劣绅也纷纷组织反动民团横行乡里。目前各县的工作还没有做到家，还不具备暴动的条件。同时，朱军长率领的部队刚与范石生建立统一战线，部队有了难得的休养补充和训练的机会。所以，这个时候匆匆忙忙举行

画照：汝城会议

暴动显然是不合时宜的。

毛科文的话，像巨石投江，在会场上引起了阵阵波澜。经陈毅介绍，朱德始知毛科文曾参加过党的"五大"会议，是中共中央"五大"候补委员，现任宜章县农协副委员长。朱德很是佩服这位农民领袖。

会议在一片讨论声后，彭晒发言。他是宜章县骑石特别支部书记，虽然年轻，但经验丰富。他说，毛科文同志的意见很有道理，现在的情况并不像我们有的同志估计的那样一切都准备就绪。相反，我们的工作还做得很不够。湘南起义与南昌起义、秋收起义有着很大的区别。南昌起义、秋收起义是以城市为中心的，政治影响很大。湘南起义则不同，重点是在农村，那么，我们就得把农村这块的工作考虑仔细。例如，武装力量、群众工作、土地革命，还有政权建设。暴动不是儿戏，一定要在条件成熟的情况下举行。

彭晒的发言，话语不多，却句句切中要害。朱德听罢，不觉为湘南有那么多优秀的人才感到欣慰。

接着发言的是汝城县委书记何日升，这是位知识分子，血气方刚。他在分析汝城工农革命运动的经验教训后，说：夏明震、杨子达两位同志的发言，表明了革命的坚定性，有可取之处；毛科文、彭晒等同志的分析也不无道理。但他认为，暴动的时间可以推迟，大家必须先深入下去做细致的工作，把工作做得越细致越扎实，暴动成功的可能性就越大。

粤北的代表也表达了举行暴动的信心和决心，同时，提了一些好的建议。

听过大家的发言，陈毅颇受启发，在会上也做了简短发言。最后，朱德综合了大家意见：当前敌人占据了城市，从城市向农村进攻，实行"清乡"大屠杀，企图消灭农民武装力量。我们必须坚持以农村为阵地，在湘南、粤北率先组织和发动广大农民开展武装斗争，由农村包围城市，最终消灭反动军阀。特别要像汝城这样，充分利用敌人统治薄弱的农村，积极组织力量，发展壮大农民武装。大家回去后，立即组织农民暴动队，白天分散生产，晚上秘密行动，在各地开展武装斗争，不断扩大暴动队伍和活动区域。必须立即恢复和建立党的地下组织，以及农会、妇女、学生等群众组织。在暴动成功的地方，迅速建立苏维埃政府，开展土地革命。因此，我们要从政治上、军事上、组织上充分做好暴动的准备，确保起义成功。

经过充分讨论，最后会议制订了以朱德、陈毅率领的南昌起义军余部打先锋的湘南起义计划：

第一，政治方面。坚持武装斗争与农民运动相结合的战略思想，不断扩大发展农村革命根据地。当前是敌人占据城市，向农村包围，想把农民武装力量消灭掉，对共产党实行清乡大屠杀。共产党要以农村为阵地，组织广大农民，开展武装暴动，从农村转向攻打城市，最后孤立和消灭反动派。

第二，军事方面。要积极组织力量，夺取武器，发展壮大武装队伍，开展以武还武的斗争。反动派搞白色恐怖，我们就搞赤色恐怖，成立黑杀队（即暴动队），白天分散生产，晚上集合杀反动派。力量壮大了，就开展大规模暴动，继续扩大暴动力量和活动地区。

第三，组织方面。建立和发展党的组织，恢复其他原有的一切革命组织。在暴动成功的地方，迅速建立苏维埃政府，开展土地革命。

汝城会议制订了由朱德率领的起义军打先锋的湘南起义计划，决定12月中旬以汝城为中心发动湘南暴动。

最后一天，会议对起义事项做出了具体研究部署。

会议结束时，朱德特地送给郴县县委书记夏明震两支驳壳枪，叮嘱他一定要好生保护自己，防止急躁情绪，尽可能地领导好郴县一带的农民暴动。

会后，以"140团"的名义发出布告，张贴在县城，分发给与会人员，号召穷人团结起来，打倒新老军阀，打倒土豪劣绅，建立苏维埃政府，开展土地革命。[①]

汝城会议是在紧急情况下召开的，意义十分重大。这次会议，疏通了起义军余部和地方党组织的联系，统一了举行湘南起义的思想认识，并做了具体的安排和部署，吹响了湘南起义的前奏曲。汝城会议带有明显的纲领性、方向性，是湘南起义前夕的一次决策性会议。虽然这一计划未能实现，但在思想上、组织上和军事上为1928年1月发动的湘南起义做了必要的准备，使汝城成为湘南起义最早的策源地，为以后的湘南起义奠定了坚实的基础。

多年之后，朱德仍记忆犹新。他在《从南昌起义到上井冈山》一文中说："为准备湘南暴动，我们就在汝城召开了衡阳所属各县县委书记会议进行讨论和布置。"

---

① 根据解放军文艺出版社《南天砥柱——湘南暴动纪实》及湖南人民出版社《湘南起义史稿》和汝城县党史办《湘南暴动在汝城》等史料整理。

第二节 犁铺头休整

(一) 休整练兵

汝城会议结束后，起义军以第 16 军第 47 师 140 团的番号继续在汝城活动。恰巧此时，范石生受桂系黄绍竑排挤，决定把部队从郴州、汝城、资兴一带移防粤北。

为贯彻汝城会议精神，寻找更好的起义策源地，进一步壮大革命力量，经与范石生协商，朱德决定部队随范石生第 16 军军部移驻粤北一带，这为朱德部队随后进军仁化提供了有利条件。临行前，朱德对张子清、伍中豪做了安排，要他们仍回井冈山，去找毛泽东的主力部队。

12 月 4 日，张子清的 141 团从资兴先一天撤走，朱德部随后一路南下。张子清至暖水一带不再南进，于 12 月 7 日经沙田进占桂东县城。随后，141 团驻在桂东县城考棚里，在桂东和炎陵县活动了近半个月。直到 12 月 26 日湘军吴尚第 8 军攻打茶陵，从外围攻击吴尚，解了茶陵之围，张子清后随毛泽东上了井冈山，将从范石生那里获得的一批子弹也带上了井冈山。

12 月 10 日前后，朱德部抵达粤北仁化县城。在这里，朱德和中共广东北江特委联系上了。特委同志对朱德说，"中央有指示，第一，要你参加北江特委。第二，要你率部队南下，参加广州起义。"这样，朱德便成了北江特委三委员之一。

为使部队到达韶关后，能早日上车前往广州参加起义，在到达仁化的当天晚上，朱德即派副官到韶关办理兵运手续。

因为张发奎部队早到了韶关，范石生也正在移防，当时车运相当频繁，车皮十分紧张。副官几经交涉，直到次日朱德率部队到了韶关，火车皮还是没有着落，部队只好在韶关的西河坝住下。朱德要前往广州参加起义，范部并不阻拦。几天之后，经过朱德亲自交涉，范石生答应从他的兵运列车中抽调出一列给朱德部。

大概在 12 月 14 日那天，正准备上车，突然传来消息，说广州起义于 12 月 11 日提前举行，起义已经失败了，队伍退到了东江。消息传来，大家都非常震惊，朱德、陈毅、王尔琢等立即开会商议。大家分析了当时军阀之间的矛盾和我军的情况后，决定应抓紧这一时机，部队进行休整训练。

抵达韶关后，朱德部收容了广州起义失败撤出的 200 余人编入部队，仍然采用"第 47 师第 140 团"的番号。部队便在韶关西北 40 里的犁铺头驻扎下来。

犁铺头休整旧址——广东韶关犁铺头

犁铺头练兵时"第 47 师第 140 团"组织序列 [1]

第 47 师副师长兼团长：朱　德

团参谋长：王尔琢

---

① 张侠：《南昌起义研究》，上海人民出版社 1982 年版，第 540 页。

团政治指导员：陈　毅

政治部主任：蔡协民

团党代表：龚　楚（后叛变）

参谋：戴诚本、曹凤飞（非）

第1营营长：周子昆

第2营营长：李奇中

第3营营长：李天柱

教导大队大队长：李奇中（兼）

副大队长：蒙九龄

林彪、杨至成等11人为连长

　　犁铺头是韶关近郊的一个大圩场，此地人口稠密，经济富饶，有广阔的晒谷场，是一个适宜扎营练兵的好处所。部队在这里掀起了比上堡整训更为正规、时间也更长的大规模的练兵运动。

朱德编写《步兵操典》《阵中勤务》两部军事教材时的旧址——犁铺头当铺后楼

朱德找来教导大队队长李奇中，对他说："就现在情况看来，我们像现在这样安定的机会不多，敌人总要打我们，我们总是要打仗的。可是以后打什么样的仗，仗怎么打，大家并不了解。我们要抓紧一切机会来训练部队，让他们经常学到新的作战知识才行。"因此，决定制订一个军事教育计划，并且编写新的军事教材。

犁铺头朱德旧居

那时，练兵没有教材，朱德便废寝忘食，根据自己在德国、苏联以及云南讲武堂学到的军事知识，和辛亥革命后在滇越边界平息战乱以及护国、靖国战争中积累的经验，编写了《步兵操典》和《阵中勤务》两部教材。教材既有我国传统的作战方法，又有许多外国先进的战术。后来红军的一些军事教材就是根据这两部教材编写的。

在训练时，朱德亲自讲课。他要求部队抛弃旧的队形，把旧式的疏开队形改为新式的电光形即递次配备的疏开队形，把旧式的"一"字形进攻队形改为"人"字形的队形，以减少密集队伍受到敌火力的杀伤；要求指挥员重视对敌情的搜索和侦察，不摸清敌人情况不动手；要求士兵除熟悉手中武器外，一定要做到不靠近敌人不开枪，打不中不开枪。

朱德还根据当时敌强我弱的情况，提出了必须掌握运用灵活的战略战术。例如："强敌进攻莫硬打，抓敌弱点我猛攻，孤敌疲敌我围歼，常遣精兵骚扰敌。"他反复强调："一定要让每个同志牢牢地记住，我们人少枪少，不能和敌人硬拼。我们要瞅住敌人的弱点，我们要注意避实就虚的游击战术。"这些战术原则后来逐步形成了红军的游击战术。

在训练中，朱德经常到现场亲自指挥、亲自讲解、亲自示范。发现战士动作稍有不符合要领之处，他就一遍一遍地加以纠正，直到符合要领为止。他的言传身教，使干部战士受到了深刻的教育和极大的鼓舞，促进了部队军政素质的迅速提高。

按照谈判中的三大原则，在犁铺头整训期间，朱德照常率领部队在附近仁化、曲江等县支持农民运动，镇压土豪劣绅。对于这些事情，范石生睁一只眼，闭一只眼，从来也不过问或制止。

朱德在安排好军政训练工作后，将工作重点放在和范石生的统战工作上。"朱德说我们不能老在这里待下去，于是就向范石生提出到雷州半岛去，到了那里以后再向广西、云南、安南边界上去发展，这样广东队伍就打不到我们了。到那里由朱德同志负责同苏联联系，范石生负责搞枪。"[1] "到达韶关犁铺头后，与范石生从长计议：商量今后双方共同行动，决定把队伍拖到广东雷州半岛取得海口，以求得国际上的援助。然后，再向桂越、滇越边境发展，扩大革命力量。正当计划酝酿成熟之际，突然得到消息，蒋介石发现朱德所部是南昌起义军的余部，命令范石生立即予以消灭。"[2] 李奇中在《"八一"南昌起义到井冈山》中说："朱德同志曾和范石生秘密商定，将第16军全军转移到'高雷八属'——即雷州半岛一带地区之后，沿广东越南和广西越南边境向西发展，在这一边境地带建立革命根据地，然后力求进入云南向西南广大地区发展。在军械补充方面，由朱德通过共产党向苏联购买，利用雷州半岛港口或越南的港口运进。在军费的供给方面，由范石生设法筹措，等到建立革命政权后，再求合理解决。"李奇中在《朱德与红军》中说："范石生因滇军在广东受人排挤，急欲摆脱这种处境，所以，十分同意这个计划。"这个秘密计划很宏伟，是范石生最好的出路，对起义军余部也是有利的。可惜的

---

① 李奇中：《在湘南》，选自《湘南起义回忆录》，中共郴州市委党史资料征集办公室2015年，第225页。

② 李奇中：《朱德同志与湘南起义》，选自《回忆朱德》，中央文献出版社1992年版，第176页。

是，范石生优柔寡断，举棋不定，错过了机会。

从这一计划可以看出，在这个时候，朱德还没有决意上井冈山，而是想到雷州半岛进而向西发展，向云南境内大发展。

（二）何长工来访

在中国革命的历史进程中，南昌起义、秋收起义、湘南起义占有重要的历史地位。无论毛泽东率领的秋收起义部队，还是朱德率领的南昌起义军余部，它们当时的力量都很弱小。作为两支具有重要影响及历史地位的起义部队，虽然远隔千里，各自一方，但毛泽东、朱德都极为关注彼此的发展情况，并希望能够合兵一处，壮大革命的力量，所以他们几乎在同一时间互派何长工、毛泽覃去寻找对方的部队。

早在 1927 年 10 月上旬，毛泽东率领秋收起义部队转兵湘赣边界时，就一直关注着南昌起义部队的去向，一直关心着周恩来、朱德等人的消息。

当工农革命军在宁冈茅坪安家后，1927 年 10 月 12 日，毛泽东率部到达湖南酃县十都，从一张新出的湖南《民国日报》上看到一篇"共党叶贺部潮汕惨遭失败"的报道。他对身边人说："南昌起义的队伍，是我们党的宝贵武装力量，现在被打得四处散落，要是能把这支队伍接到井冈山来该有多好……"

为联络南昌起义部队，壮大革命力量，并和上级取得联系。毛泽东叫参谋长张子清找来何长工，说："长工，前委决定让你出山，联系湖南省委及衡阳特委，

何长工，井冈山工农革命军第 1 师 2 团党代表

设法寻找南昌起义的部队。你看怎么样？"

何长工说："任务很重要，可我没有把握。一是没有交通线，找省委和南昌起义部队像大海捞针；二是我长期戴军帽，摆弄枪支，额头上的痕迹和手上的老茧，让人一看就知道是个军人，万一暴露，会给革命带来损失。"

这时，张子清拍拍何长工的肩头说："我们派你去本钱是下大了点，但你经多见广，山外各地熟人多，多跑几个地方，一定会探到消息的。至于头上手上的特征，那好办，你就干脆说是从毛泽东队伍中跑出来的逃兵。"

次日，何长工精心化装，打扮成十足的"逃兵"模样，走上了"逃兵"之路。

在沔渡，何长工被民团关押时，机智地拿到民团团长开的路条，通行无阻地于10月19日到达长沙。路遇之前余洒度派来长沙侦察敌情的原独立团参谋戴菊秋，通过他找到在长沙纱厂做车间主任的欧阳泄，从而找到湖南省委。他见到省委负责人之一的夏明翰，由夏引领见到彭公达，汇报了武汉国民军警卫团参加秋收起义和向井冈山进军的情况，提出希望省委、衡阳特委设立秘密交通同山上联系。他还提出要寻找南昌起义部队，希望给予帮助。彭公达说省委也不了解这方面的信息，要何长工自己到广东寻找。

他和戴菊秋乘坐轮船去武汉，接着买了英国船票赴香港，在港稍事停留后赶赴广州。戴菊秋二叔戴新炳在军阀方殿英部下当政训部主任，通过他的关系，住在了方殿英老婆经常住宿的黄氏旅馆。打听到同乡同学黄祖轲在教导团，何长工同教导团接上了联系，加上有了戴新炳的掩护，还得到广东省委的帮助，经济上有了资助。他先到郴州以看戴菊秋的二叔戴新炳为名到了九宫山，但没有打听到情况。12月10日返回广州。这时，正值广州暴动失败，广州笼罩在一片白色恐怖之中，反动军阀到处抓人。在广州无法打听到任何消息，从广州到韶关的铁路也被破坏了。

12月20日，铁路修通了。黄祖轲兴冲冲地跑到旅馆告诉何长工说："长工，朱德的队伍有消息了，听说是钻到范石生的队伍里去了。你是否到范的管区寻摸寻摸？"于是，他与戴菊秋交换角色，让戴留在广州顶着，他一个人坐火车，连夜来到韶关。

在韶关，南昌起义军余部隐蔽得很好。何长工一下车就住进了旅馆，开始没有打探到朱德的下落。他到一个澡堂洗澡，澡堂里雾气蒙蒙，谁也看不清谁。正好范石生部的一些军官也在那里洗澡，听见他们在谈论："那个王楷，原来叫朱玉阶，跟我们范军长是同学。"另一个说："同学归同学，朱部暴徒很多，我们还是注意防范才是。"言者无意，听者有心。何长工听到这个消息后，赶回旅馆结了账。于下半夜1点钟，顾不得天黑路远，心急如火地向犁铺头赶去。

犁铺头在韶关和乐昌之间，距韶关40多里。何长工穿着西装，黄呢子大衣，黄皮鞋，像是个小康人家的子弟，沿公路急匆匆地走着，顺利通过了范石生部队的岗哨和警戒。但是，当快到朱德的防区时，却被严格盘查，被捆绑解往朱德司令部。

最先接见他的是一个披着长发、一脸大胡子的年轻人，把他带到里边屋里。他一眼就看到了蔡协民，由不得大喊一声，扑上去和他握手："老蔡，我是何长工，想不到在这儿碰到你。"蔡协民吃了一惊，仔细端详，赶忙扑上来边替何长工松绑边说："哎呀！老何，委屈你了，你不知道我们寄人篱下过日子，不得不防啊！"何长工揉了揉酸麻的双臂说："我是毛委员那边派来找你们队伍的，来找朱德同志的。"原来他们在湘西洞庭湖一起做过秘密和公开工作，处得很熟。经蔡协民介绍，何长工才知道那位年轻人就是朱德部的参谋长王尔琢。何长工开玩笑地说："你这把胡子，简直像马克思。"蔡协民说："王尔琢同志立了誓，革命不成功，就不剃头不刮胡子呢！"①

何长工简要地讲了一下来找南昌起义部队的特殊使命和曲折经历后，陈毅来了，虽然老成了，但还是当年那种豪放潇洒的劲头，一见面就高声嚷起来，开起了玩笑："老何呀，过去我们相会在欧洲巴黎，现在晤面在犁铺头，

---

① 何长工：《伟大的会师》，选自《南昌起义资料》，人民出版社1979年版，第436页。

有点感想吧！"①说完哈哈大笑起来。

正说着，朱德从里间屋子里走了出来。在法国何长工就知道朱德的名字，但是只闻其名，未见其人，这回见到朱德还是第一次。蔡协民把他介绍给朱德，他们紧紧地握了握手，朱德轻声谦和地说了自己的姓名："朱德。"

朱德看着何长工穿着西装大衣，像假洋鬼子，有点不放心，就像出题考试似的询问起秋收起义和井冈山的情况来。何长工把部队在武昌出发，到秋收起义及井冈山的情况一一做了介绍。接着朱德又询问了领导人的情况，何都一一做了回答。

朱德听后十分高兴，接着又和何长工就能否屯兵、打仗等问题研究起井冈山的地势等情况来。朱德详细了解井冈山地区的地形、群众、特产等情况后，十分满意地说："好极了，从敌人的报纸上看到了井冈山的消息。我们跑来跑去也没有个地方落脚，正要找毛泽东同志呢！我们已经派毛泽覃去找他去了，如果不发生意外，估计已经到了。"

"哦，原来是这样。我们是鞭炮点两头，响（想）到一块儿来了。"何长工听了打趣地说道。

朱德说，张子清的第3营也于月初离开我们回井冈山了，估计也该到了。

这时何长工看到，朱德一边谈话，一边有很多人来来往往向他请示汇报工作，非常繁忙。朱德告诉他，准备搞一个大的暴动，把队伍拉大一点，把根据地搞起来。

何长工只住了一个晚上，就踏上了返程。令何长工没想到的是，在返程途中又经历了一场磨难。

第二天，朱德给了何长工一封写给曲江区委的介绍信和30块大洋路费，握着何长工的手说："希望赶快回到井冈山，和毛泽东同志联系，说我们正在策划湘南暴动。"又说："我们这两支部队要经常联系，将来部队力

① 《何长工传》编写组：《何长工传》，中央文献出版社2000年版，第167页。

量要集中。"①

何长工由北江委员会派联络员护送，从韶关坐船，北行经南雄、大余，一直到赣州。

到了赣州特委康子文那里，遇到了江西省委宣传部部长王维宪。当他听说何长工要返回井冈山毛泽东那里时，要求一起去。康子文找来一条船送他们。船到赣州、万安交界处的良口、武索时，被拿红缨枪的农民自卫军妇女抓了起来，怀疑他们是白军的侦探，把两人折磨得够呛，差点将他们杀掉。他们哀求说："不要杀吧！革命同志杀革命同志怎么得了，你把我们解到山里去，明天再杀不迟。"第二天被押到万安县委书记曾天宇那里，才被解救。曾天宇将何长工送到罗田湾。这里的游击队知道他们要去井冈山，其中有5个年龄较小的女游击队员非要跟着上井冈山不可。何长工只好带着她们。走到于田圩，碰到井冈山红30团的副连长欧阳健，欧派了一个班、两匹马，护送他们到了井冈山。

1928年1月，何长工回到了遂川县天主堂。毛泽东看到何长工返回来了，十分高兴，握住他的手久久没有松开。当晚，何长工向毛泽东汇报了寻找朱德的经过，详细介绍了朱德部的情况，转达了朱德的意向。

毛泽东听了何长工的汇报后，说道："我们和朱德他们，真是英雄所见略同啊。他们是派了泽覃过来，去年11月底泽覃在茅坪见到我。既然双方都派了人接头，我就让泽覃留下来了。"

毛泽东、朱德两部队之间的联络，是双方自发进行的。正是通过这一自发的联络沟通，加强了两支部队的联系，为两支起义部队的胜利会师奠定了坚实的基础。

---

① 中共中央文献研究室编：《朱德年谱》，中央文献出版社2016年第2版，第99页。

（三）寻找朱德

南昌起义军余部和秋收起义部队之间的联络，虽然是一种自发的行为，但完全符合中央的精神。其实，中共中央对南昌起义军余部和秋收起义部队极为关注，特别对南昌起义军余部的去向十分关心。

潮汕失败后，广东省委曾两次派人追寻；转入江西信丰时，江西省委又派人前往接洽；得知起义军余部经大余、崇义进入湘南后，中央命令湖南省委派人寻找。"但一切都是徒劳，始终未得赶着你们。现时你们的踪迹，但从报纸上的记载和辗转传来的消息，似乎正驻扎在桂东和桂阳一带，惟乃未能证实。"①……

1927 年 12 月 25 日，江西省委致信赣南特委："朱德部在桂东一带，你们派人与他接洽比较便利，省委曾令西委（'西河特委'简称）派人前往，不知结果如何？你们可再派人前去令其折回赣南，解决十四军及工兵队，占据赣州及其各县，以发展赣州更巨大的工农暴动。"②

月底，原于都中心支部书记、中共赣南特委常委丘倜和于都中心支部干事李英到崇义，一方面受赣南特委书记汪群委派来崇义传达贯彻"八七会议"精神，帮助崇义恢复党组织；另一方面又受于都中心支部指派，经崇义去湘南寻找朱德率领的南昌起义军余部，为准备于都暴动筹措枪支。丘倜、李英在崇义县城找到原崇义县农民协会主席杨心清和潜入县自卫大队当排长的中共党员张承椿。会面后决定，丘倜留崇义工作，负责上犹、崇义恢复当地党组织和传达"八七会议"精神；李英带着丘倜亲笔信去湘南找南昌起义军余部。终因各种原因未能找到起义军余部，李英返回于都。

南昌起义和广州起义失败后，中央转到上海隐蔽办公，人员先后到上海

---

① 《中共中央给朱德并转军中全体同志的信》（1927 年 12 月 21 日），选自《井冈山革命根据地》，井冈山革命博物馆编，中共党史资料出版社 1987 年版，第 54—59 页。

② 《江西省委致赣南特委信——关于赣州工农运动、党的宣传、组织工作等问题的指示》，选自《赣州市党史资料汇编（1919—1949）》，中共赣州市委党史办编，1989 年 9 月版。

寻找中央报到，并再次分配工作。中央从这些人的汇报中得知了南昌起义军余部的情况。

1927 年 11 月 4 日，第 25 师 75 团政治指导员、团直党支部书记杨心畲辗转广州到香港，向驻香港的广东省委聂荣臻汇报了朱德率南昌起义军余部转战粤闽赣的情况。当日，聂荣臻便立即给中央军委写信，把杨心畲报告的情况做了汇报。中央此时才得知南昌起义军余部转移到了赣南的信丰（大余）一带，"拟开至崇义去"。从信中也得知，10 月下旬聂荣臻曾派赵自选去赣南给南昌起义军余部送信而未果（这是第二次寻找南昌起义军余部）。

12 月初，到达上海的原第 25 师第 73 团第 6 连连长聂鹤亭到了上海，找到熟人许继慎和柯庆施，确认了身份并联系上中央。他向中央汇报了南昌起义军余部情况，中央得知南昌起义军余部改编到范石生部去的原因以及部队的艰辛。12 月中旬，到达上海的原第 25 师第 75 团参谋长张启图也从湖南来到上海找到中央。12 月 22 日，张启图向中央汇报了朱德部的情况，并写了《关于七十五团在南昌暴动中斗争经过报告》。中央得知朱德部上层出现大分歧，部队有解体的可能。

特别让中央担心的是："并且据江西省委报告，你们入湖南时，曾与范石生有一度之联络，此事如果属实，在广东暴动失败后，能否不为范石生所解决，很是疑问。"[1]

此时，中央得知南昌起义军余部的大概位置在湘南、粤北一带。毛泽东在井冈山有一小块根据地，为保存南昌起义军余部，以免被范石生部"解决"了，有意叫朱德率部向毛泽东靠拢。

于是，中央决定第三次寻找朱德，便有了《中共中央给朱德并转军中全体同志的信》的两封信。从信中可以看出，中央对这两支部队的相互联络极为关心。

---

① 《中共中央给朱德并转军中全体同志的信》（1927 年 12 月 21 日），选自《井冈山革命根据地》，井冈山革命博物馆编，中共党史资料出版社 1987 年版，第 54—59 页。

12月21日《中共中央给朱德并转军中全体同志的信》中写道："据我们所知道的在桂东的北边茶陵、酃县以至江西莲花均有毛泽东同志所带领的农军驻扎，不知你们已和他联络否？……他们如果驻在这些地方，你们应确实联络，共同计划一起发动群众以这些武力造成割据的暴动局面，建立工农兵代表会议—苏维埃政权。……同时并派人与湖南省委作切实的党的联络。""假使你们已经同范石生发生了组织的关系，你们便应很坚决根据上述的使命，从他的军队中分化出来。这就是说不但将我们的军队抽回来，还将范石生的队伍拉出一部分来。这一工作自然是很艰难而且很秘密的，但我们必须很谨慎的努力去做，至少要将我们原有的队伍抽回来。指导机关应切实讨论迅速执行。""你们这部分队伍的组织形式，广东革命委员会已任命为工农革命军第一师……"并要求朱德成立中共师委会和各级党组织，"师委会的组织以五人为合式（适），除指定朱德同志为书记外，余四人可由全体选举"。[①]

这时的中央，瞿秋白的盲动主义居于领导地位，在对待朱德与范石生的统一战线问题上，也表现了盲动主义的成分。当时，中央准备派中央组织局军事科科长李鸣珂前往送信并参加指挥部队。信中，特别对朱德指示："中央特派李鸣珂同志经江西入湘专与你们接头。除了中央一切重要的决议和关于军事运动的新政策，以及最近各省工农武装暴动的情形和统治军阀崩溃的趋势，已令鸣珂同志口头向你们详细报告。"信中还交代："鸣珂同志的任务完成毕，即须回来报告，万一你们需要鸣珂同志在那边工作，他可参加师委并任军队中一部分指挥工作。一切一切都由鸣珂面达。"……

李鸣珂，四川人，在武汉军校时是教导队的中队长，是武汉军校党的负责人之一，协助恽代英工作。1927年8月，参加南昌起义，任第72团第2营营长，起义后调任前敌委员会警卫营长。潮汕失利后，李鸣珂到上海，在中央军委工作。1927年11月14日，中共临时中央政治局常委会议决定，调整

[①] 《中共中央给朱德并转军中全体同志的信》（1927年12月21日），选自《井冈山革命根据地》，井冈山革命博物馆编，中共党史资料出版社1987年版，第54—59页。

中央组织机构，在中央常委下设立组织局领导各科工作。周恩来代理组织局主任，李鸣珂被任命为组织局下设的军事科科长——总管中央军事工作。

李鸣珂还未出发，又接到经中央批准同意的广州起义失败后退到香港的广东省省委《广东工作计划决议案》的报告，要发动北江暴动。中央马上想到朱德就在湘南、粤北一带，也许朱德部可参加北江暴动。

于是中央军委书记周恩来代表中央，于 1927 年 12 月 27 日，再次给朱德写了第二封信："……为避免消灭的危险，你们只有坚决地脱离范石生，联络北江的农军及广州暴动后退往北江的队伍，参加北江区域的农民暴动，扩大和深入北江的土地革命，做成北江农暴的主要副力，造成海陆丰农暴割据东江的同样的局面。……"①

中央这个指示虽然有许多重要之点，但也必须看到还是有错误的。如中央不研究范石生的情况，不查敌友，就决定不准与范石生搞统一战线，并必须"坚决地脱离范石生""尽可能带走他的队伍，拆散或消灭他的军队"。这种做法，当然是破坏统一战线。后来由于丁熙的告密而破坏了朱范合作统一战线，可是，如果没有这一事件，就是这一盲动主义的指示，统一战线也搞不下去。

这封信最引人注目的是中央另一个决定："假如同志中有怀疑脱离以及拆散范军的政策的人，必须无顾忌的予以开除，万一主持军队的同志领导着队伍反对这个决定，中央特命北江特委及李鸣珂同志行使非常手段，领导服从党命的同志消灭这一个反抗。"这个指示是严厉的，也是错误的。

从这封信中可以看出，当时中央和广东省委都不知道广州起义余部的真正位置——大概在花都，要么去了东江参加东江暴动和红二师会合，要么就去了北江参加北江暴动。同时，对朱德部有点不信任（因去中央报告的人太多，有正面的也有反面的，中央一时无法判断），故两方面的要求和做法都写在信上，要特使李鸣珂根据实情来处理，并握有生杀大权。"显然，中央在这

① 《中共中央给朱德并转军中全体同志的信》（1927 年 12 月 27 日），选自《回忆湘南暴动》，萧克等编，江西人民出版社 1981 年版，第 131 页。

封信中的非常决定，幸亏后来发生了告密事件，朱德不得不率部断然离开范部，否则可能引发很难预料的后果。"[1]

李鸣珂带着中央的这两封信，从上海来到江西。他找到江西省委，被告知未收到赣南特委有关朱德的消息，也无法派人送李鸣珂去找朱德。李鸣珂又跑到长沙找到湖南省委，湖南省委也未接到湘南特委关于朱德的消息，告知无法送他去找朱德。同时告诉李鸣珂：两个月前，从井冈山下来的何长工也来找朱德，他是经武汉转上海、香港、广州去寻找的，但不知找到否。从长沙去湘南、粤北的话，路上关卡重重，无法通过。

李鸣珂于是听从湖南省委的忠告，回到上海向中央汇报，打算再经香港去广州寻找。但到了上海后，已是 1928 年 2 月初，周恩来接到香港李立三来信，并无朱德的消息。周恩来判断，一时比较难于找到朱德，于是就放弃了再派李鸣珂去送信。"这两封信由李鸣珂带到江西，转入湖南。但是，李鸣珂几经转折，均未能找到朱德及其部队，只好返回上海。"[2]中央给朱德的两封信，均未能送达朱德。

1928 年 4、5 月间，周恩来派李鸣珂去四川，接替 4 月刚刚牺牲的第一任四川省委书记傅烈的职务。1930 年 4 月 18 日，李鸣珂在寻找叛徒过程中不幸被捕，于次日遇难。

朱德虽然没有接到中央的指示信，却在无意中执行了中央的指示，积极支援北江地区的农民运动。12 月底，两次派兵支援曲江西水农民暴动。

（四）脱离范部

1928 年 1 月 1 日，全团官兵热烈庆祝新年。官兵组织剧团，一连三天演

---

① 刘学民、王法安、肖思科：《朱德元帅》，解放军文艺出版社 2007 年第 2 版，第 85 页。

② 中共中央文献研究室编：《朱德年谱》，中央文献出版社 2016 年第 2 版，第 99 页。

出话剧以娱军民。朱德应第 16 军师长赵超邀请，"前往韶关赴宴，以示新年庆贺。此时正是两军合作时期，朱德从大局考虑，如期赴约"[①]。

2 日上午 7 时许，情况发生了变化。范石生从广州派秘书杨钟寿专程到犁铺头给朱德送了一封紧急密函。当时由陈毅、王尔琢等拆阅，信中只有寥寥数字，言语隐晦，但能悟出其意："一、孰能一之？不嗜杀人者能一之；二、为了避免部队遭受损失，你们还是要走大路，不要走小路；三、最后胜利是你们的，现在我是爱莫能助。"其意是叫朱德从速离开 16 军。

犁铺头练兵旧址之一

原来，第 16 军军部少将参谋处长兼军官教导团团长丁熙[②]是蒋介石安插在范部的亲信。丁熙将朱、范合作之事密告了蒋介石，蒋紧急电令掌管广东军政大权的李济深，向范石生发去密电。电文大意为：现已发现在你部隐蔽的王楷系"共匪"首领朱德，饬范石生立即解决该部武装，将朱德逮捕后解京正法云云。同时，电令方鼎英的第 13 军及桂系黄绍竑在仁化一带监视范石生及朱德部队动向。

范石生接到蒋介石的密电，知道情况危急。考虑再三，认为公开反蒋为时过早，不敢贸然行事。当务之急，只有让朱德从速离开，躲过眼前灾难。为此，范石生接到命令后，立即写了一封信派亲信送往犁铺头朱德驻地，告知朱德赶紧离开。随后又派侍从副官和军需处送来了 5 万元现洋和 10 箱子弹

---

① 朱荣兰：《朱德与湘南起义》，中国计划出版社 2016 年版，第 106 页。

② 一说：丁腾。湖南省汝城县史志办公室：《中国共产党汝城历史》第一卷（1921—1949），中共党史出版社 2009 年版，第 91 页。

送行。

朱德在韶关接到陈毅转告的秘密消息后，于3日晨辞别赵超，返回犁铺头团部，立即召集陈毅、王尔琢、蔡协民以及北江特委的同志召开紧急会议，商量对策。这时，朱德也接到广东省委通知，北江特委的同志主张部队应立即开往东江的海陆丰和广州起义部队会合。于是，会议决定离开犁铺头，经南雄迅速赶往海陆丰。

当时在范石生部工作的严中英回忆说："红军出发的那天早上，附近的人民群众以及16军不少的官兵，纷纷到140团驻地送行，依依不舍。范军政治部宣传员吴登云、魏一吾（即魏嘉谷）等和其他的官兵约三四百人，跟红军一道走了。"[1]

当天夜里，朱德不顾滂沱大雨，以打野外为名，率领部队出发。部队走到仁化县东南方的鸡笼圩附近时，发现大批船只逆水而上。据侦察，系军阀方鼎英师正在开往南雄。计其路程，要比起义军余部早到南雄。强行通过南雄已不可能了，去海陆丰的路已被截断。

"这是一个严重关头，大有进退失据，万分焦急之感。"[2]面对这一突然到来的敌情，朱德召开了一次紧急会议，商讨部队的行动方向。

会上，几天前由北江特委介绍来担任140团团副的龚楚，是广东乐昌人（1925年加入共产党，1935年叛变投敌），曾在北江地区搞农民运动，带领广东农军参加过北伐战争，后来带领农军参加过南昌起义。起义军南下失利后，他潜回家乡乐昌县，[3]在粤北一带活动。他对粤北一带的情况非常熟悉。

朱德率部离开犁铺头那天，范石生在司令部得到了报告。在旁的丁熙主

<hr>

① 张侠：《南昌起义研究》，上海人民出版社1982年版，第540页。

② 李奇中《"八一"南昌起义到井冈山》，选自《湘南起义在宜章》（内部资料），中共宜章县委党史办编，1987年，第101—103页。

③ 中共中央文献研究室编：《朱德传》，人民出版社、中央文献出版社1993年8月第1版，第101页。又见刘学民、王法安、肖思科著：《朱德元帅》，解放军文艺出版社2007年1月第2版，第86页。

张立即派兵追击，并要求电告驻乐昌的第 47 师堵截，与方鼎英第 13 军联系，成几面包抄之势，置朱德于死地。范石生听后，沉默不语。也有人主张："中央知道朱德藏在我军中，不追一下，不打一下，恐怕不好交代。"范石生依然不做答复。旁边的人一看范的态度，也只好散去。①

严中英在回忆录中说："近三个月来，红军在 16 军的官兵中，影响很大，范之所以不派兵去追，除了私情外，这点也是他可能考虑的一个因素。""朱总司令在转战中与范石生一度建立的反蒋统一战线，至此结束。"②

朱德离开范石生部时，曾派人急告由宜章、汝城农军改编的第 16 军特务营，劝他们也脱离范石生部以防不测。营长何举成犹豫没有脱离，特务营里的宜章籍战士有 40 余人跟上了朱德部队。2 月 6 日（农历正月十五日）凌晨，何举成特务营在韶关明德女子学校遭第 16 军 46 师王甲本团袭击，除少数人脱险外，何举成、黄文灿等数百名指战员全部牺牲。

何举成，国民革命军第 16 军特务营营长

广州起义失败后，聂荣臻转移到香港。不久，他受广东省委派前往韶关寻找朱德部队，通知他们广州起义失败，可以向湘南一带转移。但聂荣臻到韶关时，朱德已经离开韶关了。

范石生与朱德的合作，蒋介石大为恼火。1928 年夏，蒋介石就借机把这支"杂牌"部队由军缩编为师（第 51 师），军官教育团随之撤销。范石生见此，深感蒋居心叵测，有归田隐居之念。

1932 年，范把部队交给副师长张浩率领，向蒋介石提交辞呈。范石生辞

---

① 陈洪模：《范石生对南昌起义军的支持援助》，选自《南昌起义史话》，法剑明、王小玲主编，江西人民出版社 2007 年版，第 160 页。

② 张侠：《南昌起义研究》，上海人民出版社 1982 年版，第 545 页。

职后，老部属张浩、曹文郴、张绛云等相约出资在庐山的"庐村"风景区，购置房屋，作为范石生的休养之所，取名为"五一公寓"，含有纪念第51师之意。范石生自幼随伯父为医，后在军中为官兵治病时，积累了丰富的经验，因而在庐山退居期间，经常给人治病，一时名气大振。

1934年，蒋命柏天民接任师长，张浩回滇。后51师被蒋命余汉谋设计，缴械解散。

1937年冬，范石生决心回滇行医，以维持生计。回到云南后，在昆明挂牌行医。先在小南门内日月大药房坐堂开诊，后到小西门内蒲草田1号家中悬壶，为人治病，对贫苦人就诊概不收费。

1939年3月17日上午8点多钟，一个陌生人到蒲草田1号范家，请范石生到顺城街看病。范出了大门，就见此人已雇好一辆人力车等着。范上了车，此人就紧跟其后。车子经过洪化桥、大富喜街到南城埂脚，沿街道向左转。刚要到市医院时，车后此人向事先站在城脚的两个人打招呼，一时枪声大作，范扑倒在人力车拉杆之间。那两人跑过来，其中一人还向范背部补了一枪。此时，那个请范石生出诊的主犯已逃出小西门。

等原16军军官教导团教官严中英赶到现场时，见范石生扑倒在地上，已无气息，终年52岁。车子未动，另外两人已"自首"去了。"自首"者是已故杨蓁之子杨维骞、杨维骧等人，理由是"替父报仇"。

后来，蒋介石致电驻昆明的第5军军长龙云，以"特赦"方式了结此案，不再追查杀人凶手。

周恩来指出："1939年范将军在昆明被害，是蒋介石的阴谋。"[①]

---

① 侯方岳：《周恩来、朱德关于范石生将军的谈话追忆》，选自《党的文献》2004年第3期。

第三节　宜章暴动

（一）杨家寨会议

三九隆冬，大雪纷飞。在岭南大瑶山的茫茫林海里，行进着一支部队，部队前导的军旗上直写着："国民革命军第一百四十团。"谁能想到，这支有着整齐装备的"国民革命军"，正是朱德、陈毅领导的南昌起义军余部。

朱德率部离开犁铺头后，4 日与董塘圩党组织和农军一起攻占仁化县城。6 日攻打广东乐昌未成功，朱德、陈毅等人接受 140 团团副龚楚的建议，7 日到达乐昌市的长垇圩。

到达乐昌长垇圩（今长来镇）时，龚楚介绍胡少海与朱德相见。龚楚与胡少海是韶关讲武堂的同学。胡少海告诉龚楚，起义军下一站便是梅花乡大坪村杨家寨子，杨子达已先期赶赴此地，为迎接起义军的到来做准备。随后，朱德部队由龚楚、胡少海带路，在长垇圩渡过武水，经乐（昌）、乳（源）边境的黄坪、大洞、小洞，后由宜章县委委员杨子达接应，于 7 日进驻乳源北部的梅花乡大坪村（原名太平村，又名笔山村）杨家寨子（今属乐昌市）。

杨家寨子是粤北山区的一个小村，在逶迤险峻的南岭的南侧。从这里翻过一座大山，就到了湖南。村上的 300 多户人家 1000 多人都姓杨，杨家寨子便成了这个村的名字。在万山丛中，这是一块不多见的坪坝。所以，远近乡邻又叫它大坪杨家。

这里自古以来是杨姓族人聚居的地方，封建宗族统治极严，族长掌握最高统治权。他们自立山头，不受当地政府管辖，并拥有

杨子达，时任宜章县委委员

一支自己的武装。当地政府也无可奈何，只好任其发展，犹如世外桃源。"非我族类，其心必异"的观念十分顽固。但杨家寨子有一条不成文的规矩：只要是同姓的，即使来自外地，也被视为同一"族类"，给予信任且深信不疑。这里是杨子达的远祖故居地。杨子达本是湖南宜章人，曾任中共宜章县委委员、县农协委员长，"马日事变"后，避居到这里。杨子达凭借"同姓""老家"这个优势条件，受到杨家寨子的保护，免受敌人的追捕。杨子达隐蔽到这里后，在村里组织农民协会，打下了较好的群众基础。靠宗族关系，做通族长的思想工作，村中父老和群众热情欢迎朱德部队入寨。部队到杨家寨子时，族长领着数十人，点着鞭炮，将起义军迎进了杨家寨子。朱德后来在《从南昌起义到上井冈山》一文中回忆说：杨子达"当时就住在杨家寨子，他对我们进驻这个寨子也起了重要作用"。

当晚，朱德、陈毅、王尔琢、蔡协民、龚楚与杨子达、胡少海在杨家寨子贤观阁（又称文奎楼）召开秘密会议，听取杨子达、胡少海等关于宜章的地理民情和敌我双方情况的汇报。朱德由此了解到宜章的党组织已经为暴动做了诸多准备，最后决定，把宜章作为湘南暴动的首战之地。会议还决定，与宜章县委进一步加强联系，密切配合，具体组织宜章暴动的步骤。

广东省乐昌县（原属乳源县，今为乐昌市）杨家寨子

杨家寨子军事会议，是继汝城会议以来，在湘南暴动史上的一次极其重要的会议，具有十分重要的历史意义。没有这次会议，就不可能取得夺取宜章的胜利，而后整个湘南暴动也就不可能势如破竹地顺利发展。杨家寨子军事会议制定了正确的战略决策，因而取得了"智取宜章"的成功。

（二）莽山洞联席会议

第二天，朱德率部从杨家寨子到达梅花圩，住在孔圣会馆。陈东日、陈俊带领十余名赤卫队员从栗源赶来接头，向朱德等人反映了宜章敌情：县城没有正规军驻防，只有500人的民团，且无电台，无接通广东的电话线，消息闭塞。

朱德深入分析敌情后，决定部队分两路行动：一路由龚楚带领留驻梅花，再进入宜章栗源的迳口；另一路由朱德、陈毅率主力同胡少海进入宜章境内的莽山洞。同时安排陈东日回栗源，以买马为名开展联络工作，准备暴动。

莽山地处乐昌的西北和宜章的西南，属南岭山脉中段，是大庾山脉向南延伸的一座大山。洞是湖南人对山中盆地或田坝的通称。莽山洞四周群山环抱，古木参天，环境幽静。山上散居着100余户汉瑶贫苦农民，是一个休整隐蔽的好地方。朱德部到莽山后，会合了胡少海的队伍，部队驻扎在莽山洞做短暂休整。

获悉朱德、陈毅率领部队进入莽山后，中共湘南特委委员、宜章县委书记胡世俭和县委委员毛科文、高静山等，立即前往联系。之后，朱德、陈毅、王尔琢、蔡协民与胡世俭、毛科文、高静山、杨子达、胡少海等，在莽山洞的一座古庙里举行军地联席会议，做出智取宜章县城的决定。

胡世俭等宜章县委领导再次汇报了宜章的敌情和党组织为暴动做的准备工作。汇报结束，朱德对大家说："请大家谈谈，看看湘南暴动这把火，如何从宜章点起来？"

莽山洞旧址之一

　　屋里静悄悄，大家相对无言，渐渐不约而同地把目光投向胡少海，期待着他能打破这沉闷的气氛。

　　胡少海又名胡鳌，他家是湘南宜章县的富户，父亲是宜章的豪绅。兄弟6

胡少海（1898－1930）

人，他排行老五，乡亲们都称他为"五少爷"。他虽然出身豪门，但上学读书时受到进步思想的影响，放弃了"嗣承祖业"的士绅少爷生活，投身于民主革命，在程潜部李国柱旅当了一名下级军官。后来进了程潜办的"建国援鄂军讲武堂"，毕业后在程潜部任营长。"四一二"反革命政变后，蒋介石大肆屠杀共产党人和爱国志士。他也遭到怀疑，只得带领部分湖南籍士兵离开部队，躲到杨家寨子，以贩马做掩护，领导着一支农民武装，劫富济贫，秘密进行革命活动。后来，同中共宜章县委的杨子达、高静山取得联系，在党的领导下开展革命工作。

胡少海沉思片刻，站起来说道："报告军长，少海生在宜章，长在宜章，对宜章了如指掌。城里只有邝镜明的民团500人，都是些乌合之众，不堪一击。请军长给我两个连，保证冲进城去杀他个片甲不留。"

胡少海语惊四座，不少人对他这种主动请缨打头阵的精神十分钦佩，频频点头。

朱德对这个意见未置可否，但对胡少海这种敢于拼杀的军人作风十分欣赏，觉得他是个难得的将才。

朱德循循善诱道："孙子曰：'兵者，国之大事，死生之地，存亡之道，不可不察也。'打仗，既要有勇，更要有谋。斗勇，又斗智，必须以小的代价换取大的胜利。湘南暴动的第一仗，只能打好，不能打坏；只能成功，不能失败。请大家都谈谈自己的看法。"

"宜章，是座石头城，易守难攻。硬攻，伤亡就会很大；久攻不下，敌人就会来援救。关键是要迅速拿下宜章，给敌人一个措手不及。"

听胡世俭这么一说，大家七嘴八舌地议论开了：

"最好是'引蛇出洞'，用小部队把敌人从城里引出来，然后歼灭之。"

"我们急速进军，兵临城下，把宜章围个水泄不通，限期令其投降。"

"派一支小分队，扮成赶圩场的群众，混进城去，来个里应外合，把敌人一网打尽。"

个个献计献策，议论纷纷，各种招数都想到了。

正在踱步的朱德听到这里，突然止步，环视大家，说："同志们，宜章既然没有正规军设防，500民团又是一群乌合

胡世俭，时任中共湘南特委委员、宜章县委书记

之众，杀鸡焉用牛刀？依我看不必强攻，可以智取。"

"智取"一词，语惊四座，大家都用惊奇的眼神企盼着朱德讲下去。

朱德不慌不忙地扳着手指，一连讲了四个有利条件："一是军阀正在混战，蒋介石和唐生智还在湖北厮杀，湘南地区敌人力量较弱；二是正值年关，地主豪绅催租、逼债，同贫苦农民的矛盾更加尖锐；三是我们的部队经过休整和补充，战斗力大大提高；四是胡少海同志未参加本乡本土的公开斗争，身份还没有暴露。"

话音未落，陈毅就站起来了，拍手叫好："要得，军长说宜章不必强攻，可以智取。这个办法要得。"

然后，走到胡少海身旁，拍着他的肩头，又回过头来看着朱德，风趣地说："这一回，我看是要借重你五少爷的大名和胆量喽。可不是让你去冲锋陷阵啊！"陈毅的风趣与幽默，引起了满屋欢笑。

"对头！还是陈毅同志最知我意。我们这出戏，就叫'智取宜章'，请胡少海同志唱主角。"朱德说。

胡少海这时已明白了几分，当即起立，表示："少海不才，若有可用之处，任由军长差遣，就是赴汤蹈火，也在所不辞。"

朱德满意地点头微笑，招手示意胡少海坐下，然后不慌不忙地说出智取宜章的具体方案。

朱德的意见是这样的：由胡少海打着国民革命军第 16 军 140 团的旗号，以团副的名义带领一支先遣部队进驻宜章城，宣称已经请得范军长允许带领全团开往宜章，保护桑梓；然后如此这般依计而行。

大家听罢，无不兴高采烈，连称："妙计！妙计！"王尔琢竖起大拇指敬服地赞道："我们朱军长实在名不虚传，真不愧是当年的护国名将。"

智取宜章的方案就这样定下来了。

会上，朱德还请宜章县委立即做好三件事：一是赶制起义军旗，规定为红底、中间一颗白星嵌镰刀斧头，象征工农革命武装。二是赶写暴动的标语口号，最初提的口号是："打倒屠杀工农的国民党政府！""打倒蒋介石，拥护共产党。""工人农民组织起来，打倒土豪劣绅、贪官污吏。""取消苛捐杂税，实行耕者有其田。""暴动，铲除一切封建势力！"等等。三是命令在乡下隐蔽着的农协武装，星夜赶进城来配合部队举行起义。

一封盖有第 140 团关防的公函送进宜章县衙门。县议会大厅里，县长杨孝斌和县参议长、团防局头头、警察局长、商会会长及各界士绅聚集一堂，商讨如何迎接即将入城的"国民革命军"。

莽山洞决策，是杨家寨子军事会议确定的暴动方针的继续，是湘南暴动的前奏曲。它将湘南暴动具体化，为湘南暴动的顺利进行，从思想上、组织上、军事上做好了前期准备，为暴动取得胜利奠定了基础。

（三）智取宜章

莽山洞联席会议一结束，宜章县委立即派原宜章农军战士李兴泉、刘志古星夜潜回宜章，侦察敌情，并探听郴州方面是否有敌军驻守。朱德从起义军的老兵里挑选了两个连的精兵，作为先遣部队。

1928 年 1 月 11 日凌晨，胡少海领着两个连的先遣部队，打着范石生第 16 军第 140 团的旗号，以协助地方维持治安的名义和团副的身份，从莽山洞向宜章进发。

临近下午，部队抵达宜章县城，县长杨孝斌率政府官员及土豪劣绅已在此恭候。胡少海骑着高头大马，气宇轩昂地领着队伍，在一片喜庆的爆竹声中开进县城。杨孝斌等连忙打躬作揖，嘴里念念有词："胡团副荣归故里，名在乡梓，功在党国。本县守土无方，还望海涵。"

彼此一阵寒暄之后，相互做了介绍。胡少海开门见山，告诉杨孝斌，此次回县城，特为父老乡亲效力，保一方平安，造福桑梓。并通知说，大部队还在后头，明日即可到达。杨县长不知道内情，自然高兴。

胡少海入城后，当即布告全城："本团奉国民革命军第 16 军范军长之命，进驻宜章，扼守城池……"同时，给朱德送出一封密信："弟平安抵达，盼兄如期归来，阖家团圆，辞旧迎新，共度佳节。少海手书。"暗示一切顺利，可按原计划进行。

昔日的宜章县城

就在胡少海率队进城的同一天，朱德、陈毅率部从莽山出发。到天塘后，为防止狗牙洞矿警队马昌部袭击，又考虑到达栗源时便于分开渡船过河，队伍便分作两路行动：一路从岩泉走大路到栗源；朱德带另一路经笆篱到迳口，会合龚楚这一路一同到栗源。当晚，部队宿在栗源堡。朱德、陈毅住陈东日家，与陈东日、陈俊、陈策、陈光等人彻夜长谈斗争策略和栗源暴动的行动方案。

1月12日[①]，朱德、陈毅率领主力部队，以团长身份，从栗源堡出发，经武阳司、长岗岭、小塘向宜章县城进发。部队走出五里冲后，在小山坳里短暂休息，召开部队党的活动分子会议，再次进行战斗动员和部署。朱德在会

---

① 智取宜章县城的时间，原来粟裕回忆是1月22日；后来经宜章县委党史办反复考证，并经军事科学院办公室请示粟裕复信认可，确认时间是1月12日。

上强调说，智取宜章是我们进入湘南的第一仗。这一仗胜利了，对湘南人民的革命斗争将产生巨大影响。朱德的讲话，极大地鼓舞了全体指战员。大家纷纷表示，要随朱德大干一场，为死难的革命烈士报仇。

根据朱德指示，大革命时已公开身份的宜章党组织负责人高静山、杨子达、吴泗来、余经邦等暂不进城；身份尚未公开的胡世俭、陈东日、陈俊等人杂在队伍里一同进城。

沿途部队仍然打着国民革命军第16军第140团旗号，于下午2时从南关街进入宜章城。

宜章的官吏豪绅长期以来就梦想能有一支正规的国民党军，哪怕是一个营、一个连来

湖南省宜章县城南关街

为他们守城，为他们保镖也是好的。如今忽然真的来了一个团的正规军，如同盼来了救星，十分高兴。在前后两任县长杨孝斌、黄得珍的带领下，个个身穿长袍、马褂，头戴礼帽，规规矩矩，毕恭毕敬，弯着虾米腰，跟随胡少海站在城门口的大路两旁，燃放鞭炮，恭迎着化名"王楷团长"的朱德带领的部队到来。

在一片欢呼声中，部队开进了宜章县城。进城后，朱德把司令部设在县立女子职业学校（现宜章年关暴动指挥部旧址）。在布防设营的名义下，陈毅、王尔琢按原计划，立即指挥部队悄悄地包围了县政府、警察局和反动团防局所在地——"养正书院"；在各条要道上布置了岗哨，做好了战斗的一切准备。县城里，戒备森严，到处都布满了军人。一支正规军的到来，使整个宜章城都紧张起来。

朱德从繁忙的工作中腾出时间，在司令部听取了宜章县委关于暴动前准

备工作情况的汇报，并对暴动做了一些具体指示。工作做得有条不紊，井井有条。敌人也没有察觉工农革命军有什么异样。这时，胡少海突然来报，情况有所变动，按原计划，由胡少海设宴请宜章的各位土豪劣绅赴宴，趁机一举歼灭。现在情况不同了，县长杨孝斌坚持由他设宴为140团的长官接风洗尘。如果这样，赴宴的人员，不一定完全符合我们的设想，能否一网打尽未可知？

　　根据情况的变化，朱德、陈毅、王尔琢当即商量，告知胡少海，既然如此，不如来个"就汤下面""顺水推舟"。趁着酒宴之机，发动兵变，就地解决其武装。朱德立即传令加紧各项准备工作，一切按原计划执行，并由陈毅、王尔琢负责督促检查。

宜章年关暴动指挥部旧址——宜章女子职业学校（城关小学）

　　这天傍晚，县参议会二楼明伦堂里，灯火通明，县长杨孝斌在此大摆鱼翅席，隆重宴请朱德、胡少海等140团的官长。前任县长黄得珍、县府各局处官员以及本地豪绅共20余人出席作陪。

　　县参议会的所在地叫明伦堂，右旁隔壁是专办酒席的宴春园。这次县长办的鱼翅席，就是由宴春园承包的。

宴会即将开始，朱德、胡少海领着 14 名干练的卫士，带着驳壳枪，登上县参议会大楼，立时，响起阵阵掌声。县长杨孝斌请朱德、胡少海坐在首席，他和黄得珍等 20 余名官绅依次坐在陪席。

上任不久的县长杨孝斌显得十分高兴，在发表一番热情洋溢的祝酒词后，举起酒杯，在众人面前绕了一圈，说："各位，请举起杯来，陪王团长干了这一杯！"宴会拉开序幕，官绅们频频举杯敬酒，以表示欢迎之情：

"王团长劳苦功高！"

"王团长为民造福！"

"祝王团长官运亨通！"

"王团长……"

席间，觥筹交错，熙熙攘攘，好不热闹。

酒过三巡，一声长叫"鱼来啦！……"声音未落，大厅里闪进一个头包蓝色头巾的"堂倌"。他左手托着一个红木盘来到桌前，只见一条尺把长的鲤鱼放在一个硕大的银盘里。这是约定的一切都已准备就绪的信号。

朱德见时机已到，突然起立，掷杯于地。听到响声后，随朱德前来的卫士迅即跃上，缴了县府卫兵的武装。陈东日等带领一队战士迅速闯进了宴会大厅，端枪齐呼"不许动"！官绅们见了，一个个瞠目结舌，面如土色。卫士们一拥而上，把杨孝斌、黄得珍等全部捆绑起来。杨孝斌吓得结结巴巴地问："你，你，你们是什么人？"

朱德把桌一拍，郑重宣告："我们是共产党领导的工农革命军，我就是朱德。你们这些贪官污吏、土豪劣绅，平时作威作福，鱼肉百姓，反对革命，屠杀工农，十恶不赦，是劳苦大众的死敌，现在通通扣押起来，听候公审！"官绅们绝望中不约而同地又把求救目光投向"胡团副"，指望这位"保护桑梓"的"胡家五少爷"能给条生路。

胡少海义正词严道："别做梦了，我胡少海已信仰共产主义。"新老县长等宜章县反动统治阶级上层的 20 多人，瞬间成了俘虏。只有保安队长邝镜明和商会会长、近城区铲共委员李范模，狡诈多疑，借故未来参加宴会，得以漏网逃脱。

几乎在同一时间，陈毅、王尔琢指挥部队以迅雷不及掩耳之势，解除了"挨户团"和保安队、警务局的武装，共缴获步枪350支，驳壳枪10支，俘敌400余人。

起义军打开监狱，放出了被捕的革命者和无辜群众；打开粮仓，把粮食分给穷苦工农。顷刻之间，宜章城里一片欢腾，大街小巷贴满了彩色标语，群众兴高采烈地奔走相告："暴动了！""胜利了！"鞭炮声锣鼓声汇成一片，女子职业学校门前更是被欢乐的人群挤得水泄不通，附近的农民闻讯也赶进了城里。人们被反动派欺压许久的心头怒火，那抑制不住的革命激情，都像火山一样爆发出来。

这时，几面绣有镰刀、斧头象征工农革命武装的鲜艳红旗，在女子职业学校、县长公署和各城门楼上升起。它宣告智取宜章县城的胜利，点燃了宜章年关暴动的烈火，揭开了湘南起义的序幕。

（四）成立工农革命军第1师

智取宜章城的当晚，朱德、陈毅等领导人即与宜章县委胡世俭、高静山、杨子达、毛科文和连夜赶来的各地党组织负责人在女子职业学校召开联席会议，部署在各区、乡举行暴动，扩大起义成果。同时，着重研究决定起义部队正式改称为"工农革命军第1师"的相关问题。

1月13日上午，中共宜章县委在北门城内广场（现大操坪）召开群众大会，举行工农革命军第1师成立典礼，庆祝起义胜利。参会的有工、农、兵、学、商各界人士6000余人。人人臂缠红布，手擎小红旗，有的背着鸟铳、扛着梭镖；有的腰系红腰带，高唱着"打倒列强、打倒列强，除军阀、除军阀"的战歌，从四面八方涌入会场。

县委书记胡世俭介绍朱德、陈毅等和群众见面后，宣布大会开始。全师的号兵齐吹雄壮军号，军旗在寒风中高高飘扬。朱德在热烈的掌声中，代表部队以豪迈气概向大会宣告：我们是共产党领导的、为穷苦人打天下的革命军队，是南昌起义的队伍。我们已经推翻了国民党的宜章县县长公署，抓了一批贪官污吏、土豪劣绅。我们支持大家组织起来闹革命，因为工农大众只有掌握了枪杆子，彻底打倒蒋介石等新老军阀，实行耕者有其田，才能真正当家做主人。群众聚精会神地倾听朱德的讲演，不时高呼"拥护共产党""拥护工农革命军""工人农民组织起来，打倒土豪劣绅贪官污吏"的口号。

会上，朱德根据广东省委的指示，郑重宣布起义军改名为"工农革命军第1师"，朱德任师长，陈毅任党代表，王尔琢任参谋长，蔡协民任政治部主任。[①] 参谋为戴成本、曹凤飞。1营营长周子坤，2营营长李奇中，3营营长李天柱，全师共1260人枪。[②] 参加暴动的宜章农军被暂编为赤卫大队，由胡少海指挥。起义部队把原在南昌起义时用的青天白日旗当场毁掉，改为满天红斧头镰刀军旗；部队标识，一律系红布领巾和佩戴红布袖章；部队印章由原来的方形篆字改为圆形楷字。

工农革命军第一师组织序列表[③]

师　　　长：朱　德

党　代　表：陈　毅

参　谋　长：王尔琢

政治部主任：蔡协民

参　　　谋：戴成本　曹凤飞

---

① 中共中央文献研究室编：《朱德传》，人民出版社、中央文献出版社1993年版，第104页。

② 朱德部进入宜章人数，有几种说法，这里采用陈毅谈话及1982年3月21日萧克回忆中所认定的人数。

③ 王健英：《朱毛红军的组织沿革》，源自《党史文苑》1996年第1期。

第 1 营营长：周子坤

  第 1 连连长：龚　楷

  第 2 连连长：林　彪

第 2 营营长：李奇中（后袁崇全）

  第 5 连连长：耿　凯

    党代表：粟　裕

  第 6 连连长：杨至成

第 3 营营长：李天柱（后何义）

教导队队长：李奇中（兼）

副　队　长：蒙九龄

特务连党代表：赵尔陆

连长另有刘治志、邓毅刚、邓壹、游端轩、王展程等，党代表另有吴弼、杜松柏（后叛变）、朱义敏等。

在全城军民的一片欢腾声中，县政府门前的国民党青天白日旗被扯下来了，工农革命的红旗高高升起。部队第一次正式打出了"工农革命军第 1 师"的红色军旗，全体指战员纷纷撕掉了军帽上的国民党帽徽，每个人的脖子上系上了一条红带子。

这支在北伐战争中被誉为"铁军"、南昌起义中向国民党打响了第一枪的英雄部队，在历经艰难曲折之后，在宜章城头重新竖起了战旗，在成长为新型人民军队的道路上迈出了决定性的一步。从此驰骋湘南，跃上井冈山，成为中国革命从胜利走向胜利的中坚力量。

大会由毛科文主持公审了新老县长及一批反动官绅。前任县长黄得珍被押上台后哭着叩拜朱德，乞求朱德看在同是云南讲武堂老同学的分上救他一命。朱德正言厉色道："你我同学只是私情，杀不杀你，还得问问宜章的工农群众。"大会根据广大群众的强烈要求，当场宣判处决了杨孝斌、黄得珍前后两任县长，及"挨户团"副主任刘秉钧等 9 名罪大恶极的反动官绅。朱德大义灭亲的义举，灭了敌人的威风，长了人民的志气，广大群众无不拍手称快，整个县城沸腾了！

为了掌握好政策，对捕捉到的一些劣迹不多的官绅，经过审问予以区别对待，从轻发落。教育局督学曾日三，原与共产党内一些同志有过交往，思想较为进步，掩护和帮助过革命者，当即被吸收参加革命队伍。

智取宜章县城的时间，正是农历年的十二月二十日，离"小年"只有4天，离"大年"也只有10天。所以又称之为"年关暴动"。

在智取宜章的行动中，胡少海首立大功。由于他拥护中国共产党的纲领路线，斗争坚决，特别是经受了革命低潮时期的严峻考验。在智取宜章之后，不久经高静山介绍，胡少海被吸收为中国共产党党员。

工农革命军第1师成立后，即分兵协同宜章县党组织及各团体组成宣传队到街头、广场及各区乡宣传革命道理，组织恢复农会，发动群众打土豪。工人、农民都成群结队地前来参加斗争。

宜章年关暴动指挥部旧址——宜章女子职业学校（远景）

智取宜章的胜利震动了湘南粤北，附近一些县的共产党组织纷纷派人来宜章与朱德联系，请求工农革命军前去发动暴动。中共郴县县委书记夏明震派良田区委委员李克如等人带密信赴宜章交给朱德，请求派部队入郴县支援革命。桂阳党支部派何汉麟、李克刚来宜章联系组织暴动事宜。朱德、陈毅每天都在女子职业学校会见各地来的革命者，共商斗争策略，部署宜章县各区、乡和周围一些县的武装起义。

（五）坪石大捷

朱德智取宜章的消息不胫而走，很快传到了广州。当时控制广东的李济

朱德率部进军湘南路线图[①]

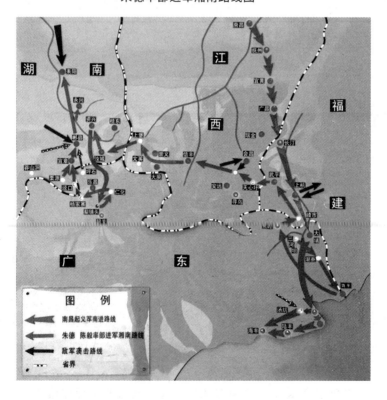

---

① 此图来源于湖南省郴州市湘南起义纪念馆。

深密令发动"马日事变"的刽子手许克祥，带着他的独立第3师"即日进剿，不得有误"。

许克祥接到命令后，得意扬扬地吹牛说："老子用6个团与朱德的1个团去较量，吃掉他，绰绰有余。"立刻带着全师人马从广东乐昌日夜兼程北上，想去扑灭湘南起义的烈火。

这一着棋，早在朱德的预料之中。这时，工农革命军的主力已经发展到3000多人。为了应对突发情况，并接受南昌起义中没有同当地农民运动相结合而失败的教训，朱德在春节前夕就率领部队秘密撤出宜章城，隐蔽在乡间，休整队伍，发动群众，以逸待劳，准备迎击敌人的反扑。

一天，宜章县委派谭新到工农革命军驻地，向朱德、陈毅汇报许克祥进兵岩泉圩、屯粮坪石镇的情报。听完汇报后，朱德对敌我双方的情况进行了分析："的确，敌人有不少优势，我们不能低估。他兵力数倍于我，武器精良，后方实力雄厚。在这种敌强我弱的情况下，绝不可采取南昌起义后那种死打硬拼的打法，去同敌人拼消耗。应该有勇有谋，灵活机动，扬长避短，用游击战和正规战相结合的打法，去战胜敌人。"

大家一致同意朱德的分析，决定避实就虚，诱敌深入，寻找有利战机。

一听说要打许克祥，工农革命军的情绪十分高涨，四乡的农军也赶来了，要求参加战斗。他们高唱：

> 梭标亮堂堂，
> 擒贼先擒王；
> 打倒蒋介石，
> 活捉许克祥。

"活捉许克祥，为'马日事变'死难烈士报仇！"成了最响亮的口号。

当朱德、陈毅将工农革命军隐蔽在圣公坛时，许克祥将他的教导队和补充团留在坪石，亲自带着两个主力团进入岩泉圩一带，部署另外两个团在坪石、长岭、武阳司、栗源堡一线排开，搜寻工农革命军。

许克祥每天得到的报告是"共军去向不明""朱德无影无踪"。他狂妄地叫嚷："量他朱德也不敢同我许克祥较量。"

1月30日，朱德经过周密调查后，认为歼灭许克祥的时机已经成熟：一是经过休整，部队战斗力增强，士气高涨；二是敌人连连扑空，士气锐减；三是许克祥布阵成一线，首尾不能相顾，便于各个击破。他与陈毅、王尔琢连夜制订作战方案：兵分两路，一路由熟悉地形的胡少海、谭新带领，迂回到敌后，切断敌人之退路，阻击增援之敌；另一路由朱德、陈毅、王尔琢率领主力，直捣岩泉圩，消灭许克祥的两个主力团。

1月31日，工农革命军向岩泉圩悄悄进发，这完全出乎许克祥意料之外。有一个土豪赶到岩泉圩向许克祥报告说："朱德的部队到了百岁亭，离这里不到五里地。"许克祥不相信，训斥道："你这是造谣惑众，扰乱军心。"

早晨7点钟，冬天的太阳刚刚升起。岩泉圩上传来了阵阵哨音，许克祥的部队正在开饭，工农革命军以迅雷不及掩耳之势冲进了岩泉圩。人数虽然不多，却是南昌起义留下来的精锐部队，又经过严格训练，战斗力很强。

前来助战的农军，也在四面山上摇旗呐喊，燃放鞭炮，杀声震天。与此同时，胡少海、谭新带领的另一路兵马，已插入敌后，断了许克祥的退路。在前后夹击之下，许克祥腹背受敌，无法招架，慌忙下令卫队掩护他仓皇而逃。

岩泉圩刚攻下，立刻传来朱德的命令："乘胜追击，绝不给许克祥喘息的机会。"工农革命军两路汇成一路，集中兵力，以最快的速度杀向坪石。

坪石，是广东省北端的一个重镇，属于乐昌县，在武水之滨，为湘粤大道的咽喉要冲，地势十分险要。北伐军曾把这里作为前进的基地和中转站。许克祥这次北上，也把坪石当作大本营，囤积了大量的武器弹药和军需物资。

许克祥逃回坪石，惊魂未定，朱德已带着工农革命军赶到了。许克祥仓促应战，部队乱作一团。他提着手枪驱赶着部队，骂道：

"给老子快吹紧急集合号！"

"前面给老子顶住！哪个退却，老子就先毙了他！"

广东省乐昌县（今乐昌市）坪石镇

这时，八角楼方向枪声大作，而且越来越近，谁还会听他的横骂，都各顾各地逃命去了。

工农革命军在朱德指挥下，一进入坪石，就猛打猛冲，直插入镇内，杀向敌群。直到这时，许克祥才真正体会到了兵败如山倒是什么滋味。眼看着全军就要覆没，他急忙换上便装，带了七八个人，跳上乐昌河边的一艘小船，逃命去了。

大家都想活捉许克祥，朱德亲自带领部队追寻，赶到乐昌河边的渡口时，许克祥已乘小船逃走了，岸上还扔着许克祥的一套军装。朱德在后来回忆起这段经历时，不无遗憾地说："如果当时先去抢船，必定能把他捉到了。"

坪石大捷，战果辉煌，开创了工农革命军以少胜多的光辉战例。这次战斗，工农革命军主力不足 2000 人，却俘虏敌军 1000 余人。3 里长的坪石街上，到处是许克祥丢下的枪炮弹药和军用物资。战斗结束后，经过清点，共缴获步枪 2000 余支，还有重机枪、迫击炮、山炮和各种弹药及装备，光银圆就有几十挑子。

后来，毛泽东在《西江月·井冈山》的"黄洋界上炮声隆"中提到的那门炮，据说就是在坪石从许克祥那里缴获来的。当时，工农革命军官兵送给许克祥一个雅号"许给枪"（湖南方言的谐音），还为他编了一首歌谣：

> 许克祥，不像样，
>
> 接二连三吃败仗；
>
> 师长不当，当队长，
>
> 专门运输炮和枪。
>
> 送来炮，送来枪，
>
> 送来光洋和被装；
>
> 不要收条，不记账，
>
> 真是慷慨又大方。

湘南起义期间耒阳工农兵苏维埃政府发行的货币

朱德对坪石大捷十分满意。在30多年后回忆起这次战斗时，他说："这一仗打得很好，我们抓了很多俘虏，其中有一部分补充了我们的部队。特别是在坪石，把许克祥的后方仓库全部缴获了，补充和武装了自己，不仅得到了机关枪，而且还得到了迫击炮和大炮。可以说，许克祥帮我们起了家。"

坪石大捷后，在附近的板塘召集了一次湘南各县负责人会议，决定在整个湘南发起暴动。朱德率领工农革命军在宜章揭开湘南暴动的序幕以后，不到两个月的时间，就在湘南点燃了革命武装斗争的燎原烈火。坪石大捷后，将宜章农军改编为工农革命军第3师，师长胡少海，党代表龚楚，副师长陈东日，参谋长谭新。随后朱德率部北上攻占郴州，直取耒阳。2月将耒阳农军改编为工农革命军第4师，师长邝鄘，党代表邓宗海。将郴州农军改编为工农革命军第7师，师长邓允庭，党代表夏明震（牺牲）、蔡协民（1928年3月），参谋长刘治志。此外，组建了永兴县赤色警卫团，团长先后是尹子韶、黄克诚，党代表先后是黄克诚、李一鼎；还组建了资兴县独立团，团长李奇中，党代表黄义藻。宜章、郴县、耒阳、永兴、资兴，恢复与建立了党的各级组织和苏维埃政府，桂东、茶陵、汝城、酃县、桂阳等县大部分区乡也建立了党的组织和苏维埃政府。常宁和安仁的农民运动呈现新的高潮。3月16日—26日，湘南工农兵代表会议在永兴召开，成立了以陈佑魁（中共湘南特委书记）为主席的湘南苏维埃政府。

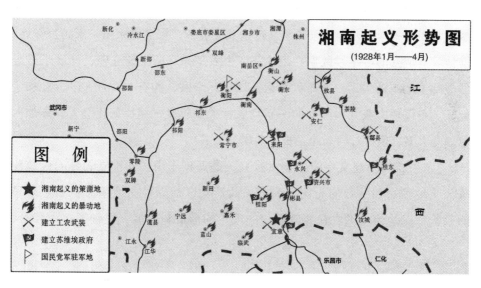

湘南起义形势图

工农革命军队伍不断发展壮大。朱德率领的南昌起义部队从上堡出发时，仅剩下八九百人，此时，已发展到2000多人。湘南各县的农民革命武装，在朱德的领导下，从无到有，由小到大，共发展到 8000 多人。这真是"弥空亿惊雷，满眼俱烈焰。春风绿五岭，红旗遍湘南"。

朱德回忆湘南起义时说："我们相继攻下了耒阳、资兴、永兴、桂东、汝城等县城，茶陵、安仁、酃县也举行了暴动。共有 11 个县的群众行动起来了，并且组织了自己的地方武装，在地方党的领导下，打倒土豪劣绅，推翻反动政权，建立苏维埃政府。这就是 1928 年初的湘南暴动（当时称年关暴动）。"①

"湘南起义的规模、声势和成果都很大，给了大革命失败后处于低沉状态的革命群众以一个很大兴奋，工农革命军的力量得到很大发展，并且获得了一批干部。黄克诚、萧克、邓华、杨得志、唐天际等就是在这时带领当地农民起义军投入这支队伍的。"②

对湘南起义，萧克曾做过一段总结性的评论："从 1928 年元月宜章年关暴动揭开序幕，到 1928 年 4 月，朱德、陈毅同志率领南昌起义军和湘南农军共 1 万余人，同毛泽东同志领导的秋收起义部队在井冈山会师，历时 3 个多月。在这 3 个多月内，以武装暴动建立了宜章、郴县、耒阳、永兴、资兴、安仁等 6 个县的苏维埃政府；组建了 3 个农军师和两个独立团；开展了轰轰烈烈的土地革命运动。革命风暴遍及二十几个县，约有 100 万人以上参加了起义。可以说，我党所发动的一系列农村武装起义，规模如此之大，参加人数如此之多，坚持时间如此之长，实属罕见。"③

"朱德在湘南起义中的主要贡献，一是开创了中国共产党领导的武装斗争与土地革命相结合的先例，为中国共产党以后领导土地革命积累了最早的经验；二是为'工农武装割据'的理论的形成与发展，提供了实践经验，

---

① 朱德：《从南昌起义到上井冈山》，选自《朱德选集》，中共中央文献编辑委员会编，人民出版社 1983 年版，第 397—398 页。

② 中共中央文献研究室编：《朱德传》，人民出版社、中央文献出版社 1993 年版，第 115 页。

③ 中共中央文献研究室编：《朱德传》，人民出版社、中央文献出版社 1993 年版，第 115 页。

做出了不可磨灭的贡献；三是对于实现井冈山会师、建立主力红军和井冈山革命根据地，具有决定性意义。朱德率领南昌起义和湘南起义的部队以及农军同毛泽东率领的秋收起义部队的胜利会师，在中国革命和人民军队的建设中，具有伟大的历史意义，对创造和扩大井冈山革命根据地产生了重大的影响。"①

朱德、陈毅把武装斗争和农民运动结合起来，培养了一大批革命干部和中坚分子，在整个湘南播下了革命种子，在斗争中发展壮大了革命武装，为实现党的"八七"会议提出的"在湘鄂赣举行农民武装暴动"的行动方针做出了巨大的贡献，为井冈山会师及其以后创建中国工农红军奠定了坚实的基础。

邓小平为湘南起义纪念塔题词

① 刘学民：《论朱德和湖南起义》，选自《朱德大辞典》，朱德思想生平研究会编，中央文献出版社 2016 年版，第 909 页。

第七章

会 师 井 冈

我们党领导的两支革命武装的胜利会师，意味着中国武装革命的新起点。……这次胜利会师后，我们的力量大多了，又有井冈山作根据地，我们就可以不断地打击敌人，不断地发展革命……

——朱德

第一节　井冈会师

湘南起义后不久，国内的政治局势发生了变化。1928年3月，宁汉战争结束，唐生智余部通电接受南京政府的收编，使他们有可能腾出手来对付湘南的农民运动。湖南军阀的前敌指挥部设在衡阳，广东军阀的前敌指挥部设在曲江。为了扑灭这场武装起义的熊熊烈火，湘粤军阀根据南京国民党政府的命令纠集了7个师，企图沿着尚未建成的粤汉铁路，从湖南衡阳和广东乐昌两个方向南北夹击，进逼湘南。湘南地区的地主武装相当强大。在双方力量悬殊的情况下，起义军处于腹背受敌的不利境地。湘南的地形条件，也不利于起义军的活动。

对起义军造成更不利影响的是：在湘南苏维埃区域内，出现了"左"倾盲动主义的错误。朱德后来说："由于当时'左'倾盲动路线的错误，脱离了群众，孤立了自己，使革命力量在暴动之后不久，不得不退出了湘南。"[①]

为了保存工农革命军，避免在不利的条件下同敌人决战，朱德当机立断，做出退出湘南、上井冈山的重要决策。他立即召开了紧急会议，决定主动撤离耒阳，沿东江、竹市、观音阁、安仁、神州、湖口圩、茶陵一带，向东部山区前进。通知陈毅率领胡少海、邓允庭等部，及湘南地方部队和地方党政

---

① 朱德：《从南昌起义到上井冈山》，选自《朱德选集》，中共中央文献编辑委员会编，人民出版社1983年版，第398页。

机关由郴州向东部撤退。

朱德当时所以能做出上井冈山、同毛泽东率领的秋收起义部队会师的决策，还有一个重要原因，就是这两支起义部队早就有了多次联系。1927年10月底，南昌起义军失利后，"到达信丰时，地方党组织赣南特委派人来接头，就第一次说到毛委员率领秋收起义部队开始上井冈山的消息。朱德、陈毅同

井冈山会师示意图[①]

(1928年4月)

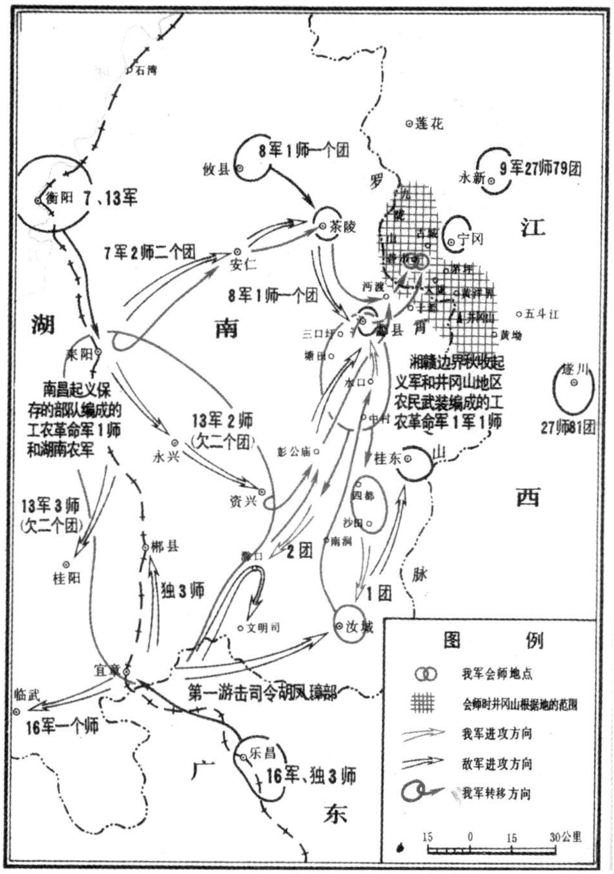

① 徐兆麟：《壮烈的开端——南昌起义研究》，江西人民出版社2010年版。

志听到这个消息，非常高兴"①。后来在江西转战时，"11 月，朱德同志派原在第 25 师政治部工作的毛泽覃同志到井冈山和毛泽东同志取得联系。毛泽覃同志是毛泽东同志的胞弟，接受任务后，化名覃泽，由资兴来到茶陵，见到了毛泽东同志，详细介绍了朱德同志所部及其行动情况，并转达了朱德同志的问候"②。1927 年 11 月上旬，南昌起义军余部在江西崇义上堡，同来自井冈山的张子清、伍中豪带领的工农革命军第 1 师第 1 团第 3 营会合。当时，朱德详细询问了井冈山的情况。1927 年 12 月，何长工从井冈山下山，同湖南省委、湘南特委联系，寻找南昌起义军余部。在广东韶关的犁铺头找到朱德后，"朱德同志详细了解井冈山区的地形、群众、物产等情况后，十分满意，怀着羡慕和赞赏之情说，'我们跑来跑去就是要找一个落脚的地方。我们已经派毛泽覃同志去找毛润之了，如果不发生意外，估计已经到了'"③。这几次事件对朱德以后决定率领部队上井冈山，实现两军会师，无疑产生了重要影响。

巍峨的井冈山，位于罗霄山脉的中段，是中国革命的摇篮。1927 年 9 月 9 日，毛泽东领导和发动了湘赣边秋收起义，之后率领秋收起义部队向井冈山进军，在江西永新三湾，进行了著名的"三湾改编"，创建了一支完全新型的中国人民革命军队——工农革命军。10 月，毛泽东率领工农革命军到达宁冈，开展游击战争，深入进行土地革命，建立革命根据地，实行工农武装割据。到 1928 年 2 月，割据区域已发展到茶陵、遂川、宁冈三县，建立了三县工农兵政府，创立了中国第一个农村革命根据地——井冈山革命根据地。

1928 年 3 月中旬，受瞿秋白"左"倾盲动主义影响的湘南特委，派周鲁为代表前来井冈山，强令工农革命军倾巢出动，离开根据地，齐集湘南，粉碎湘粤两省敌人对湘南的围攻。这时，特委将以毛泽东为书记的前敌委员会

---

① 《粟裕战争回忆录》，解放军出版社 1988 年版，第 57 页。
② 萧克：《南昌起义》，人民出版社 1979 年版，第 90 页。
③ 《何长工回忆录》，解放军出版社 1987 年版，第 119 页；《何长工传》，中央文献出版社 2000 年版，第 168 页。

撤销，另成立师委，以何挺颖为书记，毛泽东改任师长。

井冈山远景

毛泽东认为，在当时的形势下，这种盲目行动，不仅会失掉井冈山革命根据地，而且会使两支工农革命军主力处于绝境。为了挽救井冈山根据地和工农革命军主力，毛泽东毅然放弃执行湘南特委与合围湘南之敌硬拼的指示，率领部队下山去湘南接应朱德。

3月下旬[①]，毛泽东决定兵分两路去迎接朱德、陈毅部上山：一路由他和何挺颖、张子清率领工农革命军第 1 师第 1 团 1000 余人，从江西宁冈的砻市出发，楔入湘南的桂东、汝城之间，给尾追湘南革命军的敌人以出其不意的打击，掩护湘南部队的转移；另一路由何长工、袁文才、王佐率领第 2 团从井冈山大井出发，向彭公庙、资兴、郴州方向前进，相机阻击敌人。毛泽东

① 《朱德传》载为"3月上旬"，中共中央文献研究室编，人民出版社、中央文献出版社 1993 年版，第 118 页。《毛泽东年谱》（1893—1949）（上）载为"3月下旬"，逄先知主编，中央文献出版社 2005 年第 2 版，第 236 页。

还派毛泽覃率领特务连，前往郴县、耒阳一带，同朱德、陈毅领导的部队取得联系。

3月26日^①，朱德率领部队完成了转移的准备，在耒阳骛山庙整装待发。他在指挥部门前的大坪上做了动员，说："这次进入湘南取得了很大胜利，广大农民已组织起来了。各县都有了自己的工农武装，贪官污吏、土豪劣绅威风扫地，广大农民扬眉吐气，但是，国民党反动派不甘心他们的失败，他们还要卷土重来，我们要百倍警惕，要选择更有利的地点、时间消灭更多的敌人，革命道路是漫长曲折的，同志们要树立不怕苦，不怕死，敢于斗争，敢于胜利的精神。我今年已经42岁了，你们还年轻，我都不怕，你们更要不怕苦，要将革命进行到底。"^②朱德的讲话，被阵阵掌声打断。部队出发时，附近的工农群众站在大道两旁送行。

湖南省耒阳县（今耒阳市）骛山庙

---

① 《朱德年谱》（1886—1976）（上卷）载为"3月26日"，中共中央文献研究室编，中央文献出版社2016年第2版，第110页。《朱德传》载为"3月29日"，中共中央文献研究室编，人民出版社、中央文献出版社1993年版，第118页。

② 广州军区编印：《回忆录选辑》1986年第5期，第3页。

江西省宁冈县砻市

4月上旬，在毛泽覃带领的特务连接应下[①]，朱德、王尔琢率领的工农革命军第1师的主力和耒阳新成立的第4师、宋乔生领导的水口山工人武装，经安仁、茶陵到达酃县的沔渡。不久，唐天际带领的安仁农军也赶来会合。

正在郴州的陈毅接到朱德关于向井冈山转移的通知后，立刻组织湘南各

庆祝朱毛会师的标语

---

① 谭冠三：《对井冈山斗争的回忆》，选自《星火燎原》丛书之一，解放军出版社1986年版，第134页。

县的党政机关向东撤退。4月2日，宜章的工农革命军第3师3000多人到达郴州，与郴州的工农革命军第7师4000多人会合。陈毅率领湘南特委机关、各县县委机关和部分工农革命军第1师的主力以及宜章的第3师、郴州的第7师共7000余人，经鲤鱼江木根桥，在4月8日到达资兴县城。在这里，意外地同从井冈山下来的由何长工、袁文才、王佐率领的工农革命军第2团会合。不久，黄克诚带着永兴的800农军也赶到资兴的彭公庙。

毛泽东知道湘南起义军正向湘赣边界转移的消息后，4月上旬①离开桂东沙田，向汝城进发，以牵制敌军，掩护湘南起义军转移，随即攻占汝城。4月中旬，毛泽东率工农革命军第1团由汝城一带退到资兴县的龙溪洞，同萧克领导的宜章农军独立营500多人会合。这是第一支同毛泽东率领的部队会合的湘南起义军。接着，毛泽东率领这些部队抵达酃县水口，与胡少海领导的湘南农军第3师会合。途中，毛泽东率第1团赶至酃县县城，阻击湘军一部对朱德部队的追击。4月20日，毛泽东与团长张子清指挥第1团，在县城城西阻击尾追湘南起义主力部队的湘军的一个团，并将追敌击退。②

4月中旬，陈毅带领工农革命军第1师主力一部和湘南农军第3师、第7师以及何长工、袁文才、王佐带领的第2团到达酃县的沔渡，和朱德率领的主力部队会合。何长工随陈毅、邓允庭去见朱德，朱德非常关切地问："毛泽东同志什么时候能到？"何长工说："两天左右可能会到宁冈。"③并说他带着第2团先赶回宁冈去，准备房子、粮食，欢迎两军会师。

4月20日前后，毛泽东在酃县同朱德初次晤面。

---

① 逄先知主编：《毛泽东年谱》（1893—1949）（上）载为"4月上旬"，中央文献出版社2005年第2版，第238页。《朱德传》载为"4月6日"，中共中央文献研究室编，人民出版社、中央文献出版社1993年版，第119页。

② 中共中央文献研究室编：《朱德年谱》，中央文献出版社2016年第2版，第111—112页。

③ 何长工：《何长工回忆录》，解放军出版社1987年版，第140页。

4 月 24 日前后①，朱德、陈毅带领湘南起义一部分直属部队从沔渡经睦村首先到达井冈山下的宁冈砻市，分别住在附近的几个小村子里。这时，朱德 42 岁，毛泽东 34 岁，开始了他们长时期亲密合作的生涯。

毛泽东率领担任后卫的工农革命军第一团，在掩护湘南起义部队转移后也回到砻市。分别由毛泽东和朱德领导的两支革命军队胜利会师，壮大了井冈山革命根据地的军事力量。会师的当日，毛泽东带着身边的干部到龙江书院会见朱德、陈毅等人，共同商议成立工农革命军第四军等问题。②

当时在场的何长工回忆道："毛泽东和朱德同志的会见地点是在宁冈砻市的龙江书院。毛泽东同志一到砻市，得知朱德、陈毅住在龙江书院，顾不上一路征尘，立即带领干部向龙江书院走去。朱德同志听说毛泽东同志来了，

朱德、毛泽东见面会谈旧址——宁冈砻市龙江书院

---

① 《毛泽东年谱》载为"1928 年 4 月 24 日前后"，逄先知主编，中央文献出版社 2005 年第 2 版，第 239 页；《朱德传》载为"四月下旬"，中共中央文献研究室编，人民出版社、中央文献出版社 1993 年第 1 版，第 120 页。

② 逄先知主编：《毛泽东年谱》（1893—1949）（上），中央文献出版社 2005 年第 2 版，第 239 页。

赶忙与陈毅、王尔琢同志等主要领导干部出门迎接。我们远远看见他们，就报告毛泽东同志说：'站在前面的那位，就是朱德同志，左边是陈毅同志，朱德同志身后的那位是王尔琢同志。'毛泽东同志点点头，微笑着向他们招手。快走近书院时，朱德同志抢先几步迎上去，毛泽东同志也加快了脚步，早早把手伸出来。不一会，他们的两只有力的大手就紧紧地握在一起了，使劲地摇着对方的手臂，是那么热烈，又是那么深情。毛泽东同朱德同志这次历史性的会见，是我党我军历史上光辉的一页，从此，毛泽东和朱德的名字便紧紧地联系在一起。"[①]

进了龙江书院，毛泽东把红四军的主要干部一一介绍给朱德；朱德也将他周围的干部向毛泽东做了介绍。

毛泽东带着祝贺的口吻说："这次湘粤两省的敌人竟没有能整到你！"

宁冈龙江书院文星阁，朱德、毛泽东会师后在这里长谈

朱德说："我们转移得快，也全靠你们的掩护。"

---

① 何长工：《何长工回忆录》，解放军出版社1987年版，第143页。

两支部队的领导人边走边说，穿过龙江书院前厅、中厅，一起登上了三楼的文星阁。参加会见的有张子清、蔡协民、何挺颖、王尔琢、伍中豪、胡少海、龚楚、何长工、袁文才、朱云卿、王佐等负责人。

　　在文星阁，大家依次坐下，互相交谈了转移和接应的情况，气氛十分融洽、热烈。首先双方介绍了各自情况。毛泽东介绍了工农革命军在井冈山建立根据地，开展打土豪，分田地等方面情况。朱德介绍了湘南暴动后转移上山情况。然后，就会师后的有关事宜进行了讨论研究。两天后，毛泽东、朱德在龙江书院举行两支部队连以上干部会议。会议根据湘南特委的决定，将两支部队合编，成立工农革命军第四军（6月改为红军第四军），取意为发扬光大北伐战争时期叶挺所在的四军的革命精神。并就负责人的任职和会师后的工作等问题再次进行了研究和讨论。

　　在中共第四军第一次党代表大会上，选举产生第四军军委，毛泽东当选为书记（5月20日以后，改由陈毅任军委书记）。第四军军委由23人组成，委员有毛泽东、朱德、陈毅等。毛泽东建议，趁"五四"纪念日，召开会师大会，并要何长工负责大会筹备工作，强调要多发动些群众参加。

第二节　红军诞生

　　5月4日早晨，天空碧蓝如洗，阳光灿烂夺目。砻市的山更青，水更绿，到处洋溢着节日的气氛。在砻市西南边的一个绿草坪上，红旗飘动，人山人海，歌声笑语，犹如海潮。军民联欢大会在这里隆重召开，庆祝两军会师和成立工农革命军第四军。会场就设在龙江西岸的河滩上，用几十只禾桶和门板搭起的主席台，上面用竹竿和席子搭起一个凉棚。会场中央整齐地坐着部队官兵，四周是来自宁冈等地的群众。

成立工农革命军第四军时的会场旧址

10点钟，毛泽东、朱德、陈毅、王尔琢和党政军各方面的代表登上主席台。何长工担任大会司仪，宣布：大会开始！放鞭炮！从树顶直挂到地面的鞭炮立刻响起来，经久不绝；排列在主席台前的成百个司号员一齐吹响军号，号音整齐嘹亮，威武雄壮，响彻云霄，远近的山峰都传来回音。

军乐奏完，大会执行主席陈毅讲话。他说：今天是"五四"纪念日，我们今天来开大会庆祝两个部队的胜利会师，是有特别重要的意义的……陈毅首先宣布了第四军军委决定，两军会合后改编为工农革命军第四军（后面简称为"红四军"），军长朱德，党代表毛泽东，参谋长王尔琢，士兵委员会主任陈毅。同时宣布了师、团编制及其负责人。会场上响起了雷鸣般经久不息的掌声。

接着由朱德讲话。他说："我们党领导的两支革命武装的会合，意味着中国革命的新起点。参加这次胜利会师大会的同志，一定都很高兴。可是，敌人却在那里难过。那么，就让敌人难过去吧。我们不能照顾他们的情绪，我们将来还要彻底消灭他们呢！这次胜利会师，我们的力量扩大了，又有井冈

工农革命军第四军战斗序列暨主官姓名表 [①]

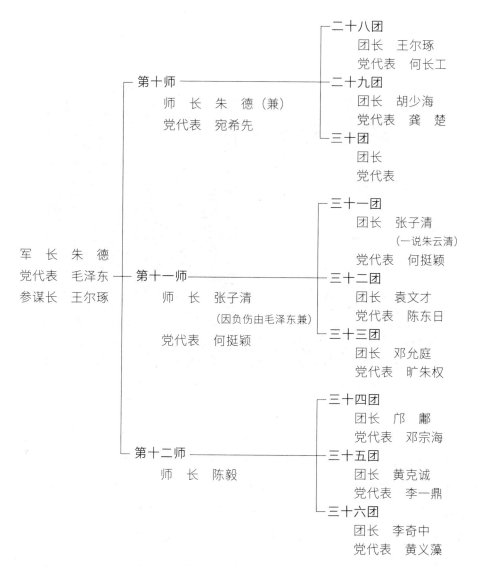

军　长　朱　德
党代表　毛泽东
参谋长　王尔琢

第十师
师　长　朱　德（兼）
党代表　宛希先

二十八团
团长　王尔琢
党代表　何长工

二十九团
团长　胡少海
党代表　龚　楚

三十团
团长
党代表

第十一师
师　长　张子清
（因负伤由毛泽东兼）
党代表　何挺颖

三十一团
团长　张子清
（一说朱云清）
党代表　何挺颖

三十二团
团长　袁文才
党代表　陈东日

三十三团
团长　邓允庭
党代表　旷朱权

第十二师
师　长　陈毅

三十四团
团长　邝　鄘
党代表　邓宗海

三十五团
团长　黄克诚
党代表　李一鼎

三十六团
团长　李奇中
党代表　黄义藻

注：红四军成立不久，即取消师的番号，改编为 6 个团（28 团至 33 团）和 1 个教导大队，陈毅
　　为大队长。由湘南农军组成的第 30 团和第 33 团，于 1928 年 5 月间即返回湘南，后失散。

① 中共中央文献研究室、中共四川省委编著：《朱德画传》，四川出版集团、四川人民出版社 2006 年版，第 106 页。

山作为根据地，我们就可以不断地打击敌人，不断地发展革命。"[1] 他希望两支部队会师后，加强团结，提高战斗力。并向群众保证：红军一定保卫红色根据地，保卫群众的利益。他的话音刚落，就响起了热烈的掌声。

毛泽东：工农革命军第四军党代表

朱德：工农革命军第四军军长

毛泽东讲话时，指出这次会师是有历史意义的，同时分析了会师后的光明前途。讲到红军的任务时，毛泽东明确地指出，我们红军不光要打仗，还要发动群众，组织群众。现在我们部队虽然在数量上、装备上不如敌人，但我们有革命的思想，有群众的支持，不怕打不败敌人。敌人并没有孙悟空的本事，即使有孙悟空的本事，我们也有办法对付他们，因为我们有如来佛的本事，他们总逃不出如来佛的手心。我们要善于找敌人的弱点，然后集中兵力，专打他那一部分。十个指头有长有短，荷花出水有高有低，敌人也是有弱有强，兵力分布也难保没有不周到的地方。"雷公打豆腐，专拣软的欺。"我们抓住敌人的

---

[1]　何长工：《何长工回忆录》，解放军出版社 1987 年版，第 145 页。

弱点，狠狠地打一顿；等到我们打胜了，就立刻分成几股躲到敌人背后去跟敌人玩"捉迷藏"的把戏。这样，我们就能掌握主动权，把敌人放在我们手心里玩。毛泽东还在会上宣布了红军的"三大任务"和"三大纪律六项注意"[1]，作为部队的政治工作和行动的准则。毛泽东这一番话，把大家说得心花怒放，信心倍增，全场响起了暴风雨般掌声和热烈的欢呼声。

红四军参谋长王尔琢讲了搞好军民关系的问题。各方面的代表也相继讲话，大家都热烈祝贺两军胜利会师和第四军的成立。

"会后，部队开始进行整编。红四军下辖三个师。第 10 师师长由朱德同志兼，第 11 师师长由毛泽东同志兼，第 12 师师长由陈毅同志兼。全军共编成 9 个步兵团，即 28 团、29 团、30 团（属 10 师），31 团、32 团、33 团（属 11 师），34 团、35 团、36 团（属 12 师），总兵力达 1 万余人。"[2] "其中，第 28 团是原南昌起义的余部，第 29 团是宜章农民起义军，第 31 团是原秋收起义的部队，第 32 团是袁文才、王佐部队，第 30、33 团是原湘南郴州、耒阳、永兴、资兴等地的农民起义军。"[3] 不久，又缩编为两个师 6 个团：第 28 团、29 团、30 团、31 团、32 团、33 团和 1 个教导大队。"一个月以后，因为一部分农军思乡心切，加之井冈山根据地刚刚创立，给养不足，12 师三个团又返回湘南。30 团也撤销了。"[4]

陈毅在第二年给中共中央所写的一个报告中讲到会师后部队组成情况："朱部 2000 余人，湘南农民 8000 余人，毛部千余人，袁王各 300 人。"[5] 其

---

① 萧克：《南昌起义》，人民出版社 1979 年版，第 94 页。

② 赵镕：《跟随朱德同志从南昌到井冈山》，选自《中共党史革命史论集》，中国社会科学院近代史研究所编，中共中央党校出版社 1982 年版，第 459 页。

③ 中共中央文献研究室编：《朱德传》，人民出版社、中央文献出版社 1993 年版，第 123 页。

④ 赵镕：《跟随朱德同志从南昌到井冈山》，选自《中共党史革命史论集》，中国社会科学院近代史研究所编，中共中央党校出版社 1982 年版，第 459 页。

⑤ 《陈毅关于朱毛军的历史及其状况的报告》，1929 年 9 月 1 日。

中，朱部和湘南农军总数超过 1 万人，使井冈山革命根据地的兵力一下子增加了五倍以上。朱部是以具有很强战斗力的北伐劲旅叶挺独立团为基础形成的，有近千支枪，装备齐整。他们的到来，无疑大大增强了井冈山革命根据地的实力。

5 月 25 日，中共中央发布《军事工作大纲》，规定"在割据区域所建立之军队，可正式定名为红军，取消以前工农革命军的名义"[①]。以后，工农革命军第四军改名为工农红军第四军，简称红四军。

但是，井冈山"人口不满两千，产谷不满万担，军粮全靠宁冈、永新、遂川三县输送"[②]。由于两军会合后集聚的部队过多，给养十分困难。5 月底，红四军军委决定撤销师的番号，军部直属 4 个团：第 28 团、29 团、31 团、32 团。原来以湘南农军编成的第 30 团和第 33 团，在各县领导干部带领下，返回湘南。

毛泽东和朱德胜利会师的消息，迅速传遍了全中国。井冈山地区的红军声势更加浩大，井冈山革命根据地更加巩固、发展。会师后，在朱德、毛泽东领导下，取得了"4 月至 7 月四个月的各次军事胜利和群众割据的发展"。尤其是 6 月 23 日龙源口大捷，歼敌一个团，打垮两个团，缴枪千余支，第四次击破江西敌人进攻，取得了井冈山根据地创建以来的最大一次胜利。井冈山根据地扩大到"宁冈、永新、莲花三个全县，吉安、安福各一小部，遂川北部，酃县东南部，是为边界全盛时期"。湘赣边界的红旗了，渐渐引起附近省份工农士兵群众的向往。这时，许多学生和安源煤矿工人，克服重重困难，来到井冈山。醴陵也有一批革命农民和学生，长途跋涉奔向井冈山。后来彭德怀、滕代远、邓萍等率领红五军也来到了井冈山。井冈山成了中国革命的中心和坚强的堡垒。[③]

---

① 《中央通告第五十一号——军事工作大纲》，1928 年 5 月 25 日。

② 《井冈山前委对中央的报告》，1928 年 11 月 25 日。

③ 何长工：《伟大的会师》，选自《南昌起义资料》，人民出版社 1979 年版，第 445 页。

井冈山会师纪念馆前毛泽东、朱德握手雕塑

"朱德率领的南昌起义军余部和毛泽东率领的秋收起义部队在井冈山胜利会师，使由中国共产党领导的两支具有北伐战争传统和战斗力很强的部队聚集到一起，不仅大大增强了井冈山革命根据地的军事力量，而且对红军的创建和发展以及井冈山地区的武装割据都有重大意义。"[①]

井冈山胜利会师和红四军的成立，是中国革命的一个伟大的转折点，是我军建军史上光辉灿烂的一页，它成为中国革命和武装斗争的重大事件而载入史册。从会师这一天起，我党革命武装力量进一步集中，井冈山根据地从此开始了全盛时期。各地革命者大批涌向井冈山，投入革命的激流中。革命的浪潮从这里

---

① 中共中央文献研究室编：《朱德传》，人民出版社、中央文献出版社 1993 年版，第124 页。

开始推向全国，井冈山道路引导中国人民从胜利走向胜利。①

南昌起义、秋收起义及这两支革命部队在井冈山的胜利会师，是中国革命发展史上具有重大历史意义的事件。从此，中国革命斗争的中心开始由城市转到农村。井冈山革命根据地的建立，开创了以农村包围城市，依靠农村积聚和发展革命力量，最后夺取全国政权的正确道路。

为了纪念这次具有伟大历史意义的会师，1961 年 6 月 30 日，朱德赋诗《红军会师井冈山》：

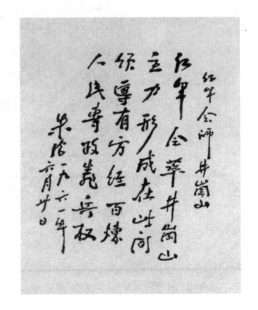

朱德题词

　　红军会萃井冈山，
　　主力形成在此间。
　　领导有方经百炼，
　　人民专政靠兵权。②

第三节　雄师犹在

"赣南三整"保存了一支革命火种，挽救了革命，挽救了人民军队。大浪淘沙得真金，1928 年 4 月，朱毛红军井冈山会师后，建立了工农革命军第四军，

　　① 赵镕：《跟随朱德同志从南昌到井冈山》，选自《中共党史革命史论集》，中国社会科学院近代史研究所编，中共中央党校出版社 1982 年版，第 459 页。

　　② 《朱德诗选集》，人民文学出版社 1963 年版，第 64 页。

从此，中国工农红军不断发展壮大。红四军第 28 团、教导大队就是由南昌起义军余部扩编而成的，南昌起义军余部成为红四军的重要来源之一。

红四军第 28 团：

1928 年 5 月，红军第四军成立，朱德任军长，毛泽东任党代表，辖第 10 师、第 11 师、第 12 师。朱德（兼）第 10 师师长，宛希先任党代表。第 10 师辖第 28 团、第 29 团、第 30 团。以南昌起义军余部为主组成第 28 团，由王尔琢任团长，何长工任党代表。

1929 年 3 月 15 日，红军第四军在福建省长汀县城整编，撤销军、师、团编制序列，改为军、纵队、支队编制序列。第 28 团编为第 1 纵队、第 2 纵队。第 1 纵队林彪任纵队长，陈毅任党代表，辖第 1 支队、第 2 支队；第 2 纵队胡少海任纵队长，谭震林任党代表，辖第 3 支队、第 4 支队。

1930 年 10 月 7 日，红一方面军第一军团成立，第四军原辖的第 1、第 2、第 3 纵队依次改称第 10、第 11、第 12 师，第 1 至第 9 支队改称第 28 团至第 36 团。第 10 师王良任师长，李赐凡任政治委员，辖第 28 团、第 29 团、第 30 团。第 11 师曾士峨任师长，罗荣桓任政治委员，辖第 31 团、第 32 团、第 33 团。

1933 年 6 月 7 日，中革军委通令，第 1 军团将所辖部队整编为第 1、第 2、第 3 师。第 22 军军部缩编为第 1 师师部，第 7、第 9、第 66 师整编为第 1、第 2、第 3 团。第 1 军团组建第 2 师，第 10、第 11、第 64 师整编为第 4、第 5、第 6 团。第 2 师由徐彦刚任师长，胡阿林任政治委员，辖第 4、第 5、第 6 团。第 4 团由萧桃明任团长，杨成武任政治委员；第 5 团由吴高群任团长，刘忠任政治委员。

1937 年 8 月 25 日，中央军委命令，将红军第一方面军第 1、第 15 军团及红军第 74 师合编为八路军第 115 师。所辖第 343、第 344 旅分别由红军第 1、第 15 军团改编组成；红 4 团改编为八路军 343 旅 685 团 1 营，红 5 团改编为八路军 343 旅 685 团 2 营。陈光任 343 旅旅长，辖第 685、第 686、第 687 团；第 685 团杨得志任团长。

1939 年 10 月，第 115 师进行整编，辖支队、大队。彭明治任苏鲁豫支队长，吴文玉任政治委员，苏鲁豫支队辖第 1、第 2、第 3 大队。第 1 大队胡炳云任大队长，王东保任政治委员；第 2 大队梁兴初任大队长，王凤鸣任政治委员。

1940 年 10 月 10 日，八路军第 115 师进行整编。教导第 1 旅由苏鲁豫支队及师特务团编成，彭明治任旅长，朱涤新任政治委员。苏鲁豫队第 1 大队整编为第 1 团，胡炳云任团长，王东保任政治委员；第 2 团周长胜任团长，冯志祥任政治委员。

1941 年 1 月 20 日，教导第 1 旅改编为新四军第 3 师第 7 旅；彭明治任旅长，朱涤新任政治委员。辖第 19、第 20、第 21 团。教导第 1 旅第 1 团改编为第 19 团，胡炳云任团长，王东保任政治委员；第 2 团改编为第 20 团，黄炜华任团长，冯志祥任政治委员。

1948 年 12 月，东北野战军进行整编，第 3 师第 7 旅整编为第 43 军步兵 127 师，洪学智任军长，赖传珠任政治委员。第 43 军辖步兵 127 师、步兵 128 师、步兵 129 师、步兵 156 师。步兵第 127 师李作鹏任师长，张池明任政治委员，辖第 379、第 380、第 381 团。第 7 旅第 19 团改编为第 379 团，第 20 团改编为第 380 团。

1985 年，第 43 军军部并入第 54 军军部，43 军步兵第 127 师划归 54 军建制，同时编入装甲旅、高炮旅等部队。

红军教导大队：

1928 年 5 月初，在南昌起义军余部教导队的基础上组建教导大队。

1928 年 12 月，教导大队与红军第五军部分人员合并为井冈山红军学校。

1931 年 11 月，井冈山红军学校改为红军政治学校。

1933 年 11 月 7 日，更名为红军大学校。

1934 年 10 月，将红军大学、红军彭杨步兵学校、红军公略步兵学校、红军特科学校组成中国工农红军学校。

1934 年中国工农红军学校随中央红军长征，改称"干部团"。

朱德（前排左3）、毛泽东（前排左2）与参加井冈山斗争的部分同志在陕北红军大学合影（前排左5为何长工、后排左5为贺子珍）

红军长征到达陕北后，红大恢复创建于陕北瓦窑堡，红军干部团和陕北红军学校合并，组成"中国工农红军学校"，不久改称"西北抗日红军大学"。

1936年5月，以中国工农红军学校为基础，创办中国人民抗日红军大学。

1937年1月20日，改称为中国人民抗日军事政治大学。

1985年12月由军事学院、政治学院、后勤学院合并成立国防大学。

南昌起义军余部发展脉络为：

南昌起义军余部→红军第10师→第28团→第1纵队→第10师→红4团→八路军343旅685团1营→新四军7旅19团→43军127师379团→54军127师379团；

南昌起义军余部→红军第12师→第28团→第2纵队→第11师→红5团→八路军343旅685团2营→新四军7旅20团→43军127师380团→54军127师380团；

南昌起义军余部→红军教导大队→井冈山红军学校→红军军官学校→中国人民抗日军事政治大学→国防大学。

注：南昌起义军余部发展脉络依据如下资料编制。

（1）红军第四军组织序列表（1928 年 5 月）

（2）红军第四军组织序列表（1929 年 3 月）

（3）红一方面军第一军团组织序列表（1930 年 10 月）

（4）第一军团组织序列表（1933 年 7 月）

（5）第 115 师组织序列表（1937 年 8 月）

（6）第 115 师组织序列表（1939 年 10 月）

（7）第 115 师组织序列表（1940 年 12 月）

（8）第 3 师组织序列表（1941 年 2 月）

（9）东北民主、联军组织序列表（1947 年 12 月）

（10）东北野战军组织序列表（1948 年 12 月）

来源：《中国人民解放军组织沿革·序列表（1）》，解放军出版社 2002 年 12 月第 1 版。

附 录

（一）《赣南三整之歌》（歌词）

赣南三整之歌

林席常　作

南昌起义第一枪，划破黑暗现曙光。

转战潮汕辟新路，浴血三河奏绝唱。

力挽狂澜脱险境，茂芝会议定航向。

隐蔽北上斩荆棘，穿山西进避虎狼。

千锤百炼锻铁军，直奔湘南上井冈。

百川激流归大海，星火燎原照东方。

南昌起义第一枪，划破黑暗现曙光。

转战潮汕辟新路，浴血三河奏绝唱。

力挽狂澜脱险境，赣南三整火种旺。

安远整顿信念强，大余整编心向党。

统一战线巧借力，上堡整训淬成钢。

不忘初心担使命，革命到底铸辉煌。

（二）参加"赣南三整"的将帅和专家学者（部分）简介 [①]

"赣南三整"在革命的危急关头保存了中国共产党领导的第一支正规部队，保存了一批经受过严峻考验、具有坚定革命意志的骨干力量，培养造就了一大批能征善战的人民军队名将。据不完全统计，从这支英勇的队伍中，走出了14位开国将帅（包括3位元帅、1位大将、4位上将、3位中将、3位少将）、11位专家学者或业界精英。他们既是中央苏区的骄傲，也是党和国家的荣耀。

元帅3位

1. 朱德（1886—1976），字玉阶。四川省仪陇县人。1909年考入云南陆军讲武堂，同年加入中国同盟会，参加了辛亥革命。1913年后在滇军任营长、副团长、团长、旅长，曾参加护国、护法战争。1922年赴德国留学，同年加入中国共产党。1925年到苏联学习军事，次年回国。1927年在南昌创办国民革命军第3军军官教育团，参加领导"八一"南昌起义，任起义军第9军副军长。1927年10—11月，参与并领导南昌起义军余部进行"赣南三整"，任国民革命军第5纵队司令。1928年1月，参与领导湘南起义，成立工农革命军第1师，任师长。1928年4月，率部上井冈山同毛泽东部会师，成立中国工农红军第四军，任军长。土地革命战争时期，任工农革命军（后改称红军）第四军军长、红军第

朱德

---

① 人物简介参考了《中国人民解放军将帅图集》《朱德大辞典》《南昌起义人物研究》《中央苏区人物志》等书籍。

一军团总指挥、红一方面军总司令、中国工农红军总司令、中华苏维埃共和国临时中央政府军事人民委员、中央革命军事委员会主席兼红一方面军总司令并参加了长征。抗日战争时期，任中央军委副主席，八路军总指挥（后改称第十八集团军，任总司令）兼华北军分会书记，国民革命军第二战区东路总指挥、第二战区副司令长官。解放战争时期，任中央军委副主席，中国人民解放军总司令。中华人民共和国成立后，任中央人民政府副主席、人民革命军事委员会副主席、中国人民解放军总司令、中华人民共和国副主席。1955年被授予元帅军衔。先后是第一届国防委员会副主席，第二、三、四届全国人民代表大会常务委员会委员长，中国共产党第六届中央政治局委员，第七届中央政治局委员、中央书记处书记，第八届中央副主席，第九届中央政治局委员，第十届中央政治局常务委员。

2. 陈毅（1901—1972），字仲弘。四川省乐至县人。1919年赴法国勤工俭学。1921年回国。1923年加入中国共产党。1927年在南昌起义部队任第11军25师73团政治指导员。1927年10—11月，参与并领导南昌起义军余部进行"赣南三整"，任国民革命军第5纵队指导员。1928年1月，参与领导湘南起义，成立工农革命军第1师，任党代表。1928年4月，率部上井冈山同毛泽东部会师，成立中国工农红军第四军，任士兵委员会主任。土地革命战争时期，曾任工农革命军第1师党代表，中国工农红军第四军12师党代表、师长，红四军军委书记、军政治部主任，红6军、红3军政治委员，中共赣西南特委书记，红22军军长，江西军区总指挥，西方军总指挥，中华苏维埃共和国中央政府办事处主任。领导了南方三年游击战争。抗日战争时期，任新四军第1支队支队长，江南指挥部、苏北指挥部指挥，新四军代军长、军长。解放战争时期，任山东军区司令员、华东军区司令员、华东野战军司

陈毅

令员兼政治委员、中原军区和中原野战军副司令员、第三野战军司令员兼政治委员。中华人民共和国成立后，任华东军区司令员兼上海市市长、人民革命军事委员会副主席、国务院副总理兼外交部部长、中央军委副主席。1955年被授予元帅军衔。是第一、二、三届国防委员会副主席，中国人民政治协商会议第三、第四届全国委员会副主席，中国共产党第七届中央委员，第八届中央政治局委员，第九届中央委员。

3. 林彪（1907—1971），原名林育蓉。湖北省黄冈县人。1925年考入黄埔军校，同年加入中国共产党。1927年在国民革命军叶挺独立团任排长、连长。参加了南昌起义，参加了南昌起义军余部"赣南三整"，大余整编时任国民革命军第5纵队第1路第2大队大队长。上堡整训缩编时任第5纵队第1支队第2连连长。参加了湘南起义。土地革命战争时期，曾任中国工农红军第四军营长、团长、第1纵队司令员、红四军军长、红一军团军团长、红军大学校长兼政治委员，并参加了长征。"文化大革命"中与陈伯达、黄永胜、吴法宪、叶群、李作鹏、邱会作等结成反革命集团，同江青反革命集团互相勾结，有预谋地诬陷迫害党和国家领导人，阴谋夺取党和国家的最高权力。阴谋败露后，于1971年9月13日乘飞机外逃，在蒙古温都尔汗地区坠机身亡。1973年中共中央决定开除其党籍。1981年被中华人民共和国最高人民法院特别法庭确认为反革命集团案主犯。

大将1位

1. 粟裕（1907—1984），原名粟多珍，字裕人。曾用名金米。湖南会同人。侗族。1926年加入中国共产主义青年团。1927年参加国民革命军，并转入中国共产党。参加了南昌起义和南昌起义军余部的"赣南三整"，上堡整训缩编时任国民革命军第5纵队第2支队第5连指导员。参加了湘南起义、井冈山会师。1928年后，任红四军第28团连长、营长、支队党代表。1930年后，任红12军第35师103团团长、红22军第65师师长、红四军参谋长、红1军团教导师政治委员、红11军参谋长、红7军团参谋长、红军北上抗日先遣队参谋长、闽浙赣军区参谋长、红10军团参谋长、闽浙军区司令员兼挺进师师长。坚持了南方三年游击战争。抗日战争时期，任新四军第2支队副司令员、先遣支队司令员兼政治委员，新四军江南、苏北指挥部副指挥、新四军第1师师长兼政治委员、苏中军区、苏浙军区司令员兼政治委员。解放战争时期，任华中军区副司令员、华中野战军司令员、华东野战军副司令员、代司令员兼代政治委员、第三野战军副司令员兼第二副政治委员。中华人民共和国成立后，任华东军

粟裕

政委员会副主席、中国人民解放军任副总参谋长，总参谋长、国防部副部长、军事科学院副院长、第一政治委员、中共中央军委常委。1955年被授予大将军衔。是第一、二、三届国防委员会委员，第五届全国人民代表大会常务委员会副委员长，中国共产党第七届候补中央委员，第八、九、十、十一届中央委员，中央顾问委员会常务委员。

上将4位

1. 杨至成（1903—1967），又名杨至诚。贵州三穗人。1926年入黄埔军校学习，同年加入中国共产主义青年团。1927年转入中国共产党。曾任国民革命军第20军连指导员，参加了北伐战争。南昌起义时，任第20军第3师第6团第6连连长。参加了南昌起义军余部"赣南三整"，上堡整训缩编时任国民革命军第5纵队第2支队第6连指导员。参加了湘南起义和井冈山会师。

杨至成

土地革命战争时期，任中国工农红军第四军 28 团 1 营连长、井冈山留守处主任、红四军、红 12 军副官长、中央军事政治学校校务部部长、红军总兵站站长、军委总供给部部长兼政治委员、军委先遣工作团主任、红一方面军供给部部长、后勤部部长、黄河两延卫戍司令员。抗日战争时期，任中国人民抗日军政大学校务部部长。1938 年赴苏联进入伏龙芝军事学院学习。1946 年回国后，任东北民主联军后勤部政治委员、东北野战军军需部部长。中华人民共和国成立后，任华中军区军需部部长、中南军区后勤部部长、中南军区第一副参谋长、中国人民解放军武装力量监察部副部长、军事科学院副院长兼院务部部长、高等军事学院副院长等职。1955 年被授予上将军衔。是第二、三届国防委员会委员，第三届全国人大常务委员会委员。

2. 宋任穷（1909—2005），曾用名宋韵琴。湖南浏阳人。1926 年加入中国共产主义青年团，同年转入中国共产党。1927 年任浏阳县工农义勇军第 4 团第 2 中队党代表，参加了湘赣边界秋收起义。随张子清带领的秋收起义部队第 3 营参加上堡整训，后从桂东上井冈山归建，后任红四军第 32 团连党代表。1930 年后，历任红 12 军第 35 师第 104 团政治委员、红 5 军团第 38 师、第 13 师政治委员、红军干部团政治委员、红 28 军政治委员、军长。抗日战

争时期，任八路军 129 师政治部副主任、东进纵队政治委员、冀南军区司令员兼政治委员、冀鲁豫军区司令员。解放战争时期，任晋冀鲁豫野战军第 2 纵队政治委员、华东野战军第三副政治委员。中华人民共和国成立后，任第 2 野战军 4 兵团政治委员、中共云南省委书记兼云南军区政治委员、西南军区副政治委员、中共中央副秘书长、中国人民解放军总干部部副部长、第三、第二机械工业部部长、中共东北局第一书记兼沈阳军区第一政治委员、第七

宋任穷

机械工业部部长、中共中央组织部部长。1955 年被授予上将军衔。是第一、二、三届国防委员会委员、中国人民政治协商会议第四、第五届全国委员会副主席、中国共产党第七届候补中央委员、第八届中央委员、中央政治局候补委员、第十一届中央委员、中央书记处书记,第十二届中央政治局委员、中央顾问委员会副主任。

3. 赵尔陆(1905—1967),山西崞县(今原平)人。1927 年 6 月入国民革命军第 20 军第 3 师教导团,参加南昌起义,同年加入中国共产党。参加了南昌起义军余部"赣南三整",上堡整训缩编时任国民革命军第 5 纵队教导大队指导员。1928 年,参加湘南起义、井冈山会师。曾任中国工农红军第四军 28 团特务连党代表、中央苏区红 1 纵队教导队党代表、第 2 支队支队长、红四军第 29 团团长、红四军军需处处长、红 1 军团供给部部长、前敌总指挥部供给部部长。抗日战争时期,任八路军总供给部副部长、晋察冀军区第 2 军分区司令员兼政治委员、冀晋军区司令员。解放

赵尔陆

战争时期,任冀晋纵队司令员兼政治委员、北平"军事调处执行部"驻张家口第 5 小组中共代表、晋察冀军区参谋长、华北军区参谋长兼后勤部司令员、第 4 野战军兼中南军区第 2 参谋长。中华人民共和国成立后,任第二机械工业部部长、第一机械工业部部长、国家计委副主任、中央军委国防工业委员会副主任、国务院国防工业办公室常务副主任兼国防工业政治部主任。1955 年被授予上将军衔。是第一、第二、第三届国防委员会委员。中国共产党第八届中央委员。

4. 黄永胜(1910—1983),原名黄叙钱,湖北咸宁人。1927 年 6 月入国民革命军第二方面军总指挥部警卫团,9 月参加湘赣边界秋收起义,随张子清带领的秋收起义部队第 3 营参加上堡整训,后从桂东上井冈山归建,12 月加入中

国共产党。曾任工农红军第 1 军团团长、第 2 师师长。1955 年被授予上将军衔。"文化大革命"中，参加林彪反革命集团篡夺党和国家最高领导权的阴谋活动。1981 年被中华人民共和国最高人民法院特别法庭判刑 18 年。

中将 3 位

赵镕

聂鹤亭

1. 赵镕（1899—1992），云南宾县（宾川）人。早年参加国民革命军，参加了北伐战争。1927 年入朱德创办的第 3 军军官教育团学习，任副官、书记官。1927 年 4 月加入中国共产党。起义部队南下到临川时归队，任朱德部队团部书记长。参加了南昌起义军余部的"赣南三整"，上堡整训时任国民革命军第 5 纵队文书。参加了湘南起义和井冈山会师。1930 年参加中国工农红军。曾任红军总部军需员、红 12 军经理部会计科科长、中革军委总供给部会计科科长、红 9 军团供给部部长、红四方面军供给学校校长、红 32 军供给部部长。抗日战争时期，任八路军 120 师供给部副部长、冀热察挺进军供给部部长、晋察冀军区供给部部长。解放战争时期，任晋察冀军区兵站部政治委员、华北军区后勤部运输部政治委员。中华人民共和国成立后，任华北军区后勤部副部长。1955 年被授予中将军衔。

2. 聂鹤亭（1905—1971），安徽阜南人。1926 年加入中国共产党，同年参加国民革命军第四军，任叶挺独立团排长。1927 年参加南昌起义，任第11军第25师第73团6连连长，并随起义军南下作战。参加了南昌起义军余部的"赣南三整"，大余整编时任国民革命军第5纵队第1路第2大队副大队长。参加了上堡整训，不久离职。1927年12月参加广州起义。曾任工农红军第四军参谋、红四军第11师35团副团长、33团团长、师参谋长、军参谋长、红1军团第1师参谋长、军团作战科科长、西方野战军参谋长。抗日战争时期，任中国人民抗日军政大学第4大队大队长、军委总参谋部一局局长、军委参谋部部长、八路军驻武汉办事处高级参谋、晋察冀军区第4军分区副司令员兼参谋长、晋察冀军区参谋长。解放战争时期，任松江军区司令员、东北民主联军总部参谋长、哈尔滨卫戍区司令员、辽北军区司令员、第四野战军副参谋长。中华人民共和国成立后，任装甲兵副司令员、工程兵副司令员。1955年被授予中将军衔。

3. 郭化若（1904—1995），曾用名郭俊英。福建闽侯（今福州市）人。1925年入黄埔军校学习，同年加入中国共产党。曾任黄埔军校代区队长。参加了北伐战争。后任中央军事政治学校炮兵大队第2队队长。1927年7月，随教导团东进，准备参加南昌起义。8月6日到九江，教导团被扣留，只身赴南昌。9月，在广东大埔县三河坝附近加入朱德带领的南昌起义军余部，转战粤闽赣边境，参加了南昌起义军余部的"赣南三整"。其间，对朱德和国民党军作战的游击战术进行了研究。同年冬赴苏联莫斯科炮兵学校学习。1929年回国到上海，被中央派到闽西苏区。曾任中国工农红军第四军2纵队参谋长、红四军参谋处处长、红1军团参谋处处长、红一方面军代参谋长，红军总前敌委员会秘书长、军委二局局长等职。1934年10月参加长征。1936年任红军教导师参谋长。抗日战争时期，任军委一局局长、编译处处

郭化若

长，中国人民抗日军政大学第三分校校长、中央军委四局局长、八路军军事学院教育长、延安炮兵学校校长。解放战争时期，任鲁南军区副司令员、华东野战军第6纵队副司令员、第4纵队政治委员、第三野战军9兵团政治委员。中华人民共和国成立后，任淞沪警备司令部、上海防空司令部司令员兼政治委员并兼华东军区公安部队司令员、南京军区副司令员、军事科学院副院长。1955年被授予中将军衔。中央顾问委员会委员。[①]

少将3位

王云霖

1. 王云霖（1910—1993），湖南衡阳人。1926年参加过北伐军。1927年8月参加南昌起义，时任第11军第25师73团看护。后随朱德、陈毅转战粤闽赣湘边境。参加了南昌起义军余部的"赣南三整"，上堡整训时任国民革命军第5纵队医护。1928年参加湘南起义、井冈山会师。1928年加入中国共产党。曾任红四军后方医院外科主任、第一方面军第2兵站医院院长。抗日战争时期，任八路军医院院长及卫校大队长、八路军野战医院院长、晋冀鲁豫边区总卫生部部长。解放战争时期，任华北补训兵团卫生部部长。中华人民共和国成立后，任华北空军后勤部第二副部长兼卫生部部长。1955年被授予少将军衔。

2. 张树才（1914—1969），湖北黄冈（今新洲市）人。1927年参加南昌起义，时任第20军教导团特务营第3连勤务兵。大余整编时任国民革命军第5

① 朱德思想生平研究会编：《朱德大辞典》，中央文献出版社2016年版，第610—611页。

纵队第1大队勤务兵。1929年加入中国共产党。曾任红四军教导团政治委员、红1军团卫生部政治委员、红15军团第81师政治部副主任。抗日战争时期，任新四军第5师政治部副主任。解放战争时期，任晋冀鲁豫野战军第12纵队政治部主任兼江汉军区政治部主任。中华人民共和国成立后，曾任中国人民解放军总后勤部政治部副主任、武汉军区后勤部政治委员、湖北省军区政治委员。1961年晋升为少将军衔。

张树才

3.袁也烈（1899—1976），湖南洞口人。1925年考入黄埔军校，同年加入中国共产党。大革命时期，任广东黄埔军校政治部干事、国民革命军第四军独立团连长、第11军72团营长、第25军72团参谋长。参加过北伐战争。1927年率所部第3营参加南昌起义，南下潮汕后，在三河坝被任命为第25师第73团参谋长。三河坝战役失利，随朱德、陈毅转战闽粤赣边，参加了安远天心圩整顿。在赣县以南、信丰以北、桃江西岸的王母渡宿营时，经组织决定离开部队，回到湖南武冈，继续开展革命活动。1930年2月参加龙州起义。土地革命战争时期，任

袁也烈

中国工农红军第8军1纵队参谋长兼第1营营长、1纵队纵队长、红七军第20师59团团长。抗日战争时期，任山东军政干部学校副校长、中国人民抗日军政大学第1分校训练部部长、清河军区参谋长、渤海军区副司令员。解放战争时期，任渤海军区司令员、渤海纵队司令员、山东军区副司令员兼参谋

长。1946 年 8 月，指挥了解放德州战役。中华人民共和国成立后，任华东军区海军副司令员兼参谋长、司令员、政治委员，中国人民解放军海军副参谋长。1955 年被授予少将军衔。1960 年兼任水产部副部长。1963 年，担任国家科委海洋专业组组长。获二级八一勋章、一级独立自由勋章、一级解放勋章。是第三届全国人民代表大会代表。1976 年 8 月 8 日于北京病逝。

专家学者或业界精英 11 位

陈子坚

李奇中

1. 陈子坚（1905—1987），原名陈兴霖。江苏铜山人。早年参加爱国学生运动，1924 年加入社会主义青年团，1925 年加入中国共产党。入中央军校第 7 分校高级班。北伐时，任叶挺第 11 军 24 师政治部主任。参加了南昌起义。1927 年 9 月，起义军占领潮州，任潮州革命委员会行政委员长。10 月初，在饶平与朱德所率第 9 军会合，协助朱德在韩江边收集叶挺、贺龙余部，任第 9 军经理部长，负责部队后勤供应。不久，被朱德派往上海寻找党中央。1928 年 5 月，与党失去联系。1929 年在杨虎城部任职，历任 31 军团参谋长、第 4 集团军参谋长、副军长等。解放战争中，参与策划长沙起义，并赴香港做统战工作。中华人民共和国成立后，任中国人民银行研究员、全国政协委员、全国政协文史馆馆员。

2. 李奇中（1901—1989），湖南资兴人。1925 年加入中国共产党，黄埔军校第一期毕业，参加了北伐。参加南昌起义，任第 20 军第 3 师第 6 团副团长，参加了起义军各次战斗。起义军南下失败后，随 25 师转战闽赣湘粤边区，任教导队队长。

大余整编时任国民革命军第 5 纵队第 2 路司令，上堡整训缩编时任第 5 纵队第 2 支队支队长兼教导大队大队长。1928 年 1 月参加湘南起义，任工农革命军第四军第 28 团 1 营营长兼教导队长，后任红军第四军第 12 师第 36 团团长，参加了井冈山革命根据地第三次反"围剿"斗争。1928 年 5 月底，奉命返回湘南，为资兴农军领导人。农军失败后，脱离革命队伍，任国民党庐山中央军官训练团教官，后任第 16 绥靖区少将副司令。中华人民共和国成立后，任政务院参事。

3. 徐林（1908—1951），曾用名徐麟，湖南耒阳人。1927 年转为中国共产党党员。入叶挺领导的国民革命军第 11 军第 24 师，参加了南昌起义、湘南起义和红军长征。曾任红四军供给部部长、八路军 129 师供给部部长、陕甘宁晋绥联防军后勤部部长、东北军区经理部部长。中华人民共和国成立后，任中南军政委员会财政部部长。

徐林

4. 彭援华（1905—1994），又名彭文，湖南岳阳人。1927 年考入武汉中央军事政治学校女生队，任第 20 军第 3 师救护队党支部书记，参加了南昌起义的准备工作。随军南下，后与朱德率领的从三河坝战场上撤下来的部队相遇。转移到信丰新田村时，因条件越来越艰苦，彭文和萧凤仪等 4 男 4 女被动员离开队伍。后到赣北特委机关做秘书，又派往中共湖北省委机关。曾任中共岳阳中心县委书记、湘鄂赣特委妇女部长等职。中华人民共和国成立后，曾任北京师范大学女附中校长、国家教育部副司长、上海市教育学院副院长等职。

5. 李何林（1904—1988），安徽霍邱人。1926 年到武汉参加北伐军，后任国民革命军第 11 军第 25 师政治部宣传科长。1927 年加入中国共产党，同年参加南昌起义。后随军南下，参加三河坝

彭援华

李何林

杨庆兰

向浒

作战，转战到江西信丰时离队。潜回故乡霍邱参与并建立了霍邱县地下党组织，担任霍邱县高等小学校长的职务。1928年，在鲁迅的未名社投身革命文艺活动。中华人民共和国成立后，曾任北京师范大学教授、鲁迅博物馆馆长、全国人大代表、民盟中央委员等职。

6. 桂朴（1911—1992），江西临川人。1927年8月6日，在临川县城迎接南下的南昌起义部队时参军，编入革命委员会粮秣组，随部队南下。潮汕失利后，10月下旬在安远县整顿时，因年幼被动员回乡。中华人民共和国成立后，担任中国纺织工程学会常务理事、秘书长等职。

7. 杨庆兰（1910—？），河南信阳人。武汉中央军事政治学校女生队学员，1927年5月加入中国共产党，任第20军第3师救护队员，参加南昌起义。潮汕失利后，渡过韩江，与朱德部会合。后因环境越来越恶劣，在天心圩被组织动员离队。到了武汉，后几经辗转到上海中央机关工作。1937年在山西又找到了党。中华人民共和国成立后，在北京任小学校长。

8. 刘刚（1907—1982），江西南昌县蒋巷镇人。参加南昌起义并南下，任朱德的警卫员。三河坝战役中为掩护朱德而身负重伤，安排在天心圩老乡家养伤。中华人民共和国成立后曾任江西省政协文史馆馆员。

9. 向浒（1905—1983），又名向伯虎、李铁根，湖北汉川人。1924年参加北伐战争，任国民革命军第 11 军第 24 师第 72 团教导大队 3 队队长，参加南昌起义。后随军南下参加会昌战斗。参加了天心圩整顿。同年派遣赴苏联学习，1955 年回国，任中央美术学院油画系副教授。

10. 詹明（1909—1997），又名詹超，湖北黄冈人。1927 年 6 月加入贺龙领导的第 20 军教导团，参加南昌起义。随军南下潮汕，起义军失利后，和二三十人一起突围，在福建边境与朱德所率起义军余部会合。至大余县时，和三四十人一起奉命与朱德所部分离，在湖南行动。后与部队失散，被缴械后一路乞讨回家。后在汉口同仁医专学习，以行医为生。中华人民共和国成立后为四川省青神县人民医院医生，是青神县著名的内科儿科专家。

11. 朱水秋（1910—1994），又名朱瑞秋，湖南浏阳人。参加了北伐、南昌起义和湘南起义。1928 年加入中国共产党。曾任红四军排长、连长、第 11 师第 31 团团长、红 1 军团第 2 师第 5 团营长、第 6 团团长、红 1 军团第 1 师第 13 团团长、红一方面军总部特务团团长、八路军总部特务团团长。后因身体伤残不适宜在部队工作，被中共中央派回湖南从事统战工作。中华人民共和国成立后，任浏阳县武装部副部长。

朱水秋

（三）参加"赣南三整"的英烈（部分）简介 [1]

在艰苦卓绝的革命斗争中，革命先烈赴汤蹈火，前仆后继，壮烈捐躯。

---

[1] 人物简介参考了《中国人民解放军将帅图集》《朱德大辞典》《南昌起义人物研究》《中央苏区人物志》等书籍。

据不完全统计，参加过"赣南三整"，后壮烈牺牲的红军将领和官兵有75位（其中2人被评定为"100位为新中国成立做出突出贡献的英雄模范人物"），后期不详的有18位，还有无名烈士数以千计。他们在战场上浴血奋战，在敌人的监牢里坚贞不屈，充分表现了革命者英勇无畏的英雄气概和不屈不挠的革命精神。

英雄模范人物 2 位

王尔琢

毛泽覃

1. 王尔琢（1903—1928），字蕴璞，湖南石门人。黄埔军校第一期毕业，1924年加入中国共产党。1927年8月，参加南昌起义，任国民革命军第4军第25师第74团参谋长。后随起义军南征。三河坝战役失利后，协助朱德、陈毅指挥第25师和第3师余部，经闽南向粤北、赣南转移，参与领导了"赣南三整"。大余整编后，任国民革命军第5纵队参谋长。1928年1月参与领导湘南起义，任工农革命军第1师参谋长。同年4月，同朱德、陈毅等率部向井冈山转移，与毛泽东率领的部队会师。后任红四军参谋长兼第28团团长。1928年8月中旬在江西崇义思顺被叛徒暗枪击中牺牲。2009年被评为"100位为新中国成立作出突出贡献的英雄模范人物"。

2. 毛泽覃（1905—1935），湖南湘潭人。毛泽东的胞弟。1922年加入中国社会主义青年团，1923年转入中国共产党。1927年在国民革命军第4军政治部任上尉书记官，随部队到九江。南昌起义后，被派到第11军政治部工作。潮汕失利后，随第 20 军第 3 师一部撤出潮汕，到饶平与朱德部会合。后任第 25 师政治部宣传科科长。随部队转战闽粤赣边，参加了"赣南三整"。历任红 6 军政治部主任、中共苏区中央局秘书长等职，参加了赣西南苏区的创建和中央苏区历次反"围剿"斗争。红军主力长征时，留在中央苏区坚持斗争，任红军独立师师长、闽粤赣军区司令员。1935 年 4 月 25 日在江西瑞金黄鳝口战斗中牺牲。2009 年被评为"100 位为新中国成立作出突出贡献的英雄模范人物"。

红军将领、官兵 73 位

1. 张子清（1901—1930），湖南益阳桃江人。1925 年夏加入中国共产党。1926 年春，在贺龙领导的国民革命军第 15 师任连长。后任国民革命军第 20 军 15 师政治连连长、第二方面军总指挥部警卫团第 3 营副营长。参加了秋收起义，后任工农革命军第 1 师第 1 团第 3 营营长。1927 年 11 月，在转战湘南时与团部失去联系而滞留在上犹鹅形村。陈毅将这支部队带回上堡，与南昌起义军余部一起参加上堡整训。后转移至粤北，任第 16 军 47 师第 141 团团长，不久返回井冈山。1928 年 5 月，任红四军第 11 师师长兼 31 团团长，后任红五军参谋长。1930 年 5 月，因战斗中受重伤不治，在江西永新洞里村焦林寺牺牲。

张子清

2. 伍中豪（1905—1930），湖南耒阳人。1924 年 6 月加入中国共产党。黄埔军校第四期毕业后派在广州农民运动讲习所任少校副官，结识了毛泽东。参加了秋收起义，后任工农革

伍中豪

命军第1军第1师第1团第3营副营长。1927年11月，在转战湘南时与团部失去联系而滞留在上犹鹅形村。后来陈毅将这支部队带回上堡，与南昌起义军余部一起参加上堡整训，并参加了创建和保卫井冈山革命根据地的斗争。1929年1月，随红四军主力参加创建赣南、闽西苏区的战斗，任红四军第3纵队队长、红12军军长、红20军军长、前敌委员。1930年10月初，在江西安福城郊亮家山战斗中牺牲。

何挺颖

蔡协民

3. 何挺颖（1905—1929），陕西南郑人。1925年加入中国共产党。1927年9月参加秋收起义，后任工农革命军第1军第1师第1团第3营党代表。1927年11月，在转战湘南时与团部失去联系而滞留在上犹鹅形村。陈毅将这支部队带回上堡，与南昌起义军余部一起参加上堡整训。后回井冈山，先后任中国工农革命军第四军第31团党代表、中共湘赣边界特委委员、红四军第28团党代表兼团党委书记。1929年1月随毛泽东、朱德率红四军主力出击赣南。1月24日在江西大庾战斗中身负重伤，次日转移至广东南雄乌迳途中遇敌突袭，不幸牺牲。

4. 蔡协民（1901—1934），又名蔡杰，湖南华容人。1925年加入中国共产党。同年8月进入广州第五届农民运动讲习所学习。1927年8月参加南昌起义，任国民革命军第11军第25师连政治指导员。9月随起义部队南下途中，调到朱德部做政治工作，大余整编时任国民革命军第5纵队第1路指导员。上堡整训缩编时任第5纵队第1支队指导员。

11月，随朱德将起义军全部隐蔽在范石生部时，被任命为第140团政治处主任。1928年1月，参加了湘南起义，后任工农革命军第1师政治部主任、第7师党代表。同年4月，随部队上井冈山，后任红四军政治部主任。不久调任中共闽西特委组织部部长、福州中心市委书记等职。1934年4月16日赴厦门途中被捕，5月在漳州牺牲。

5. 周子昆（1901—1941），广西桂林人。1925年加入中国共产党。参加了北伐，曾在国民革命军第4军独立团任排长、连长、营长。1927年8月1日，和周士第等在马回岭起义，开赴南昌，时任第25师第73团第2营营长。南下广东时，他所在部队为全军后卫，率部参加会昌战斗和三河坝战役，后随朱德转战闽粤赣湘边区。大余整编时任国民革命军第5纵队第1路第1大队大队长，上堡整训缩编时任第5纵队第1支队支队长兼第1连连长。湘南起义时，率部进入宜章城。井冈山会师后又转战赣南闽西，历任红3军军长、红军总司令部第一局局长等职，参加了中央苏区历次反"围剿"斗争和长征。曾任新四军副参谋长、教导总队总队长等职，在大江南北坚持抗日战争。1941年1月，在安徽泾县蜜蜂洞被叛徒杀害。

周子昆

6. 洪超（1909—1934），号楚杰，湖北黄梅人。1927年进入武汉中央军事政治学校学习，参加了南昌起义。起义失败后，转入朱德、陈毅所率部队，任朱德的警卫员。随朱德转战闽粤赣湘边，参加了"赣南三整"，上堡整训缩编时任国民革命军第5纵队警卫排

洪超

王展程

刘铁超

邝鄘

长。1928 年加入中国共产党，参加了湘南起义和井冈山革命根据地的斗争。1929 年转入红五军工作，任红五军第 1 纵队中队长、大队长，红八军军部参谋，红五军第 1 师师长、红 3 军团第 4 师师长。1934 年 8 月获"二等红星奖章"。1934 年 10 月 21 日在信丰古陂战斗中牺牲，是长征途中牺牲的第一位红军师长。

7. 王展程（1902—1929），湖南石门人。中国共产党党员，黄埔军校第四期毕业，1927 年 8 月参加南昌起义。上堡整训缩编时任第 5 纵队参谋。1928 年 1 月参加湘南起义，后随起义军到达井冈山，任红四军第 28 团参谋长。1929 年 1 月，红四军、红五军混编后，王展程随彭德怀部留守井冈山，并任军部参谋长。第三次反"进剿"失利后，随彭德怀、滕代远率红五军下山，1929 年 4 月在江西瑞金大柏地病故。

8. 刘铁超（1907—1932），又名刘轶超，湖南耒阳人。1925 年 1 月，考入黄埔军校第三期。1926 年加入中国共产党。南昌起义后，在陈毅带领下，8 月上旬在抚州赶上了南昌起义部队。起义军南下广东受挫后，随朱德、陈毅率领的起义军余部转战粤闽赣湘边。1928 年参加了湘南起义。井冈山会师后，曾任江西省红军独立第 3 团团长、红 20 军军长、红 35 军军长、红一方面军独立第 3 师师长。1932 年 8 月，攻打江西宁都赖村杨梅头"土围子"时英勇牺牲。

9. 邝鄘（1896—1928），湖南耒阳人。1923

周廷恩　　　　　　　　申朝宗　　　　　　　　蒙九龄

年加入中国共产党。1925 年考入黄埔军校第二期，曾任国民革命军政治部宣传科长，创作了著名的《北伐军歌》的歌词。1927 年 8 月，调叶挺部任营长，并参加南昌起义。随朱德、陈毅转战粤闽赣湘边，1928 年参加湘南起义。随后，奉命赴耒阳组建工农革命军第 4 师，任师长。1928 年 5 月 4 日，任红四军 12 师 34 团团长，后改任中国工农红军第 1 路游击队司令。1928 年 5 月底，在耒阳县仁义乡邝家村遭敌围困被捕，后被杀害。

10. 周廷恩（1903—1928），广东乐会人。广州农民运动讲习所第 2 期学员，黄埔军校第四期毕业，1925 年加入中国共产党，北伐时任国民革命军第 4 军独立团第 1 营书记、第 73 团军需主任。1927 年 8 月参加南昌起义，任第 25 师师部军需主任。潮汕失利后，在天心圩离队，奉党指派去海南岛工作，1928 年在海口被捕后就义。

11. 申朝宗（1903—1928），江苏铜山人。黄埔军校第三期毕业。1925 年加入中国共产党，入黄埔军校第三期学习。曾任国民革命军第 11 军第 24 师教导大队副大队长，随部参加南昌起义，任第 11 军第 25 师 74 团副团长。在天心圩整顿时离队，转赴上海参加中央军委工作。后任中共江苏省委军委负责人。1928 年秋在徐州被捕牺牲。

12. 蒙九龄（1903—1928），贵州荔波人，布依族。1925 年 5 月毕业于黄埔军校第三期步兵科。1927年8月参加了南昌起义，任第11军第25师第73团3营副营长。后随朱德、陈毅率领的起义军余部转战闽西、粤北、赣南并转入湘南，任教导大队副大队长。大余整编后，任国民革命军第5纵队第1路副司令。上堡整训缩编时，任第5纵队教导大队副大队长。湘南起义时，任工农革命军第7师第3团团长。1928年4月，在湘南起义大部队上井冈山时，率3团阻敌断后，在湖南资兴城内与敌人巷战，撤退时牺牲于城外老虎山上。

邓毅刚

13. 邓毅刚（1902—1932），湖南汝城人。1925年初，考入黄埔军校第三期，1926年加入中国共产党。1927年8月参加南昌起义，起义失败后随朱德、陈毅率领的南昌起义余部转战粤闽赣湘边区。大余整编时，任国民革命军第5纵队第3路第2大队大队长。上堡整训缩编后，任连长。参加了湘南起义、井冈山会师，任工农革命军第四军第28团第7连连长、红四军军部特务营长。后任红四军第1纵队参谋长、闽西红军独立1团团长、红21军军长兼参谋长、红35军军长、红一方面军独立师3师师长。1932年2月，指挥部队攻打瑞金九堡"土围子"时不幸中弹牺牲。

梁鸿钧

14. 梁鸿钧（1905—1945），湖南湘潭人。1925年冬参加北伐战争，并加入中国共产党。1927年8月参加南昌起义，任国民革命军第11军第25师副排长。潮汕失利后，跟随朱德、陈毅转战粤闽赣湘边区，参加了井冈山会师。后任红四军排长、连长、营长，红一军团团副政治委员，参加了中央苏区历次反

"围剿"斗争和中央红军长征。后任广东东江特委军委书记、广东军政委员会委员、广东人民抗日游击队军事指挥、广东人民抗日解放军中区纵队司令员。1945 年 2 月，在新兴县蕉山村战斗中牺牲。

15. 李鸣珂（1899—1930），字韵，化名春华、钟鸣，四川南部人。1925年入黄埔军校第四期步兵科学习，并加入中国共产党。1926 年秋，黄埔军校毕业，任叶挺部第 24 师教导大队第 1 中队队长，随师北伐。1927 年 8 月参加南昌起义，任第 72 团第 2 营营长，起义后调任前敌委员会警卫营长。潮汕失利后到上海，任中央军委特科队队长。同年 12 月，作为中共中央特派员两次前往赣南、湘南、粤北寻找起义军余部，带去中央给朱德的两封信。但李鸣珂历尽艰辛，几经周折，均未找到这支队伍，只好返回上海，仍留中央军委工作。1928年，任四川省委军委书记。其间，策动了旷继勋等人起义，先后组建中国工农红军四川独立第 1 旅、四川第 1 路总指挥部、四川第 2 路游击队。1930 年，被任命为红 6 军军长。1930 年 4 月 18 日，在寻找叛徒过程中不幸被捕，次日遇难。

李鸣珂

16. 罗占云（1910—1948），云南大关人。1926 年参加北伐战争，1927 年初到朱德领导的南昌军官教育团学习，6 月被分配到第 25师第 73 团第 7 连任排长。随部参加了南昌起义。潮汕失利后，随朱德转战粤闽赣湘边区。上堡整训缩编时任第 5 纵队第 1 支队第 2 连 1排排长。参加了湘南起义、井冈山会师。1928年加入中国共产党，曾任红四军连长、营长。

罗占云

参加了井冈山和赣南、闽西地区的游击战争。1930年后，任红四军第3纵队第8支队支队长、第12师第35团团长、第11师第32团团长、红8军团第21师第63团团长。参加了中央苏区历次反"围剿"斗争和中央红军长征。到陕北后，任陕北军区长城军分区司令员，陕北军区（陕北省军事部）参谋长。抗日战争开始后，任新四军第5支队第8团副团长、第8团团长、新四军独立旅旅长、淮南军区路东军分区司令员、淮南军区副司令员。1947年4月任淮北军区副司令员，因积劳成疾，1948年4月24日病故于江苏泗洪县后方医院。

李天柱

17. 李天柱（1899—1935），字振湘，湖南耒阳人。黄埔军校第四期毕业。参加了北伐，曾任武汉工人纠察队大队长。1927年加入中国共产党。在国民革命军第20军任连长，随军参加南昌起义。南下在汕头作战时负伤，到香港疗伤。伤愈后归队任营长，随朱德部转战粤闽赣湘。上堡整训缩编时任国民革命军第5纵队第3支队支队长。参加了湘南起义，井冈山会师后，在红四军第28团任营长，参加赣南闽西根据地创建和中央苏区反"围剿"斗争。1932年任湘赣军区副总指挥、红八军军长等职。中央红军长征后，留在中央苏区坚持斗争，任独立第24师第72团团长，1935年5月在江西寻邬战斗中牺牲。

18. 王海清（1911—1936），湖北黄安人。1927年8月参加南昌起义，后随朱德转战粤闽赣湘边区，上堡整训缩编时，任第5纵队参谋，随朱德去汝城谈判。并参加了湘南起义。曾任红四军11师参谋主任、红9军25师师长。1936年11月长征途中，于甘肃古浪战斗中牺牲。

19. 耿凯（？—1931），河南人。中国共产党党员。曾参加北伐，原第3军军官教育团学员。南昌起义时任起义军第9军连长。后随朱德、陈毅转战闽粤赣边。大余整编时，任国民革命军第 5 纵队第 2 路第 1 大队大队长。上堡整训缩编时，任第 2 支队第 5 连连长。1928 年 1 月参加湘南起义，随后参加了井冈山、赣南闽西的游击斗争。曾任红四军第 11 师第 32 团团长、第 12 师师长等职。1931 年 12 月在江西石城横江打"土围子"时牺牲。

耿凯

20. 杨量衡（1908—1928），又名亮衡、铁铮、书铨，四川富顺人。在武昌官纱局参加了贺龙领导的国民革命军第 20 军的招干考试。被录用后，任第 20 军教导团学兵营排长。1927 年 7 月，随军东征，参加了南昌起义。随军南下，9 月加入中国共产党。后随起义军余部渡韩江，经广东饶平、福建武平、江西赣州、湖南汝城至桂东休整，时任警卫连排长。曾任国民革命军第 16 军 140 团特务连排长。1928 年 2 月，率直属特务连为朱德向井冈山转移打前站，在摺岭被许克祥部围困，在突围中不幸中弹，壮烈牺牲。

杨量衡

21. 龙厚生（1891—1937），湖南永兴人。1926 年在朱德军官教育团当兵，不久任军事教官，同年冬加入中国共产党。1927 年 8 月参加了南昌起义，后随朱德、陈毅率领的南昌起义军余部参加湘南起义、井冈山会师。曾任红四军军事训练教官。后参加长征，曾任中共川滇黔边区特委委员、游击纵队司令员、工农红军川滇黔边区游击纵队政委。1937 年 1 月上旬，在干沟被滇军

龙厚生

萧劲

包围，被捕后惨遭杀害。

22. 萧劲（？—1928），湖南临澧人。黄埔军校第三期毕业。曾任武汉中央军事政治学校特务连连长，随陈毅一起追赶起义部队，8 月中旬在宜黄加入第 25 师第 73 团。后随朱德、陈毅转战赣南，上堡整训缩编后任国民革命军第 5 纵队特务大队大队长，参加湘南起义。井冈山会师后，任红四军第 28 团第 3 营营长。1928 年 6 月 23 日，在江西吉安龙源口战斗中牺牲。

23. 何笃才（1902—1932），又名何笃裁，湖北黄冈人。大革命时期在南昌第一师范加入中国共产党。作为原第 20 军教导团战士，参加南昌起义。大余整编时，任国民革命军第 5 纵队机炮大队大队长。上堡整训缩编后，任第 5 纵队机炮大队大队长。1928 年 4 月，任红 28 团迫击炮连党代表。1930 年 8 月任红一方面军总政治部总务处处长，第二次肃反时被错杀。

24. 彭遨（1903—1933），又名彭鳌，湖南岳阳人。1927 年“马日事变”后，由党组织分配到叶挺领导的第 11 军第 24 师教导团当兵，并随部参加南昌起义。在随部队南下途中，调到第 25 师第 74 团任班长。后随朱德所部千里转战粤闽赣湘，参加湘南起义，调到工农革命军第 7 师任营长。井冈山会师后，先后任红四军军部参谋、红五军军部直属大队大队长和党代表。1929年 9 月，被增选为红五军军委委员。1930 年 8 月，被任命为扩编的红 3 军团第 5 军第 3 师师长，率部先后参加第一、二、三次反“围剿”战斗。1933 年 2 月 13 日在江西南丰作战中牺牲。

25. 吴高群（1910—1933），又名吴皋群，江西上犹人。1927 年参加北伐军，同年 8 月和粟裕等一起在国民革命军第 24 师教导队学习，随部参加南昌起义。1928 年 1 月加入中国共产党，参加了湘南起义、井冈山会师。历任红四军第 28 团班长、排长、连党代表，第 2 纵队大队长、第 11 师第 31 团团长、红 1 军团第 2 师第 5 团团长、第 2 师师长、红 5 军团第 15 师（少共国际师）师长。参加了中央苏区历次反"围剿"斗争。1933 年 12 月中旬在江西黎川团村战斗中身负重伤，12 月 22 日在福建建宁牺牲。

26. 梁伯隆（1904—1930），又名梁伯龙。四川江安底蓬乡人。1924 年入党，任国民革命军第 11 军政治部秘书，参加南昌起义。南下途中，调往第 25 师师部从事宣传和党务工作。后在信丰时奉命回上海汇报和请示工作。1928 年任重庆高中校长，后任西南学院院长。1930 年 6 月 8 日被捕后惨遭敌人枪杀。

27. 刘得先（？—1932），又名刘德先，浙江东阳人。任国民革命军第 11 军第 25 师师部副官长，并参加南昌起义。在安远县天心圩时离队。1930 年 9 月，任中国工农红军洪湖军事政治学校校长，后任红三军第 9 师政治部主任。1932 年夏，在肃反运动中被错杀。

28. 符克振（1903—1930），广东文昌（今属海南）人。黄埔军校第五期毕业，1924 年加入中国共产党，曾任国民革命军第 11 军第 25 师第 73 团第 1 营营长。参加南昌起义后，任起义军第 25 师经理处处长。潮汕失利后，被派去在广西工作。1929 年参加百色起义，1930 年牺牲。

29. 周淮川（？—1929），四川成都万县人。黄埔军校第三期毕业。中国共产党党员。1927 年随朱德由万县到南昌，任国民革命军第 3 军军官教育团军事教官、第 2 连连长。参加南昌起义后，任第 9 军特务营营长。后随朱德转战赣南时，在战斗中负伤不能行走，到达安远天心圩后安排在老乡家养伤。1928 年春回到家乡，1929 年在成都逝世。

30. 陈光第（1896—1935），四川仪陇人，是朱德的老友。1927 年春，经朱德安排在第 9 军教育团任军需长。后随朱德转战粤闽赣湘边区，参加了湘南起义、井冈山会师。参加了创建赣南闽西根据地的斗争和中央革命根据地的五次反"围剿"斗争。曾任红军先锋旅旅长，并参加了长征。1935 年 1 月，在攻打遵义城战斗中，身负重伤，壮烈牺牲。

31. 龚楷（1904—1930），四川宜汉人。黄埔军校第六期毕业，北伐时加入中国共产党。1927 年 8 月参加了南昌起义，起义时任第 9 军连长，后随朱德转战粤闽赣湘边区，大余整编时，任国民革命军第 5 纵队特务大队大队长。

上堡整训缩编时任第 5 纵队第 3 营第 9 连连长。参加了湘南起义、井冈山会师。1930 年任东江红军第 11 军参谋长，1930 年牺牲。

32. 何义（？—1928），原第 4 军第 25 师 73 团副营长，1927 年 8 月参加了南昌起义。后随朱德转战粤闽赣湘边区，大余整编时，任国民革命军第 5 纵队第 2 路副司令。上堡整训缩编后，任第 5 纵队第 3 支队支队长。1928 年 1 月，在湘南起义中牺牲。

33. 夏瑞林（？—1929），1927 年 8 月参加南昌起义，后随朱德转战粤闽赣湘边区。上堡整训缩编后，任国民革命军第 5 纵队第 1 支队第 3 连连长，参加了湘南起义。"八月失败"后任红四军 28 团 1 营副营长。1929 年 1 月转战时身受重伤，在江西吉安东固牺牲。

34. 陈道明（？—1929），黄埔军校第四期毕业，1927 年 8 月参加南昌起义，后随朱德转战粤闽赣湘边区。大余整编时，任国民革命军第 5 纵队第 2 路第 2 大队大队长。上堡整训缩编时，任第 5 纵队第 3 支队第 10 连连长。参加了湘南起义，曾任红四军 28 团 3 营副营长、营长、支队长。1929 年在井冈山作战时牺牲。

35. 李长寿，生卒年月不详，湖南人。原第 4 军第 25 师 73 团战士，1927 年 8 月参加南昌起义。后随朱德转战粤闽赣湘边区，参加了湘南起义、井冈山会师。1929 年在古田会议上当选为红四军前委委员，在苏区战斗中牺牲。

36. 刘海云（？—1934），湖北人。1927 年加入中国共产党。曾加入国民革命军，参加北伐。1927 年 8 月参加了南昌起义，后随朱德、陈毅转战粤闽赣湘边区，并参加湘南起义、井冈山会师。曾任红四军第 11 师第 28 团团长、红军第 10 师师长、江西军区第 1 军分区司令员、闽赣军区司令员、红军游击队干部学校校长、闽赣边指挥部司令员。1934 年 10 月因伤留在中央苏区坚持斗争，同年冬在闽赣边战斗中牺牲。

37. 刘之志（？—1929），字映轩，又名刘治至，湖北黄冈人。1925 年加入中国共产党。黄埔军校第三期步兵科毕业，参加了北伐。1927 年 8 月参加南昌起义后，随朱德转战粤闽赣湘边区，参加湘南起义，任工农革命军第

7 师参谋长，后随朱德上井冈山。曾任红四军 34 团团长，第 10 师第 30 团团长，红五军独立大队（10 大队）党代表、军参谋长。1929 年 7 月中旬，指挥攻打江西安福城时，于寅波桥战斗中牺牲。

38. 丁河青（？—1928），湖北人。南昌起义时任国民革命军第 11 军第 25 师战士。起义失败后随军南下，潮汕失利后随朱德、陈毅转战粤闽赣湘边区，后上井冈山，任红四军第 32 团副团长。1928 年 10 月在永新战斗中牺牲。

39. 曹福海（？—1931），甘肃人。1927 年 8 月参加了南昌起义。1928 年 1 月参加湘南起义后加入中国共产党。1930 年后，任红 12 军第 35 师第 103 团团长、红四军第 12 师第 34 团、第 36 团团长。1931 年 8 月 12 日在江西宁都黄陂战斗中牺牲。

40. 沈联雄（1911—1933），湖北天门人。中国共产党党员。参加了北伐和南昌起义。起义军南下失利后，随朱德、陈毅转战粤闽赣湘边区，并参加了湘南起义、井冈山会师。历任红四军排长、连政治委员、第 28 团政委等职，参加了中央苏区第一至第四次反"围剿"作战。1933 年 3 月，在江西宜黄草台岗战斗中牺牲。

41. 林发（？—1933），广西人。中国共产党党员。参加了南昌起义以及井冈山和赣西南地区的游击战争。曾任红四军第 12 师第 36 团和第 11 师第 33 团团长、红 21 军参谋长、福建军区第 3 军分区参谋长。参加了中央苏区反"围剿"斗争，1933 年秋在福建作战中牺牲。

42. 王勇（1910—1933），江西于都人。1927 年加入中国共产党。同年 8 月参加南昌起义、湘南起义，后随军上井冈山，曾任红四军 31 团宣传队长、第 2 纵队第 4 支队宣传队队长、连政治指导员等职。1933 年 3 月，任红 5 军团第 15 军第 44 师第 132 团政治委员、红 5 军团第 13 师政治委员。1933 年 7 月，在广东南雄水口战役中牺牲。

43. 萧君玉（？—1932），湖南人。中国共产党党员。1927 年 8 月参加了南昌起义。1928 年 1 月参加湘南起义，后任红四军第 32 团副团长。1932 年 2 月 15 日在江西大余新城战斗中牺牲。

44. 陈玉云（？—1929），湖南宝庆人。1927年8月参加了南昌起义。后任红四军第28团主任副官，1929年5月在福建龙岩坎市战斗中牺牲。

45. 姜振海（1900—1936），湖北黄冈人。中国共产党党员。任职于国民革命军第11军第25师第74团，1927年在国民革命军第24师教导队，随部参加南昌起义。曾任红军团参谋长、红9军司令部科长、红四方面军第27师参谋长。1936年12月在甘肃张掖战斗中牺牲。

46. 曾文辉（1893—1934），江西瑞金人。南昌起义部队南下到福建长汀时，参加起义军。后跟随朱德转战，参加了井冈山会师。1929年奉命回瑞金任游击队中队长。1930年加入中国共产党。曾任赣南红16纵队中队长、太雷县苏维埃主席、红独立团团长、红军学校训练部部长等职。1934年在长征途中牺牲。

47. 杨春山（？—1934），湖北人。北伐时期加入中国共产党。1927年8月参加了南昌起义。曾任红四军团长，1934年在战斗中牺牲。

48. 王透（？—1936），云南宣威人。北伐时期加入中国共产党。后参加了南昌起义和湘南起义、井冈山会师，转战赣南、闽西。1933年后，任红9军团政治部宣传部部长，参加了中央苏区历次反"围剿"战争和红军长征。1935年7月，任红32军政治部宣传部部长。1936年调白区工作，不久被捕就义。

49. 刘连标（1913—1935），又名刘联标，江西瑞金人。南昌起义部队南下到瑞金时入伍，随军南下。1928年加入中国共产党，曾任红军排长、连长、团长等职，1930年中央苏区第　次反"围剿"作战中右腿负伤致残。主力红军长征时，留在中央苏区坚持斗争，任闽赣军区司令员。1935年2月在福建古城大坪战斗中牺牲。

50. 滕久忠，生卒年月不详，湖南麻阳人。原湖南常德第二师范学生，"马日事变"后学校被反动军队包围后逃出学校，和粟裕一起在途中与逃出的梁陶、姚本荣相遇。4人一起加入国民革命军第11军第24师教导大队，并参加南昌起义。后曾任红军团长，在战斗中牺牲。

51. 李逸虹，生卒年月不详，天津人。南昌起义时任国民革命军第11军第25师第75团第11连连长。在抗日战争中牺牲。

52. 秦基林（？—1929），山东人。南昌起义时是国民革命军第11军第25师战士。起义失败后随军南下，潮汕失利后随朱德、陈毅转战粤闽赣湘边区，后上井冈山，曾任红四军连长。1929年1月在宁都战斗中牺牲。

53. 王宝元（？—1929），北方人。1927年8月参加南昌起义，后随朱德转战粤闽赣湘边区。参加湘南起义，任红四军28团2营副连长，在大柏地战斗中牺牲。

54. 资秉谦（？—1928），黄埔军校第四期毕业，1927年8月参加南昌起义。后随朱德、陈毅率领的南昌起义余部转战，参加湘南起义、井冈山会师。1928年5月15日任红四军第28团第3连连长，6月23日在井冈山新七溪岭保卫战中英勇牺牲。

55. 张山川（？—1928），黄埔军校毕业生，1927年8月参加南昌起义。后随朱德转战粤闽赣湘边区。1928年1月参加湘南起义，任副连长，1928年3月在湖南永兴阻敌时牺牲。

56. 李见林（？—1929），湖北汉川人。1927年8月参加南昌起义。后随朱德转战粤闽赣湘边区，1928年1月参加湘南起义，1929年2月任红四军28团2营6连连长，在大柏地战斗中牺牲。

57. 彭志刚（1903—？），湖南汝城人。1927年6月毕业于国民革命军第3军官教导团第1期。1927年8月参加南昌起义。后随朱德转战粤闽赣湘边区，参加湘南起义、井冈山会师、中央苏区五次反"围剿"斗争，在长征途中牺牲。

58. 陈觉吾，又名陈夷坚，生卒年月不详。武汉中央军事政治学校女生队学员，是女兵中的"四大金刚"之一。1927年8月参加了南昌起义。1927年10月25日，信丰整纪后，留在信丰协助特委工作。后与吴志红、张仁等3位女兵一起留在广东南雄地区继续革命斗争。1928年2月13日，参加了南雄暴动，后在南雄牺牲。

59. 王宝泉（1902—1939），山西襄陵人。1926年冬加入中国共产党。1927年8月参加了南昌起义，随部队转战广东。参加了井冈山会师。1931年随军离开井冈山，经湖北到山东。同年7月，部队被打散，同党组织失去联系，返回家乡。1937年重新加入中国共产党，参加襄陵县人民武装自卫队，任副大队长、大队长，抗击日军。1939年为掩护机关和群众突围，与敌短兵相接，壮烈牺牲。

60. 谌贻烈（? —1931），湖南溆浦人。1927年8月参加了南昌起义，后任红四军连长。随后调地方工作，1931年在上海被捕遇害。

61. 谭钧，生卒年月不详，湖南宜章人。1927年8月参加了南昌起义，后任红四军第29团1营营长，在战斗中牺牲。

62. 石奎（? —1930），1927年参加南昌起义，不久加入中国共产党。曾任红四军第3纵队第7支队副支队长，参加井冈山革命根据地斗争和赣南、闽西地区的游击战争。1930年9月攻打长沙时牺牲。

63. 吴弼（? —1929），湖北武昌人。参加了南昌起义、湘南起义。后任红四军连、营党代表，1929年部队从井冈山向闽西进军途中牺牲。

64. 姚光鼐（1903—1985），安徽安庆人。中国共产党党员。黄埔军校第一期毕业，毕业后，调任孙中山韶关行营卫士，因患病回广州休养。1926年，经上海赴武汉，参加了国民革命军，在总司令部学兵团政治处任组织科长。南昌起义时任国民革命军第11军第25师政治部组织科科长。1927年8月1日前夕，奉前委密令，动员第75团脱离国民党，前往南昌参加起义。参加了三河坝战役。在安远天心圩，根据组织决定，随师长周十第经江西吉安同上海。1928年后，任国民政府赈济委员会秘书（许世英任委员长）。1933年后，先后在上海警察局任所长、署长、分局长，宜昌难民总站主任、重庆赈济委员会总会处长。1945年日本投降，任国民政府蒙藏委员会委员长许世英秘书。中华人民共和国成立后，在中共南京市委统战部做少数民族、文物保管委员会工作。1955年"肃反"运动中被捕，1956年恢复工作，1958年被开除公职，送回原籍马田公社永胜大队劳动。1982年南昌市文化局决定，对其按退职处理。1985年逝世。

65. 黄浩声（1900—1968），原名黄汉澄，字浩声。湖北安陆人。黄埔军校第三期教官，任准尉司书。参加了北伐战争。南昌起义后任第 25 师第 73 团团长。南昌起义后指挥了会昌战役和三河坝战役，在三河坝战役中身受重伤，为保存有生力量，在江西安远天心圩，部队领导决定派周士第、李硕勋与他离开部队，分别去香港、上海和武汉找党中央。后被周恩来派往福建协助叶挺、周士第的工作，遂改名黄坚，潜伏到国民党中统中，历任福建省党部特务室主任、国民通讯社社长、党部执行委员、党部秘书长。1944 年任福建省康乐新村理事会主席，帮助福建人民发展经济，救济灾民，协助党的工作。1949 年福州和平解放，1950 年底被打成特务，关在狱中，1968 年病死狱中。

66. 黄振常（1903—1928），湖南醴陵人。中国共产党党员。黄埔军校第一期毕业，参加了北伐和东征。1927 年任国民革命军第 20 军特务营营长，参加了南昌起义，南下潮汕时任第 20 军第 3 师营长。起义失败后随朱德参加湘南暴动，任副大队长。1928 年随部上井冈山，同年秋在作战中牺牲。

67. 孙长清（1896—1931），河南人。1925 年参加国民革命军。后加入中国共产党，参加了北伐战争。从 1927 年 8 月起，先后参加南昌起义、湘南起义和井冈山、赣南、闽西地区的革命斗争。1930 年后，任红 12 军第 36 师第 108 团团长、第 35 师某团团长。参加了中央苏区第一至第三次反"围剿"斗争。1931 年 8 月 11 日在第三次反"围剿"的黄陂战斗中牺牲。

68. 寻淮洲（1912—1934），湖南浏阳社港人。1927 年 9 月，参加湘赣边秋收起义，随张子清带领的秋收起义部队第 3 营参加上堡整训，后从桂东上井冈山归建。1928 年，加入中国共产党。历任红 12 军第 35 师师长、红 15 军 45 师师长、红 21 军军长、红 7 军团军团长。1934 年 7 月，红 7 军团奉命组成中国工农红军北上抗日先遣队，任军团长兼抗日先遣队总指挥。1934 年 11 月，率部进入闽

寻淮洲

浙赣苏区，与方志敏领导的红10军合编为红10军团，任第19师师长，奉令先行出击浙皖边。12月14日，在安徽太平县谭家桥战斗中不幸腹部中弹，壮烈牺牲。

69．陈紫峰（1887—1932），湖南浏阳人。成年即投奔湘军，任排长。1926年夏任浏阳县梓江乡农民协会委员长，并加入中国共产党。1927年参加浏阳工农义勇队，任分队长。9月参加湘赣边秋收起义，任工农革命军第1师3团3营7连连长。随张子清带领的秋收起义部队第3营参加上堡整训，后从桂东上井冈山归建。1929年秋任红四军4纵队10支队支队长，先后参加开辟井冈山、赣南、闽西革命根据地的斗争和中央苏区第一、二、三次反"围剿"战斗。1932年在闽西作战中牺牲。

70．游雪程（1905—1930），四川邻水新镇乡人。1922年入上海复旦大学读书，1926年10月入中央军校武汉分校第六期学习。1927年加入中国共产党，并参加秋收起义，任工农革命军第1师3团3营9连党代表。随张子清带领的秋收起义部队第3营参加上堡整训，后从桂东上井冈山归建。先后任连长、团政治部主任、大队长、支队长兼政委、纵队副司令员等职。1930年4月8日，在攻打江西瑞昌城时，不幸中弹牺牲。

71．游端轩（1901—1934），又名游维环，湖南澧州（今澧县甘溪滩）人。曾入黄埔军校武汉分校学习三年，早年加入国民革命军，参加过北伐战争。上堡整训后任连长，1928年参加红军，并参加湘南起义。后上井冈山，历任红34师师长、红12军代理军长、福建军区参谋长兼红12军参谋长、红19军军长、福建省苏维埃执行委员、中共福建省委军事部部长兼省苏维埃军事部部长，参加了中央苏区历次反"围剿"斗争。1934年10月中央红军长征时，留在闽西坚持斗争，同年冬在江西瑞金牺牲。

72．朱义敏（？—1931），湖南耒阳人。中国共产党党员。上堡整训后任连长，1928年参加湘南起义，同年4月随朱德、陈毅到达井冈山，参加了井冈山革命根据地的斗争。1929年1月红四军向赣南出击时，留在井冈山，后编入红五军。参加了湘赣、湘鄂赣边区的游击战争。历任红五军第4纵队第

9大队党代表、红3军团第五军第3师第8团政治委员。参加了中央苏区第一至第三次反"围剿"斗争，1931年10月在江西会昌作战时牺牲。

后期情况不详18位

1. 萧泽陆，生卒年月不详，湖南宝庆人。黄埔军校第一期毕业，南昌起义后任第11军第25师第73团1营营长。三河坝激战后，随朱德转战赣南，大余整编后任国民革命军第5纵队第一路司令，与张启图一起行动。不久因八面山战斗失利，分散潜回宝庆。1938年1月参加新四军，任副官处代处长，1938年离任。

2. 张启图，生卒年月不详，湖南邵阳人。参加南昌起义时，任第25师第75团参谋长。三河坝激战后跟随朱德转战赣南，后任第75团团长。大余整编后任国民革命军第5纵队第4路司令。不久因八面山战斗失利，潜返湘潭。1927年12月转上海，向中央写了《关于七十五团在南昌暴动斗争中的报告》。

3. 刘广上，生卒年月、籍贯不详。1927年8月参加南昌起义，大余整编时任国民革命军第5纵队第4路大队长。1931年任中华苏维埃共和国银行副行长。

4. 黄文书，生卒年月、籍贯不详。1927年8月参加南昌起义，后随朱德、陈毅转战粤闽赣湘边区。上堡整训时任朱德警卫员，随朱德去汝城谈判。1928年1月参加湘南起义。

5. 龙普林（？—1933），江西人。中央军事政治学校长沙分校第三期毕业，任国民革命军第11军第25师74团排长。1927年8月参加南昌起义，随朱德转战粤闽赣湘边区。上堡整训缩编时任国民革命军第5纵队第1支队第2连2排排长。后任红12军第2纵队纵队长、第35师师长、红一方面军独立第4师师长兼政治委员、江西军区新编独立第4师师长兼政治委员，参加了中央苏区第一至第三次反"围剿"斗争。

6. 杨心畲，生卒年月不详，广西人。任国民革命军第11军第25师第75团指导员、团直党支部书记。从大余梅关离队经韶关到香港，向聂荣臻报告第25师情况。

7. 何鑫，生卒年月不详，湖南宝庆人。黄埔军校第五期毕业，南昌起义时任国民革命军第 11 军第 25 师第 75 团 2 营 5 连连长，在湖南桂东八面山战败后离队。

8. 王槐，生卒年月不详，四川眉山人。中国共产党党员。参加了南昌起义并南下。到达安远县天心圩时任第 9 军特务营排长，随朱德参加湘南起义，负伤后离队。

9. 陈珍如，生卒年月、籍贯不详。第 20 军第 3 师第 6 团副营长。在信丰离队后，任大冶农民自卫军负责人。

10. 周才兴，生卒年月、籍贯不详。1927 年 8 月参加南昌起义，后随朱德、陈毅转战粤闽赣湘边区，参加了湘南起义、井冈山会师。任红四军 28 团 1 营 3 连党代表。

11. 许秀珍，女，生卒年月不详，湖北武汉人。任第 20 军第 3 师救护队队员，从武汉一直随部队行动，参加了湘南起义、井冈山会师。

12. 张仁，生卒年月、籍贯不详。武汉中央军事政治学校女生队学员，参加了南昌起义。1927 年 10 月 25 日，信丰整纪后留信丰协助特委工作。1928 年信丰暴动时，与陈觉吾（陈夷坚）、吴志红（吴瑛）等三位女兵随罗贵波一道前往南雄，留在广东南雄地区继续革命斗争。1928 年 2 月 13 日，参加了南雄暴动。后来任广东省委文印科科长，1931 年牺牲。

13. 吴志红，又名吴瑛。生卒年月、籍贯不详。武汉中央军事政治学校女生队学员，参加了南昌起义。1927 年 10 月 25 日，信丰整纪后，留信丰协助特委工作。1928 年信丰暴动时，与陈觉吾（陈夷坚）、张仁等三位女兵随罗贵波一起前往南雄，留在广东南雄地区继续革命斗争。1928 年 2 月 13 日，参加了南雄暴动。

14. 萧凤仪，生卒年月不详，湖南岳阳人。1926 年 11 月，入武汉中央军事政治学校女生队，随军参加南昌起义。起义军失利后，随朱德所率起义军余部转战。因条件越来越艰苦，在信丰新田村，与彭援华等 8 人一起离开队伍。到九江后，留在九江特委工作。11 月调中共赣北特委工作，年底调中共湖北省委机关。后情况不详。

15. 熊某某，生卒年月不详，四川人。武汉中央军事政治学校女生队学员，参加了南昌起义。起义军失利后跟随朱德转战。因条件越来越艰苦，在信丰新田村，与彭援华等4男4女8人一起被动员离开队伍。到了九江，被赣北特委书记刘士奇安排在赣北特委机关住下，很快被安排去往别处。

16. 萧志戎，生卒年月、籍贯不详。南昌起义部队南下到临川时，领导临川农民自卫军、工人纠察队参加起义部队。壬田战斗后编入第9军，跟随朱德转战赣南。

17. 鄢辉（1900—？），即袁炎飞，湖南沅江人。从小学裁缝，后到国民革命军第四集团军第二方面军警卫团，任3营8连班长。1927年9月参加秋收起义，随张子清带领的秋收起义部队第3营参加上堡整训，后从桂东上井冈山归建。任红军连长、永新县赤卫大队大队长，坚持井冈山革命根据地的斗争。是工农革命军第1师第1团军官教导队仅有的两名专职教官之一，中国工农红军早期著名将领。

18. 周昆，生卒年月不详，湖南平江人。1927年跟随毛泽东参加湘赣边秋收起义，随张子清带领的秋收起义部队第3营参加上堡整训，后从桂东上井冈山归建。参加创建井冈山革命根据地和中央革命根据地的斗争，曾任红34师师长、红11师师长、红四军军长、红1军团10师师长、3师师长、红21师师长、中国工农红军大学代校长、红八军团军团长。1934年参加长征。后任红一方面军参谋长，中国工农红军学校校长。抗日战争爆发后，任八路军115师参谋长。1938年2月在山西携款失踪，下落不明。

周昆

主要参考书目

1. 中共中央文献研究室编：《朱德年谱》，中央文献出版社 2016 年第 2 版。

2. 朱德思想生平研究会编：《朱德大辞典》，中央文献出版社 2016 年版。

3. 中共中央文献研究室编：《朱德传》，人民出版社、中央文献出版社 1993 年版。

4. 中共中央文献研究室、中共四川省委编著：《朱德画传》，四川出版集团、四川人民出版社 2006 年版。

5. 朱德：《朱德选集》，人民出版社 1983 年版。

6. ［美］艾格妮丝·史沫特莱：《伟大的道路》，生活·读书·新知三联书店 1979 年版。

7. 刘树发主编：《陈毅年谱》，人民出版社 1995 年版。

8.《陈毅传》编写组：《陈毅传》，当代中国出版社 2006 年第 2 版。

9. 刘学民：《论朱德、陈毅领导的"赣南三整"》，《人民日报》2014 年 2 月 11 日。

10. 刘学民：《朱德上井冈》，广东人民出版社 1998 年版。

11. 王健英：《朱毛红军的组织沿革》，《党史文苑》1996 年第 1 期。

12.《星火燎原》选编之一，中国人民解放军战士出版社 1979 年版。

13. 中央文献研究室第二编研部编：《话说朱德》，中央文献出版社 2000

年版。

14.《何长工传》编写组：《何长工传》，中央文献出版社 2000 年版。

15. 中国社会科学院近代史研究所编：《中共党史革命史论集》，中共中央党校出版社 1982 年版。

16. 李力安、史进前主编：《中国人民解放军将帅图集》，全国中共党史人物研究会编，江西教育出版社 1997 年版。

17. 军事学院《战史简编》编写组编：《中国人民解放军战史简编》，解放军出版社 1983 年版。

18. 中国人民解放军历史资料丛书编审委员会：《中国人民解放军组织沿革·序列表（1）》，解放军出版社 2002 年版。

19. 南昌八一起义纪念馆编：《南昌起义》，中共党史资料出版社 1987 年版。

20. 中国社会科学院现代革命史研究室编：《南昌起义资料》，人民出版社 1979 年版。

21. 法剑明、王小玲主编：《南昌起义史话》，江西人民出版社 2007 年版。

22. 中共赣州市委党史工作办公室编：《中央苏区人物志》，中共党史出版社 2004 年版。

23. 中共江西省委党史研究室、中共赣州地委党史工作办公室编：《中央苏区风云录》。

24. 萧燕燕：《南昌起义人物研究》，江西人民出版社 2009 年版。

25. 朱荣兰：《朱德与湘南起义》，中国计划出版社 2016 年版。

26. 张侠：《南昌起义研究》，上海人民出版社 1982 年版。

27. 徐兆麟：《壮烈的开端——南昌起义研究》，江西人民出版社 2010 年版。

28. 陈幼荣、廖金龙：《从南昌起义到井冈山会师》，中共党史出版社 2007 年版。

29. 刘汉升、张远惠：《通向井冈山——光辉的茂芝会议》，中国文联出版社 2017 年第 2 版。

30. 中共郴州市委党史资料征集办公室编：《湘南起义史稿》，湖南人民出版社 1986 年版。

31. 中共郴州市委党史资料征集办公室编：《湘南起义回忆录》，内部资料，2015 年编印。

32. 朱惠芳主编：《从工农革命运动到引发湘南起义》，中央文献出版社 2011 年版。

33. 覃业程：《千里转战——南昌起义军余部纪实》，未刊稿。

34. 廖家文主修、李宗汉主编：《上堡乡志》，上堡乡志编辑委员会编，2009 年版。

35. 中共瑞金市委党史工作办公室编：《瑞金人民革命史》，中央文献出版社 1998 年版。

36. 中共会昌县委党史工作办公室编：《中国共产党江西省会昌县历史》，中共党史出版社 2018 年版。

37. 《中国共产党大埔县地方史》第一卷（1921—1949），中共党史出版社 2007 年版。

38. 中共饶平县委党史研究室编：《中国共产党饶平历史》第一卷（1919—1949），2015 年版。

39. 中共武平县委党史研究室编：《武平人民革命史》，北京广播学院出版社 1995 年版。

40. 中共安远县委党史工作办公室编：《安远人民革命史》，中央文献出版社 1995 年版。

41. 中共信丰县委党史工作办公室编：《中国共产党信丰历史》第一卷（1924—1949），中共党史出版社 2015 年版。

42. 中共大余县委党史工作办公室编：《中国共产党大余历史》第一卷

（1926 — 1949），中共党史出版社 2016 年版。

43. 中共崇义县委党史工作办公室编：《中国共产党崇义历史》第一卷
（1926 — 1949），中共党史出版社 2015 年版。

44. 湖南省汝城县史志办公室编：《中国共产党汝城历史》第一卷
（1921 — 1949），中共党史出版社 2009 年版。

45. 中共郴州市委党史办编：《中国共产党郴州历史》（新民主主义革命时
期），湖南人民出版社 2001 年版。

46. 中共宜章县委党史联络组、宜章县委史志办公室编：《中国共产党宜
章历史》第一卷（1921—1949），中共党史出版社 2007 年版。

47. 中共乐昌市委党史研究室编：《中国共产党乐昌地方史》（1923—
1949），中共广东省委党史研究室 2000 年版。

48. 袁也烈等：《袁也烈纪念文集》，中央文献出版社 1999 年版。

49. 曾一石：《南昌起义军回师入闽对福建革命的影响》，《福建党史月刊》
2017 年第 11 期。

50. 刘学民、王法安、肖思科：《朱德元帅》，解放军文艺出版社 2007 年
第 2 版。

51. 郭军宁：《朱德与范石生》，华文出版社 2001 年版。

52. 逢先知主编：《毛泽东年谱》（1893—1949）（上），中央文献出版社
2005 年第 2 版。

53. 罗英长：《陈毅元帅》，解放军文艺出版社 2007 年第 2 版。

54. 中共郴州市委党史资料征集办公室编：《湖南起义文献集》，中共党史
出版社 2014 年版。

55. 粟裕：《粟裕战争回忆录》，解放军出版社 1988 年版。

后 记

《赣南三整》面世了，终于了却了我们的一桩心愿！

2018 年 7 月，在中共崇义县委、崇义县人民政府的关心重视下，我们启动了"赣南三整暨崇义革命历史陈列馆"的筹建工作。经过一年多的资料征集工作，收集到较多的史料和照片。通过研究发现：在建军史上，"赣南三整"与"三湾改编"具有同等重要的地位。但是，翻开《中国共产党历史》第一卷发现，党史上对"南昌起义""三湾改编""湘南起义""井冈会师"有较多记述，但对"赣南三整"没有只言片语。不仅没有见到一本有关"赣南三整"的专著出版，而且对"赣南三整"的研究也不系统。这说明，"赣南三整"在党史上还没有引起足够的重视，这与它在党史和建军史上的重要地位和重大意义是不相符的。

如何宣传"赣南三整"？如何加强"赣南三整"的历史研究？这成为我们思考的一个问题。我们觉得，出版一本"赣南三整"的专题书籍，是当务之急！

但是，要编写一本"赣南三整"的专著谈何容易？一是因为记录当年那段历史的党史资料少；二是党史界对那段历史的研究成果少。我们只能从老一辈革命家的回忆录中，从为数不多的党史专家的研究文章中，去汲取营养和能量，于是开始了艰难的编写工作。

在编辑出版过程中，我们得到了中共崇义县委、县人民政府领导的亲切关心和大力支持，崇义县史志研究室为本书的出版做了大量工作。得到了原中央文献研究室朱德史研究专家刘学民老师的大力支持和帮助。他生前曾先后三次审阅书稿，提出了许多宝贵的修改意见。朱德元帅之孙、空军指挥学院原副院长朱和平少将为本书做了不少工作。中国井冈山干部学院特聘教授、江西省社会科学院首席研究员、党史苏区史研究专家余伯流先生欣然为本书作序，并审阅了书稿，提出了宝贵的修改意见。朱德胞妹朱九香的孙女刘克

1974年10月，朱德、康克清和亲属及身边工作人员在北京市海淀区万寿路甲15号院合影。左起：郭柏玲（郭仁之女）、郭仁（朱德原秘书）、刘武（朱德五外孙）、刘铮（朱德女婿）、朱德、刘康（朱德二外孙）、康克清、刘建（朱德大外孙）、朱敏（朱德女儿）、刘进（朱德三外孙）、刘克明（朱德外甥孙女）、刘兵文（公务员）、胡维勤（朱德保健医生）。摄影：刘敏（朱德四外孙）

明女士为书的出版做了许多工作，并认真审阅书稿，提出宝贵修改意见。中共赣州市委党史研究室原一级调研员胡日旺同志，给予了精心指导。广东省大埔、饶平、福建省武平、江西省会昌、瑞金、安远、信丰、大余、湖南省

汝城、郴州、耒阳、宜章、广东省乐昌、韶关浈江区等地党史、史志、纪念馆、陈列馆部门，为"赣南三整"陈列馆和本书的编写提供了有关资料或历史照片。本书的编写借鉴了国内一些学者的研究成果，除在引文后加注说明外，其他均在参考文献中一一说明；还采用了四川仪陇朱德故居纪念馆、南昌八一起义纪念馆、井冈山革命博物馆展陈和《朱德画传》《中国人民解放军将帅图集》等书中的部分照片。在此，向关心、支持、帮助过本书编写、出版工作的领导和朋友们表示衷心感谢！本书还荣获"赣州市社科精品著作出版资助项目"。

本书稿虽反复修改，数易其稿，怎奈笔者掌握的史料及学识水平有限，疏漏不当和错误在所难免，诚盼各位专家、学者和广大读者批评指正。

编　者

2023 年 7 月